U0879330

广州党史丛书·中共领导人在广州

叶剑英在广州

YEJIANYING ZAI GUANGZHOU

人民出版社

广州新华出版发行集团

广州出版社

图书在版编目（CIP）数据

叶剑英在广州 / 叶文益著. —北京：人民出版社
广州：广州出版社，2016.12
ISBN 978-7-01-015894-5

Ⅰ. ①叶…　Ⅱ. ①叶…　Ⅲ. ①叶剑英（1897～1986）—生平事迹　Ⅳ. ①K825.2

中国版本图书馆CIP数据核字（2016）第041702号

书　　名　叶剑英在广州
Yejianying Zai Guangzhou

出版发行　人民出版社　广州出版社
责任编辑　陈寒节　康　燕
文字编辑　李碧梅　丁新民
责任校对　区瑞平
装帧设计　友间文化
印刷单位　广州市快美印务有限公司
（地址：广州市横枝岗路64号大院自编9号1—4层　邮政编码：510095）
规　　格　787 mm×1092 mm　1/16
印　　张　21.75
字　　数　330千
版　　次　2016年12月第1版
印　　次　2016年12月第1次
书　　号　ISBN 978-7-01-015894-5
定　　价　68.00元

（如发现印装质量问题，影响阅读，请与印刷厂联系调换）

《广州党史丛书·中共领导人在广州》编委会

顾　问： 朱森林　张汉青　杨资元　黄菘华　杨建伟

主　任： 李汉强

副主任： 陈穗雄

成　员： （以姓氏笔画为序）

丁旭光　王书桂　叶文益　陈弘君　陈金龙　欧阳湘

赵立彬　胡巧利　敖带芽　曾庆榴　廖惠霞

主　编： 李汉强

副主编： 陈穗雄　廖惠霞

目录

Contents

◎引　子

白云山高，见证千年风雨；

珠水流长，承载万古沧桑。

两千多年的历史积淀和多元文化的碰撞融合，铸就了广州的辉煌。广州，不仅是一座有着深厚历史底蕴的南国文化名城，而且也是一座闻名遐迩的英雄城市。在中国人民反帝反封建、反侵略反压迫、求独立求解放的斗争中，广州这一座城市就曾上演了一幕幕感人至深的悲壮历史活剧，涌现出一批批流芳百世的爱国志士，流传着一个个脍炙人口的传奇故事……

广东是叶剑英的故乡。在他伟大而光辉的一生中，大部分时间是在广东生活和战斗中度过的。特别是在省会广州市，叶剑英从青年时代起，便在广州这座英雄的城市留下了他那传奇般的史迹。他从云南陆军讲武学校毕业，步入社会，追随孙中山革命，其第一站就是广州。广州可以说是叶剑英革命生涯的起点，也是他人生旅途中的重要驿站。在广州这座英雄的城市里，叶剑英风华正茂，激情飞扬，用他卓越的才干和非凡的智慧，镌刻着自己那阅历辉煌的人生闪光轨迹，演绎着自己那跌宕多彩的人生壮丽篇章。

叶剑英对广州情有独钟!

有人曾这样说过：叶剑英与广州有着一种特殊的情结。广州宛如一个时代风云变幻的大舞台，而叶剑英就是这个大舞台上一个非常重要的角色。在广州这个大舞台上，叶剑英英姿勃发，豪情满怀，放眼高歌，大显才华——

他投笔从戎，立志报国，参加“驱桂”、平定商团之乱、两次东征、平息杨（希闵）刘（震寰）叛乱、北伐诸役，“拔剑角群雄”，剪除邪恶势力；

他参与筹办黄埔军校，并执教黄埔军校，为培养革命军事骨干、筹建反帝反封建军阀的革命军立下了汗马功劳；

他参与领导了著名的广州起义，参与了城市武装暴动夺取政权的尝试，为中国共产党独立领导的武装斗争和创建人民军队作出了重要贡献；

他组织和指挥解放大军南下，以摧枯拉朽之势、雷霆万钧之力，横扫千军如卷席，解放了华南，解放了广州；

新中国成立后，他主政华南，并担任新广州的首任市长，为接管广州、治理广州、建设广州殚精竭虑，呕心沥血，为新广州的发展奠定了基业；

他调离广东到北京工作之后，仍然关注着广州，牵挂着广州，对广州关爱备至。他曾二十多次南返广州，或视察，或调研，或开会，或休息。尽管诸事纷繁，他都忘不了抽空看望广州的父老乡亲，忘不了抚慰广州的革命烈士家属，忘不了关心广州的经济建设 ……

广州，是叶剑英魂牵梦萦的地方，深载着叶剑英的革命情结。

广州，与叶剑英结下了不解之缘！

叶剑英在广州的革命活动，是他整个革命斗争生涯的重要组成部分。

让我们一起回溯叶剑英在广州生活、战斗、工作的风雨岁月，一起感受叶剑英对广州这座英雄城市情有独钟的眷恋情结，一起领略叶剑英在接管、治理、建设广州这座城市过程中的才智和风采……

一 初进省城

每一个人在成长的道路上，总会有自己编织祈求的梦，有些人甚至还会为寻梦、追梦、圆梦而执着追求，不懈拼搏。开国元勋叶剑英也是如此。作为一个出生于粤东北阴那山麓的山娃子，他从小就有一个心愿，那就是立誓要走出大山，见识山外的世界。于是，他少怀壮志，从家乡梅县雁洋堡下虎形村起步，一步一个脚印，奋然前行，终于走出了大山，闯出了一片新天地……

山娃子的心愿

1897年4月28日（清光绪二十三年三月二十七日），叶剑英诞生在广东省梅县雁洋堡下虎形村的一个小商人家庭。

梅县地处粤东北山区，古称敬州、恭州、梅州，清代称嘉应州，是一个具有四千多年历史的古老城邑。这里是客家人聚居之地，亦被称做“客家之都”。客家民系，并非本地土籍，乃是源远流长的汉民族的重要组成部分。据梅县姓氏族谱、家谱查考，梅县的客家人主要是在宋明时期陆续从北方中原一带举族辗转流徙南迁而来的。在叶氏宗祠族谱中也有类似的记载，叶剑英的祖先是宋朝时由中原南徙的汉人。梅县地区向来崇尚文化，重视教育。多少年来，至今仍然保持着“好学习，重文教，读书为志”的优良传统，文教事业较为发达，加上明清以来出洋谋生的华侨众多，他们从海外的侨居国回到家乡，也带来浓郁的南洋地区的异邦情调和气息，受此影响，梅县的社会生活发生了很大的变化。尽管中国传统的生活方式仍占主导地位，但随着“南风洋雨”的阵阵袭来，梅县侨乡地区的社会习俗却在潜移默化地改变和更新。尤其是衣、食、住、行等基本社会生活的变革和更新最为突出，引人注目。这些对于当地启迪民智、开拓风俗均起了积极的作用，因而梅县地区也被称为“人文秀区”。叶剑英就是在这种特殊的自然环境和人文环境中成长起来的。

鉴于梅县地属“八山一水一分田”的穷乡僻壤之区，耕地匮乏，加上土地分配制度不合理，耕作方法又落后，物产不丰，难以维持生计，故当地的许多青年人都千方百计跳出这“山区农门”，到山外寻求发展，以期出人头地。他们或努力读书，争取升学，跳出乡村，到城市里去生活；或铤而走险，离乡背井，远渡重洋到海外谋生，以期改变自己的处境和现状。因此，当地村民对子女的教育极为重视，“即使是砍柴挑担也要供子女上学”，让他们掌握文化知识成为今后一种谋生手段；如有读不了书的子女，哪怕是借了债也要凑足盘缠送他们到南洋去闯荡世界，寻找活路。而山里的孩子，也不安分于困守“山区农门”，他们从小都有一个心愿，那就是想走出大山，看看山外的世界，并能在山外面做出一番事业，实现自己的人生理想。

叶剑英也不例外。他从7岁起就进入雁洋堡的钟傲泉、古玉泉私塾，接受“子曰诗云”一类的启蒙教育。后又转到开设有语文、算术、常识、唱歌课程的新学堂就读。他读书用功，好学多思，成绩优异，深受老师的喜爱。11岁时，他又被送到丙村镇的三堡公立高等小学（一所公立五年制高等小学）住校就读。在三堡公立高等小学，叶剑英师从“南社”诗友李煮梦学习诗文。在名师的指点下，叶剑英的习作大有长进，并打下了“文史之学”的厚实基础。1912年，叶剑英以最优等的成绩从三堡公立高等小学毕业后，考入梅县务本中学，后因反对官派校长，一年后转入东山中学就读，后在该校肄业。

综观叶剑英的求学路，从私塾到小学，又从小学到中学，一路走来。像

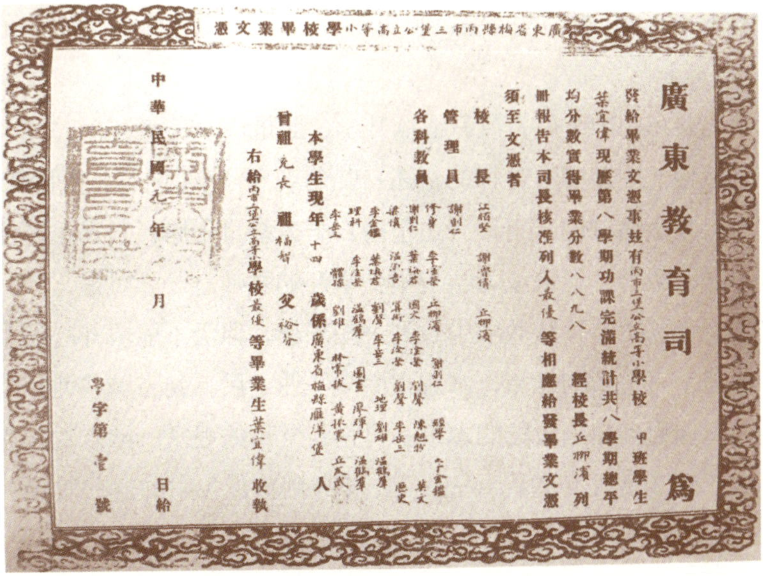
廣東省梅縣丙市三堡公立高等小學校畢業文憑
廣東教育司　爲
發給畢業文憑事茲有丙市三堡公立高等小學校　甲班學生
葉宜偉現歷第八學期功課完滿統計共八學期總平
均分數實得畢業分數八八九八　經校長丘哪濱列
冊報告本司長核准列入最優等相應給發畢業文憑
須至文憑者
校長
管理員
各科教員
本學生現年十四歲係廣東省梅縣雁洋堡人
曾祖　允長　祖　楠智　父　裕芬
右給丙市三堡公立高等小學校最優等畢業生葉宜偉收執
中華民國元年　月　日給
字第壹號

1912年，叶剑英以最优等的成绩毕业于梅县三堡公立高等小学

那些想做一番事业的青年人一样，叶剑英走出了家门，走出了山村，到过了圩镇，到过了县城。不过，梅县的县城虽然热闹，也比较繁华，但毕竟还是在山区里头。他真想有一天能够走出大山，去看一看山外的精彩世界，甚至说不定能够闯出一番天地来。

叶剑英是一位心怀鸿鹄之志的热血青年。在他即将中学毕业之际，发生了一件不愉快的事情。当时的省教育局通知梅县各中学举办学生成绩展览会。身为东山中学学生会会长的叶剑英与东山中学的师生都认为，这是充分展示学校面貌的大好机会，因而都主张全力办好这次本校的展览。然而，校长却怕得罪官方和其他学校，主张展览规模要尽量缩小。叶剑英与一些同学便同校长争辩起来。校长没想到叶剑英如此高傲，敢于顶撞，触犯他的师道尊严，因而对此事极为不满。于是，对叶剑英施以严厉训斥，并以扣发毕业文凭相威胁，以逼其就范。然而，叶剑英觉得自己没错，一气之下，卷起铺盖离开学校回家。事后，校长有些后悔，便托人给叶剑英捎去一封信，劝他回校领取文凭，但信中仍不乏责备之意，希望他"认错"。但叶剑英不为所动，当即回信，拒绝返校，并在此信末尾表示："自古英雄多出自草莽，大丈夫何患乎文凭！"东山中学校长读了叶剑英的回信，眼见至此，只好喟然称叹："此子非池中物也！"

叶剑英离开东山中学后，没有继续升学，而是辍学在家。

《叶剑英传》中就曾有这样的记述：叶剑英离开东山中学，回到家里，一边帮助父母料理小店铺的杂事，一边坚持自学，终日不懈。1916年，他应聘到横山新群小学去教书，很快成为学校里受欢迎的教师之一。可是，"日子一天一天地过去。叶剑英尽管从教学中找到一些乐趣，但仍不能填补心绪中那难言的寂寥。他是个有抱负的青年，本想在中学毕业之后，到省城或北京、上海去继续深造，掌握更多救国救民的本事。可是，父母的艰辛，弟妹的拖累，家境的困苦，成了他实现理想的羁绊……"[①]《叶剑英传》中的这一段话，说出了

① 《叶剑英传》编写组：《叶剑英传》，当代中国出版社，1995年版，第19页。

中学毕业后的叶剑英当年的真实心情。

当年，叶剑英的心里或许在想：乡村的私塾自己读过了，圩镇的新学堂自己读过了，县城的公、私立中学校自己也读过了。那省城广州的学校是怎么样的呢？北京、上海的学校又是怎么样的呢？他多么希望能够到省城广州，到北京、上海大城市去继续求学。特别是与梅县相隔400公里的省城广州，更加吸引着少怀壮志的叶剑英。他十分希望能够到省城广州去，开开眼界，见见世面，增长自己的见识和才干。因为他在中学读书期间，就已经知道省城广州不仅是南国历史文化名城，而且也是中国近现代民主革命的策源地——

鸦片战争中，广州三元里一百零三乡民众排山倒海的抗英呐喊和“杀番鬼佬”的怒吼声，揭开了近代史上中国人民壮烈的反帝斗争的一幕；

1891年，粤籍名士康有为在广州创办万木草堂，收徒讲学，培植维新变法的力量，推动维新变法，成为中国近代史上一个引人注目的亮点；中国近代伟大的革命先行者孙中山，在广州领导了推翻封建帝制的三次武装起义，三次建立革命政权，为他的奋斗史和让广州成为中国近代政治舞台谱写了浓墨重彩的一笔……

这些，都为广州这座南国英雄城市增色添彩。

广州，早已铭记在叶剑英的脑海中！

青年人胸怀雄心壮志，想到大城市去求学，希望多学本领、充实自己，实为难得。然而，在那个年代，作为一个农村贫民子弟，要实现这一理想和愿望并非易事。最主要的就是要有一笔足够的费用，家里是难以满足这要求了，叶剑英便提笔给在马来亚谋生的四位伯父写信，倾述自己打算继续求学深造的想法。不久，堂兄叶宜桐从南洋回信告知：四个伯父漂泊南洋，日子也并不好过，收入低微，艰难度日。几个兄弟感到长此下去，难有“解困”之日。经过几番商量，决定筹凑一点钱，准备租一个锡矿来挖，经营锡矿生意。此举如果搞得好，赚了钱，就资助你继续求学深造；如果经营失败，赚不到钱，那你就来南洋跟众伯父们学做生意吧。

读罢堂哥的信，叶剑英理解伯父们和堂兄的处境。他知道伯父和堂兄都在关心自己的前途，心中升起了希望。

他等待着，期盼着……

在焦急期待之中，叶剑英终于接到了南洋的来信。但是，信中并没有给叶剑英带来令人欣慰的喜讯，而是报告了在南洋的伯父们经营的锡矿，“因矿坑被连日大雨冲塌破产了”的消息。

真是运气不佳。这不祥的消息，犹如一盆浇头冷水，将叶剑英继续求学深造的希望彻底浇灭了！

他失望了，但是也清醒了：人生的道路要用自己的双手去拓辟！

他听从伯父和堂兄们的劝告，决定步他们的老路，到南洋去谋生。在叶剑英看来，这也是难得的机会，既可以谋份差事，学点本事，自食其力，又可以走出大山，见见世面。于是，1916年冬，叶剑英的父亲托付一位“水客”，将叶剑英带往马来亚怡保。

这次远行，叶剑英以为可以经过省城广州了。但是，这一次他们是从家乡出发，到了香港，然后转上了去南洋的轮船，并没有途经广州。叶剑英感到有点遗憾，因为他虽然走出了大山，但仍然没有到过省城广州。

轮船在苍茫的大海上破浪航行。经过十多天的漂泊颠簸，叶剑英好不容易到了马来亚怡保，开始了他海外的新生活。

然而，海外并非世外桃源。在怡保，工作也不好找。叶剑英学过打字，做过散工，时打时停，断断续续，实际上仍然处于半失业状态。后来经求人帮忙，颇费周折，才得以在一间华侨子弟学校找到一个国文教师的职位，工作才算稍微安定下来。

日复一日，时光流逝。叶剑英尽管十分珍惜这份工作，但是毕竟离乡背井，寄身异域，想到今后的日子还很长，心中难免有些郁闷和惆怅。

正当叶剑英苦闷彷徨之际，忽闻云南都督唐继尧派人到南洋宣慰华侨，招收华侨子弟入云南陆军讲武学校就读受训的消息，叶剑英的心里又激起了新的希望。他二话不说，迅即报名，并顺利通过了“招募学兵”的考试，被正式录取。

1917年夏天，叶剑英冒着酷暑，与同时考取云南陆军讲武学校的伙伴们坐船离开马来亚，回到香港，然后又经越南海防、河内，取道滇越铁路，前往云南。

这一次，虽然又没有途经广州，但是，自从他考入云南陆军讲武学校以后，他实现了一个“山娃子的心愿”。他相信，今后路过省城广州的机会将会很多。事实也正是如此。在云南陆军讲武学校受训期间，广州成了叶剑英“求学路”上的歇脚地和中转站。叶剑英在云南陆军讲武学校受训的两年多时间里，每当从云南昆明回家乡广东梅县，或是从家乡梅县前往云南昆明，他都喜欢在省城广州小住，顺便逛一逛广州热闹的街区，游览广州秀美的都市风光。

广州，已经成了叶剑英难以忘却的地方。

省城求职

1919年12月22日，叶剑英以最优等的成绩从云南陆军讲武学校毕业。由云南督军兼讲武学校校长唐继尧签发的毕业证上写道：“云南陆军讲武学校第十二期炮兵科学生最优等叶剑英于本校规定学术考试毕业及格，特给证书。”1920年1月30日，叶剑英还被云南督军公署授予陆军炮兵少尉军衔。

1919年12月22日，叶剑英以最优等的成绩毕业于云南陆军讲武学校

两年半的时间，弹指一挥间。两年半的寒窗苦读，两年半的艰辛受训，晨练暮读，日复一日，周而复始，风雨无阻，叶剑英终于熬过来了。手捧着凝聚着两年多心血而得来的军校毕业证书，叶剑英心潮翻滚，感慨万千。这一证书，是他在云南陆军讲武学校所学到的军事理论知识和军事技能的凭证，也是云南陆军讲武学校对他的军事才干的肯定和认可。他心里感到高兴。

在叶剑英毕业时，云南陆军讲武学校鉴于叶剑英学业优秀，又来自南洋，拟派遣他担任南洋宣抚特使，赴南洋招收新的华侨生员。但是，叶剑英心里另有打算，不愿走这条路，毅然“跳槽”了。他“不愿从命”，从昆明回到了故乡广东，另图发展。1956年，叶剑英曾对《文汇报》记者谈过此事：“一九二〇年我从云南讲武堂毕业后，便回到了广东。”①

从当年的情况来看，叶剑英做出放弃“宣抚特使”一职的决定，未免有些风险。因为离开军校，步入社会，就意味着要自谋职业，要凭自己的本事在社会上立足，自食其力，拓展事业。而在那社会动荡、职业难求的境况之下，他必须自己面对“求职难”这一社会现实，今后漫长的人生道路应该何去何从？他必须进行认真的思考并做出抉择。

开弓没有回头箭。叶剑英既然做出“违命”的抉择，其心里是有着自己的想法和打算的。他从小就十分敬仰革命先行者孙中山。早在他就读梅县丙村三堡公立高等小学期间，就受到进步校长谢鲁倩和进步青年教师林修明的影响。谢、林都是孙中山领导的同盟会会员。他们经常向学生讲述孙中山的革命故事，宣传孙中山的革命学说和革命主张，讲述中国古代志士仁人的嘉言懿行。这些都使叶剑英深受启发和教育，使他立下了将来匡救中华、改造社会的志向，以拯民于水火，解民于倒悬。因此，刚从云南陆军讲武学校毕业，满怀抱负、学有所成的叶剑英，就企盼着能够追随孙中山干一番事业，为革命效力。

“路漫漫其修远兮，吾将上下而求索。”1920年春，叶剑英从昆明先回到

---

① 《叶剑英元帅谈：孙中山先生的建军思想和大无畏精神》，载《文汇报》1956年11月10日。

广东省城广州，曾在广州小住，打听消息，寻求革命出路。他一方面打探孙中山及其领导的援闽粤军的消息，另一方面寻找谋生之职业。然而，当时中国正处在乱世多事之秋，军阀混战，局势动荡，谋求职业并非易事。经过一番了解，叶剑英得知此时的孙中山已被踞粤的桂系军阀所逼迫，离开广东到了上海。孙中山组建和领导的粤军，也以护法"援闽"的名义出征到了福建，投奔粤军的愿望一时无法实现，而自己寻找的工作又无着落，无奈之下，他离开广州回到了家乡梅县雁洋堡。

此时，粤东梅县农村的景况更糟，闭塞、贫困、落后。叶剑英在家乡也难以找到合适的事做，只好暂在家中闲住。说起来也真是令人难以置信，时已23岁的叶剑英，血气方刚，风华正茂，且从军校毕业学成归来，本应是社会乐为吸纳的有用之材。然而，事与愿违，此时的叶剑英却赋闲在家。他心里未免有些烦闷。为了消愁解闷，他经常到丙村培基学校借阅《孙文学说》等革命书籍和报刊，也经常同一些要好的同学、朋友聚会聊天。一些东山中学的校友听说叶剑英回来了，都纷纷上门来看望他。大家一起聚首，品茗把酒，促膝长谈，或畅叙友情，或纵论时事，倒也消解忧愁，忘却烦恼。但是，叶剑英一想到自己从军报国之愿未能实现，就不禁感慨万端："闲居非吾志，甘心赴国忧。"在此国难当头之际，作为热血军人本应扬鞭跃马，驰骋疆场，但自己却身份不明，报国无门，壮志未酬，心中十分焦急。

茫茫人生路，何处是归宿？就在叶剑英一时陷入彷徨、愁闷的困境之中时，一个极好的历史机遇悄然向他走来：丙村培基学校有一位老师，与潮梅镇守使刘志陆的副官是旧交。他经过对叶剑英的多次接触和一番了解，非常赞赏与钦佩叶剑英，觉得他是一位难得的人才，便极力向那位副官作了举荐。那位副官也有意延揽各方青年才俊，就将情况禀报给刘志陆。

刘志陆，字伟军，广东梅县人，与叶剑英是同乡。此人早年曾经加入同盟会，二次革命失败后投效桂系莫荣新部，历任广西路军第七协协统、独立旅旅长，护国军第四军军长。1919年改任广东督军府副参谋长、潮梅镇守使。他听闻其副官的举荐，得悉叶剑英为梅县人氏，且又年轻有为，精明能干，也想见一见这位不凡的“同乡青年”，便托人递送口信，要叶剑英前来汕头面见。于是，叶剑英当即告别家人，离开梅县雁洋堡，赶赴汕头。面见之后，刘志陆看到叶剑英身材魁梧，相貌堂堂，举止稳重，谈吐风雅，颇为欣赏，有意收为麾下任职，还堂而皇之称“楚材楚用”。可是，叶剑英却对刘志陆印象不佳。他对刘志陆在谈话时摆出老资格和官架子的神态甚为反感，其大吹大擂，口气傲慢，不可一世之模样令人作呕。更令叶剑英难以接受的是，他从与刘志陆的谈话中，了解到刘与反对孙中山的桂系军阀莫荣新狼狈为奸、沆瀣一气的内在关系。他觉得自己与刘志陆的志向不同，信仰各异，彼此不是“同路人”，他鄙视像刘志陆那样“人在粤土心在桂”的“不忠不贞之人”，因而一口婉拒，没有应允跟随投靠。叶剑英决定再想办法，另谋出路。

在此期间，适值叶剑英的同学赵益坚（即赵一肩）于1920年从云南陆军讲武学校骑科毕业后，回广州赴水东（今广东电白县）投奔军旅。叶剑英赋写了一首五言律诗《送赵君益坚出发水东》，为其送行。诗曰：

扬鞭驱万里，之子乐风尘。
念我飘蓬意，思君奋翮身。
燕然思窦碣，珠海拟汪伦。
世乱谁非客，前程处处春。

此诗虽是叶剑英的早期诗作，但诗中运用格律典故纯熟自如，遣词造句精炼，音律流畅铿锵，可见他的古典诗词功底十分深厚。叶剑英在写这首诗时，因尚未找到适合的职业，难免会与同学赵益坚作一比较：“念我飘蓬意，思君翮奋身。”他慨叹自己学成无所就，一时尚未找到适合的职业，漂泊不定，但仍然诚挚地祝愿友人赵益坚君“扬鞭驱万里”，奋飞腾达，有所作为，报效祖国。从此诗末尾的“世乱谁非客，前程处处春”两句中，也反映出叶剑英虽处乱世，身如转蓬，但对前途仍充满自信，洋溢着乐观的情调，憧憬着美好的未来。

俗话说：天生我材必有用。就在叶剑英回到广州，求职无成、处于彷徨苦闷的时候，他从朋友处听说孙中山组建和领导的“援闽”粤军，正驻扎于福建漳州一带。漳州是福建东南部的一个重要城市，距离叶剑英的家乡梅县不是很远。于是，叶剑英毅然告别家人前往福建漳州，投奔孙中山领导的“援闽”粤军。在福建漳州“援闽”粤军驻地，受到了粤军司令部兵站总监张醁村的接见。他向张提出了参加粤军的要求，得到批准，被委为粤军总司令部见习参谋。从此，叶剑英走上了孙中山领导的民主革命道路。尔后，叶剑英在“援闽”粤军中又被派往熊略支队担任见习教官，训练士兵操炮，并于1920年加入了中国国民党。

1920年夏，时在上海的孙中山为了继续“护法”，敦促“援闽”粤军回师广东，以驱除盘踞广东的桂系军阀，重建广东革命根据地。在此之前，孙中山已经尝试过一次“护法”失败的苦果。辛亥革命后，孙中山仍然没有自己的军队，只能借助他人的力量在广东取得根据地。1917年7月6日，孙中山由上海率海军舰队南下广州。这是孙中山第一次以“护法”为旗帜，准备从广东兴师北伐。他联合西南军阀，并借助其武力反对北洋军阀段祺瑞，于9月1日在广州建立了中华民国军政府，10日担任中华民国陆海军大元帅。结果，有“府”无“军”，“命令不能出府门”，广东军权实际上掌握在桂系军阀手中。因受到西南军阀和政客的百般排挤，受制于人，无法行使自己的权力，孙中山只好于1918年6月愤然离开广东，退居上海。

这时，困居上海的孙中山，极度苦闷。他闭门谢客，潜心著述，总结经验教训，并继续策划革命，研究对策，以利再战。后他利用“援闽”粤军之力量，联同湘、赣、滇军一起，作为“驱桂”的武力，因而他就有了前面所说的敦促“援闽”粤军回师广东“驱桂”、创建广东革命根据地之事。

遵照孙中山的旨意，同年8月12日，“援闽”粤军在福建漳州公园誓师回粤，讨伐桂系军阀莫荣新。粤军兵分左、中、右三路，分别由邓铿、陈炯明、许崇智率领，向广东挺进。叶剑英跟随“援闽”粤军从福建回师广东，参加了讨伐祸粤多年的桂系军阀陆荣廷、莫荣新之役，为粤军“驱桂”作战立下了汗马功劳。对于这一次的经历，叶剑英于1956年也曾经对《文汇报》记者讲过："那一年（1920年——引者注），我参加了中山先生所计划的粤军回粤，驱逐陆荣廷、莫荣新之役。"①

8月16日，粤军开始向桂军发起攻击，"驱桂"之役打响。桂军祸粤多年，作恶多端，深为人民所痛恨。而粤军思归，士气高昂，在"粤人自救"的口号下，得到各地军民的积极支持，一路摧坚破垒，抢关夺隘，连克蕉岭、大埔、饶平等县城，随后又占据了潮安、澄海，直逼汕头。桂军频受重挫，迭遭败绩，粤军回粤，进军顺利。

就在粤军回师广东、进军潮汕地区期间，为了减轻粤军的军事阻力，叶剑英被派遣对桂系军队开展策反工作。他先奉命到汕头，开展对刘志陆部的策反工作。他装扮成回国华侨，抵达汕头后找到了刘志陆部的一个炮兵连长赖顺成。赖顺成亦毕业于云南陆军讲武学校炮科第十二期，与叶剑英是同期要好的同学。叶剑英动之以情，晓之以理，说服了赖顺成。接着，经赖顺成的引荐，叶剑英又结识了同在刘志陆部的另一位炮兵连长，并说服了他。他也同意率领全连士兵投奔粤军。后来，当粤军回粤进攻汕头时，这两个炮兵连作为内应，并于阵前倒戈，使桂系刘志陆部阵脚大乱，兵败而逃，粤军旋即攻占了汕头。

粤军攻克汕头后，叶剑英又奉命前往香港，配合孙中山的代表孙科、吴铁城、陈策等人，策反驻广州郊区和珠江三角洲一带的桂系军队，以配合粤军进攻广州。他充分利用桂军中粤籍官兵多的特点，广泛地宣传"粤人治粤""广东人不打广东人"的口号，对桂军中的粤籍官兵进行心理策反，以达到瓦解桂军之目的。尔后，他又前往江门，对桂系军队陈德平部展开策反工作，促使陈部倒戈，加入粤军，参与"驱桂"作战。叶剑英还随陈德平部从江门打到开平，又从开平打到龙川、石滩，最后与"援闽"粤军一起，于1920年10月29日攻进广州，迫使桂系军队退出广东。叶剑英以其高超的策反谋略，利用各种社会关系，一路对踞粤的桂系军队展开策反工作，出色地完成了策反桂系

① 《叶剑英元帅谈：孙中山先生的建军思想和大无畏精神》，载《文汇报》1956年11月10日。

军队的任务，为“援闽”粤军攻克广州作出了贡献。

1920年11月25日，在上海的孙中山应粤军第二军军长许崇智之邀，偕夫人宋庆龄离开了上海返回广州。这时，叶剑英由军政府副官长吴铁城引荐，在副官处任职。孙中山自从返回广州的那一天起，就致力于筹建合法正统的民国政府，与北方的军阀政府相对抗。同时，加紧整饬军队，准备出师北伐、统一中国、实现三民主义理想。叶剑英自回到广州后，不仅十分拥护孙中山建立国民政府正确的主张，也积极支持孙中山准备北伐的各种军事行动。

1921年叶剑英在广东

把剑长歌

1921年春，叶剑英因父亲病逝，告假返回梅县故里治丧。治丧后返回广州，在粤军第一军工兵营任职。当时，工兵营营长为邓演达。该营驻扎在广州北较场四标营。这里原是清朝的一个营盘，因久无人居住，多年失修，营房破旧不堪，住宿条件和活动环境都非常差，士兵生活十分艰苦。叶剑英到该营后，即与营长邓演达响应孙中山的“兵工政策”，积极筹划，多方奔走，在政府和海外华侨的赞助之下，在工兵营中试办起了第一个军民联营的织染厂，教士兵织布漂染，使工兵营逐渐由消费单位变为生产单位，亦兵亦工，自给自足，改善了生活条件。这在粤军当中开创了军事训练和生产补给同时并举的一个先例，受到军界和社会各界的好评。①

“将军余事是诗人”。也就在1921年这一年，叶剑英在广州从军训练之余，曾写了一批被称为“富有浓烈人情味和时代气息”的诗篇。其中《羊石杂咏》十首七言绝句就作于广州。

羊石，即羊城。相传五羊化为石，故“羊城”亦为“羊石”，指广州。按照作者叶剑英的话说，这《羊石杂咏》十首“是在紧张的军旅生活中的‘乍逸闲情’之作”。这就是说，这十首七言绝句诗，是叶剑英参加粤军后，驻居广州，闲暇之余观赏羊城美景，触景生情，感慨良多，故诗兴勃发，抒情吟咏，把剑长歌。

这《羊石杂咏》的十首七言绝句是：

一

竟装奇骨落鸿荒，不向情场向战场。
别有愁心易抽乙，晚风残角咽斜阳。

二

晚风凉抹粉墙东，碎步微吟韵小虫。
为数归鸿抬望眼，一枝春在小楼红。

三

乍逸闲情事薄游，轻鸿飞上最高楼。
明灯万点人如海，恍惚银河障女牛。

① 朴实：《寄心海上云，千里常相见——叶剑英与邓演达》，载《元帅交往实录系列：叶剑英》，四川人民出版社，1993年版，第404页。

四

春来跨马古城东，十里莺花潋滟红。
鞭息徘徊亭畔路，绮怀缭绕白云中。

五

寻芳归去马蹄骄，惆怅云山路已遥。
可有轻雷惊蛱蝶，一鞭残照总无聊。

六

飒飒东风扫暮霞，木棉落后更无花。
箫声咽似寒潮咽，不见秦楼见月华。

七

曾向瑶台揽翠裾，梦从沧海撷芙蕖。
满腔情绪何由达，惆怅经旬寄一书。

八

神山迢递片帆迟，容与中流意转痴。
我已栖栖卿泛泛，为谁怜入鬓成丝。

九

荔枝湾傍阿侬家，艇入芳丛叶叶遮。
生怕西风莲有苦，不教容易误年华。

十

神光离合彩云随，妃子凭虚未可私。
最是板桥桥上柳，为卿长系阿侬思。

叶剑英在广州所写的这十首七言绝句，各显神韵，各呈风采，意境美，韵律美，语言也美，给人以美的韵律、美的享受。作者引用古典和编织新巧的诗句，表达典型形象所追求的理想和真挚的感情。整个《羊石杂咏》十首洋溢着积极的浪漫主义情调。在各诗中，汇集了佳词丽句，抒情绘景，融情于景，寓景于情，使叙事、写景和抒情糅合在一起，达到了水乳交融的境界。在作者的笔下，各诗始终围绕着羊城的风物人情展开，如羊城之景致、秀美之风光、时令之变幻、郊游之雅兴……勾勒出一幅幅美丽的图画美景，展现在读者面前，使读者能够将诗中勾勒出来的各种画面，尽收眼底，一览无余。

如《羊石杂咏》第六首中的“飒飒东风扫暮霞， 木棉落后更无花”。写的是广州的自然景观。广州遍地栽植木棉树，每年三四月间，是木棉花盛开的季节，极为壮观。木棉树高耸挺拔，木棉花花红似火，故广州人喜将木棉树称为“英雄树”，将木棉花称为“英雄花”。

又如《羊石杂咏》第九首中的“荔枝湾傍阿侬家，艇入芳丛叶叶遮”。将广州荔枝湾名胜之地的风物人情，描绘得淋漓尽致，令人目不暇接，美不胜收。“一湾溪水绿，两岸荔枝红”，水秀花香，人文风华，荔枝湾以其独特的地理环境和悠久的历史，积淀了独具特色的地域文化。老广州的习俗，有行荔枝湾涌的水上花街。那是一番别有风味的“水上花墟”，即在荔枝湾涌岸边泊着年花橘果的小船，载着年花的小艇游弋于湖心、两岸之间，游客在岸上一招手，小艇便靠岸卖花。既可品尝广州西关小吃，又可观赏荔枝湾的“十里花街”，令游客心旷神怡，流连忘返。从叶剑英的诗句中，人们仿佛看到了碧绿的荔枝湾水面上，五颜六色、装扮亮丽的游艇在缓慢滑行，游艇中散发出来的“艇仔粥”的味道，清香袭人，令人食欲大增……

还有叶剑英诗中的“晚风残角咽斜阳”“明灯万点人如海”“十里莺花潋滟红”“ 神山迢递片帆迟”等诗句，也是作者徜徉在南国名城广州中的切身感受。这些诗句均是一派艳丽美妙的意境，无不引人遐想，令人陶醉。

当然，在当时群雄并起、社会动荡的环境中，青年叶剑英刚刚步入社会，就面临着报效国家、救国济民的人生课题。面对着列强欺压、军阀混战、国家内忧外患的境况，叶剑英也难免会“别有愁心易抽乙，晚风残角咽斜阳”，因而引发了对故旧好友的思念之情和往事的联翩回顾。在这组诗中，有欢乐往事的记述：“晚风凉抹粉墙东，碎步微吟韵小虫。”有惆怅心情的描绘：“明灯万点人如海，恍惚银河障女牛。”有难以排遣的绮怀痴情：“鞭息徘徊亭畔路，绮怀缭绕白云中。”有苦苦寻觅追求的梦境：“曾向瑶台揽翠裾，梦从沧海撷芙蕖。”还有“生怕西风莲有苦，不教容易误年华”；“神光离合彩云随，妃子凭虚未可私”等，无不以芳馨悱恻之笔墨，寄托深沉的家国之思。

20世纪20年代，中国正处于乱世之秋，军阀争雄，战祸频仍，生灵涂炭，乱象环生。当时，孙中山虽返回广东重建革命政权，但局势仍然动荡不稳。时值风华正茂的叶剑英刚刚走出云南陆军讲武学校的校门，在步入社会，开启人生的重要时刻，又因父亲病逝，家境变故，自己回乡奔丧回来，国忧家难将叶剑英压得愁绪从生，难以排遣。这时候，对于叶剑英来说，是希望与失意的交织，理想与现实的碰撞，其心情难免闷愁不快，因而这些抒情诗反映了当时的历史背景和作者心境。诗中尽管流露出几分彷徨苦闷，表现出缠绵悱恻、绮怀惆怅之意，但从整体来看，诗作气势纵横，诗艺精湛，格调是积极健康的。如诗中的“飒飒东风扫暮霞”“不向情场向战场”等句，就充满了扬鞭万里、奋发向上的乐观情调，读后催人奋进，受到强烈的感染。

有学者曾这样评价叶剑英在广州写就的《羊石杂咏》十绝，称赞这“是叶剑英一生诗作中最富有浪漫主义色彩的一组诗，炼字精奇，气韵高雅，不落俗套”[①]。也有的学者说叶剑英所写的这一组诗，“是在紧张的军旅生活中的‘乍逸闲情’之作，富有浓烈的人情味和时代气息”，“始终围绕着羊城的景物人情展开的。它成功刻画了一个‘不向情场向战场’的爱国青年军人形象，不着一字去描写，人物跃然纸上，栩栩如生。”[②]

这组七绝诗，被称为“杂咏”。指的应是所写的非一时一事，而是记述

① 李坚：《叶剑英早期诗词与南社诗风的关系》，载《丰功垂青史，风范励后人》，中共党史出版社1998年版。

② 范硕：《叶帅诗词探胜》，广东人民出版社1988年版，第14页。

较长的一段时间，较为细小芜杂的事情。表面看来，组诗的描写对象似乎是有些“杂”，有“杂咏”之意味，但细读起来，整组诗意脉相承，上下贯通，杂而不散，浑然一体。诗中描绘的是羊城景物，抒发的是革命豪情，寄托的是伟大抱负。这些诗既可以独立成章，也可以整体组合；读者既可以逐首揣摩，也可以整体鉴赏。全诗通篇平仄协调，感情充沛，韵律严整，意境优美，既展示了诗人深厚的古典诗词功底，也体现了诗人博大的革命襟怀。可以说，这组诗是有别于作者后来沉雄豪宕诗风的另类风格的早期诗作。因作者年轻时受“南社”诗风之影响，故其早期的诗作都体现出清婉悱恻、缠绵凄美之风。这也是叶剑英一生中最富浪漫主义色彩的一组绮情诗。

二 锋芒初试

跟随孙中山领导的“援闽”粤军回到广州后，叶剑英积极支持和拥护孙中山的北伐主张。他被引荐作为随员，跟随孙中山大总统出巡广西，有幸在孙中山身边，亲聆其教诲，深受教益。特别是在陈炯明叛变、炮轰总统府期间，叶剑英护卫孙中山安全脱险，并在孙中山的直接领导下与叛军鏖战白鹅潭，掀开他在广州军事活动的悲壮一页……

随大总统出巡

粤军“驱桂”功成，收复广州，粤局日臻平定。这时，自上海回粤的孙中山认为护法多年，风风雨雨，历尽艰辛，但却徒费心力，未竟事功。究其原因，除了一些敌对分子从中作梗、蓄意破坏之外，其所建立的政府名不正、言不顺，未能代表中华民国是其主要原因。于是，孙中山极力主张，无论如何必须取消“非正名”的军政府，建立正式的中华民国政府。因为在孙中山看来，只有这样才能居于“正统”地位，与北方军阀政府相抗衡，才能完成护法大业。

然而，孙中山的这一主张，却遭到部分国会议员和一些军界人士的反对，尤以时任广东省省长兼粤军总司令陈炯明为“反对最力者”。为排除障碍，孙中山采取了一些措施，如驱除“附逆”议员，向军界官兵进行成立正式政府重要性的宣传，并向国会议员表示：如果国会不同意组建正式政府，他本人将离开广州。在孙中山的一再坚持下，经过了一番周折，组建正式政府之事被提上了议程。

1921年4月7日，国会非常会议在广州召开。会议通过了《中华民国政府组织大纲草案》，规定：“选举大总统，付托以讨乱及建设之全权，谋社会改革，民国统一，永久和平。”接着，参众两院随即召开选举大总统会议，选举结果孙中山得218票（出席议员222人），当选为大总统。因大总统的选举是由国会非常会议选出的，故称“非常大总统”。

1921年5月5日，孙中山在广州宣誓正式就任中华民国非常大总统，组成中华民国政府。这一天，天气晴朗，艳阳高照。上午9时多，在广州非常国会的礼堂里，中华民国非常大总统就职典礼宣告开始。孙中山身穿大礼服，在人们的欢呼声中走上讲台，庄严地发表就职誓词："文誓竭志尽诚以救民国，破除障碍，促成统一，巩固共和基础。凡我国人，幸共鉴之。"①此外，孙中山还发表了《就任大总统职对外宣言》。孙中山大总统就职宣誓完毕，台下掌声雷动，一片欢腾……

消息传出，广州城内彩旗招展，鞭炮齐鸣，锣鼓喧天。数十万市民兴高采烈，纷纷拥上街头，结伴游行，热烈庆祝孙中山当选为非常大总统。叶剑英也与云南陆军讲武学校的一些旅粤同学，随着游行的队伍，在市区街道上挽臂而行，庆祝孙中山就任中华民国大总统。

事后，叶剑英认真地拜读了报纸上刊登的孙中山《就任大总统职宣言》。他一边全神贯注地阅看，一边琢磨着每一句话、每一个字的分量。叶剑英从就职誓词和宣言中，看到了孙中山为救国救民，剪除军阀、统一中国的坚定决心，对孙中山更加敬佩不已。

中华民国非常大总统府设于观音山（今越秀山）南麓，由原来的将军署改建而成。此地与孙中山的住所粤秀楼为邻，大总统府与观音山之粤秀楼之间建有栈桥相接，平日孙中山到大总统府办公，步走栈桥，极为方便。

6月，孙中山经过整编粤军，建立比较稳固的广东根据地之后，开始进军广西，讨伐桂系残余势力，第二次粤桂战争爆发。经过了一番辗转征战，孙中山领导的粤军长驱西进，直捣桂系军阀陆荣廷的老窝，打败了桂系军阀的军队。陆荣廷见势不妙，仓皇地经越南逃往上海，粤军占领了广西。

两广统一后，孙中山决定一鼓作气，举兵北伐，乘胜进击，以便驱除北洋军阀，统一中国。9月6日，孙中山在广州宴请北伐将领时发表了演说："夫统一中国，非出兵北伐不为功。两湖既促我出兵，则今日之机局，正如天造地设。总之，北伐之举，吾等不得不行。粤处偏安，只能苟且图存而非久安长治，能出兵则可以统一中国。"②叶剑英早就对封建军阀的互争雄长、武装割

① 孙中山：《就任大总统职宣言》，1921年5月5日。
② 孙中山：《在广州宴请北伐将领时的演说》，1921年9月6日。

据，致使国家陷入四分五裂的局面深恶痛绝。他坚决拥护孙中山的北伐主张，并积极请缨求战，做好参加北伐战争的准备。

10月8日，国会非常会议通过孙中山所提的《援鄂北伐案》，但又为陈炯明所反对。于是，孙中山决定出巡广西，在广西桂林设立北伐大本营，准备于次年（1922年）春天从广西起兵，假道湖南，大举北伐。为了出巡广西沿途之安全，决定从粤军第一军中抽调一批精干人员充当随员和警卫。叶剑英因在“驱桂”、进攻广州的军事行动中，立下了汗马功劳，显现了非凡能力和才干，受到吴铁城、陈策等人的信任和赏识，被吴、陈二人举荐为大总统随员，跟随孙中山同赴桂林，参加北伐的准备工作。

就在叶剑英跟随孙中山出发桂林之前，粤军第一军工兵营营长邓演达特地在广州观音山前的一间大排档，张罗筹办了一桌便宴，亲自为叶剑英饯行。餐桌上，几碟客家小菜，一瓶双蒸酒，尽管是家常便饭，但气氛轻松，情意浓郁。他们对坐着，无拘无束，边饮便谈，依依不舍。邓演达举杯，对叶剑英说：“但愿我们早日重逢，祝你一帆风顺，鹏程万里！”并随口念了唐代诗人戴叔伦《灞岸别友》的前四句来表达惜别之情：“车马去迟迟，离言未尽时。看花一醉别，会面几年期。”叶剑英也回敬了邓演达一杯酒，并随口读了李商隐的《杜工部蜀中离席》的前两句回赠：“人生何处不离群，世路干戈惜暂分。”接着又借唐代诗人崔曙《对雨送郑陵》的后两句说：“但愿‘寄心海上云，千里常相见’。”① 两人的席间对话赠言，蕴含诚挚，情真意切。它真实地展现了当年战友临别时的场景，也真实地反映了战友话别的难舍心情！

1921年10月，孙中山自广州乘“宝璧”舰从水路前往广西巡视，叶剑英以总统随员的身份，跟随前往。他们一行溯西江而上，经梧州、桂平等地，一路巡视勘察，走走停停，于12月4日抵达桂林。孙中山的陆海军大本营，驻扎在桂林皇城独秀峰原咨议局旧址。

桂林是一座风景优美的城市，素有“桂林山水甲天下”之誉。那碧莲玉笋

---

① 朴实：《寄心海上云，千里常相见——叶剑英与邓演达》，载《元帅交往实录系列：叶剑英》，四川人民出版社，1993年版，第405页。

般万点尖山，那如幻似梦的一江碧水，那幽深神奇的天然洞穴，构成了一幅幅绝妙的秀丽画卷。而独秀峰脚下就是桂林著名的风景区，峰后有月牙池、曲桥引水、丛荫水榭，环境清幽，景色秀美。

孙中山抵桂林后，抓紧做好北伐前的各种准备工作。然而，正当北伐准备工作有条不紊地紧张进行的时候，孙中山多次催促当时留守广东的粤军总司令兼广东省省长陈炯明拨付足额军费，却屡屡遭到陈炯明的阻挠与反对。陈炯明本就不赞成孙中山举兵北伐，现驻居广西的孙中山迭催军费，心中更为不满。他明确表示："如今之中山政府，实不敢赞成，然事已成矣，只有不与之钱，以免妄费。总之，广东之钱，只能办广东事……"①公开抵制孙中山的北伐行动。

陈炯明，字竞存，广东海丰人。早期参加孙中山领导的同盟会，曾参加广东新军、黄花岗、东江民军等起义，有功于革命，被孙中山认为是"可资依靠"的"革命将领"。可是，自1920年8月奉孙中山之命，率"援闽"粤军回师广东"驱桂"，10月任广东省省长兼粤军总司令之后，遂野心膨胀，居功自傲，阳奉阴违，鼓吹"保境安民""联省自治"，极力反对孙中山的北伐主张。同时，他还暗中勾结北洋军阀头子吴佩孚，扩大自己的势力，企图独霸广东。他一方面断绝了北伐军饷械的接济，另一方面又与湖南督军赵恒惕结盟，阻止北伐军假道湖南北进，并且勾结当时被逐出云南的唐继尧，积极帮助唐分裂参加北伐的滇军，回云南争夺地盘，复辟军阀割据的勾当，致使唐继尧拉走部分滇军回滇，削弱了北伐军的力量。更有甚者，陈炯明竟于1922年3月21日派人暗杀了支持孙中山北伐、留守广州的粤军第一师师长邓铿……

事发后，孙中山闻讯大为震惊。鉴于陈炯明不择手段，居心叵测，既图谋阻止诸北伐军进军，又欲绝诸北伐军退路，于是，孙中山遂改变北伐计划，决定暂时从广西桂林督师返回广州，以便坐镇广州，稳定后方，再图打算。在离开桂林之前，孙中山下令组建海军陆战队，正式任命陈策为海军陆战队司令，

---

① 陈炯明：《与吴宗慈谈话》，1921年6月6日，载《陈炯明集》（增订本），中山大学出版社，2007年版。

叶剑英为海军陆战队营长。

自1920年初叶剑英从云南陆军讲武学校毕业，被云南督军公署授予陆军炮兵少尉，后参加孙中山领导的“援闽”粤军，至1922年4月仅两年多一点的时间，就被孙中山任命为海军陆战队营长。可见，在跟随孙中山革命的道路上，年轻的叶剑英亲聆教诲，经受锻炼，逐渐地成长起来了。

至此，从梅县阴那山麓走出来的叶剑英，终于走出了别样的人生风采，走出了一片广阔的天地……

护卫孙中山脱险

1922年4月23日，孙中山从桂林回到广州。此时，孙、陈双方矛盾已达到一触即发之地步。拥护孙中山的一些将领，主张先消灭“陈家军”，平靖后方，再行北伐。孙中山为避免引起内战，互相残杀，同时仍希望陈炯明能够回心转意，故一方面下令各路北伐军不必进入广州，改由三水经清远开赴韶关、南雄、仁化一带集中待命，听候北伐。另一方面，则派人向当时避居惠州的陈炯明劝说，叫其返回广州。

5月1日，第一次直奉战争爆发。孙中山认为这是联合段（祺瑞）、张（作霖），夹击直系军阀的好机会。于是，稍作了一些准备工作后，孙中山便于5月4日在广州下达北伐令，5月6日前往韶关督师北伐。这样，北伐军于5月13日分三路进攻江西，至5月下旬，北伐军一路摧坚破垒，攻城夺隘，先后攻占了大余、崇义、信丰、全南、龙南等县。6月13日又攻占了赣南重镇赣州，并进至吉安，大有直下江西省省会南昌之势。

然而，就在这个时候，乘北伐军北上进入赣境之机，由广西移驻广州及附近地区的陈炯明部属叶举部，在后方寻衅滋事，一方面要挟孙中山恢复陈炯明的广东省长兼粤军总司令之职，另一方面向财政部闹索饷风潮。而且还纵兵扰民，明抢暗劫，造成社会秩序大为混乱，使广州市民处于“一夕数惊”的境地。

为安定后方人心，孙中山于6月1日从韶关回到了广州，对叶举等“陈家将”多方晓以大义，要他们把部队撤离广州。叶举部不但拒绝，反而变本加厉地遵照陈炯明的旨意，勾结直系军阀强令孙中山下台。受到孙中山的严词驳斥之后，他们就更加恼羞成怒，蠢蠢欲动，加紧谋划要用武力来推翻孙中山。于是，广州顿时处于反动分子虎视眈眈、危机四伏之中。

6月16日清晨，蓄谋已久的陈炯明的亲信、粤桂边防督办叶举，开始暴露出了祸心叛迹。他指令所部封锁交通要道，占领重要据点，围攻广州观音山（今越秀山）下的总统府，炮轰孙中山的住所粤秀楼。总统府遭受叛军炮击，顿时陷入了一片火海，孙中山急令卫队奋勇抵抗。

在万分危急之中，孙中山的秘书林植勉和参军林树巍等，坚请孙中山速离总统府，并不顾一切，冒着炮火流弹，将换上了长袍，头戴通帽，挎着药箱，戴着墨镜，化装成中医的孙中山拉出粤秀楼，“于叛军逻弋之中”，冲出叛军的包围，向珠江边的天字码头迅速转移。途中，曾遭到叛军哨卡盘问，幸好林植勉出面应对，称家人身染重病，请医出诊疗治。哨兵看到众人扮相逼真，未知有假，挥手放行，孙中山等人得以安全脱险。

就在孙中山离开总统府不久，叛军向总统府和粤秀楼发起猛攻。孙夫人宋庆龄等在警卫人员的保护之下，也冒着枪林弹雨，从粤秀楼里迅速突围而出，几经辗转，至6月18日早上脱险到了黄埔。这样，陈炯明等妄图杀害孙中山的罪恶阴谋破产了。

就在总统府遭受围攻炮击之时，停泊在天字码头一带的江防舰队，也遭到了叛军的袭扰。叶剑英与海军陆战队官兵打退了叛军的进攻。初时，因城内枪声四起，一片混乱，难以判断叛军作乱攻击的主要目标。后来，叶剑英凭着自己学过的炮兵知识和经验，判断出炮弹的落点在观音山总统府方向，料想可能孙中山大总统遭到叛军攻击了。于是，他将情况向海军陆战队司令陈策说明，陈策下令派出几个小分队从不同方向前往接应。同时命令叶剑英率领一个连的兵力坚守在码头岸边，随时接应救护孙中山。

观音山脚下，步枪与机枪的枪声交作，炮声也越来越急，浓烟滚滚，火光一片。叶剑英双眼紧瞪着观音山总统府的方向，寻找着接应的目标。过了一会儿，只见几个人护卫着乔装打扮的孙中山向天字码头匆匆走来。叶剑英迅速迎上前去，将孙中山一行护送下了一只小艇，然后飞快地开向江中，登上了停泊在江中的“宝璧”舰……

孙中山突出重围，登上了江防舰队的“宝璧”舰，应该说是转危为安，化险为夷了。但是，陈策、叶剑英他们仍觉得不放心。因为“宝璧”舰体位小，武器配备较差，火力较弱，故决定护送孙中山转登“永翔”舰，第二天又改乘“永丰”舰（即后来改称的“中山”舰）。

孙中山对陈炯明的叛变非常愤慨。他登上了“永丰”舰后，命令舰队暂时移驻黄埔，并召集海军司令温树德、海军陆战队司令陈策，以及各舰长官开会，急令已离开粤境北伐的粤军和驻扎在广西的滇、桂军各部，迅速回师广州靖乱。孙中山还决定第二天亲率江防舰队沿珠江开赴白鹅潭，向广州城区叛军据点开炮轰击，严惩叛军，“以保正义之不屈，政府威信之犹在”。

在孙中山的严密部署之下，一场向陈炯明叛军实施反击的军事行动，正在紧锣密鼓地筹划之中……

激战白鹅潭

6月17日，孙中山亲率永丰、永翔、楚豫、豫章、同安、宝璧、广玉等兵舰，摆开一字单行鱼贯阵，浩浩荡荡从黄埔出发，沿着珠江水道经过车陂炮台，向白鹅潭方向开进。叶剑英率领所部在宝璧舰上，已经做好了战斗准备，只等孙大总统一声令下，迅即投入战斗。舰队行进途中，孙中山命令各舰调正炮口，对准大沙头、白云山、沙河、观音山等处叛军据点，开炮轰击。叛军叶举所部也调集了多门大炮，向珠江中的江防舰队发炮反击。

当孙中山乘坐“永丰”舰，指挥江防舰队驶进白鹅潭时，叛军见势不妙，遂加强了攻击火力，向江防舰队各舰开火。叶剑英所乘的“宝璧”舰也同各舰一起，投入战斗。在战斗中，叶剑英冒着叛军的炮火，果敢镇定地指挥士兵作战。作为云南陆军讲武学校炮科毕业的高材生，他亲自操炮，瞄准叛军的阵地，痛击叛军。双方的炮战，你来我往，异常激烈，打得难解难分。

白鹅潭，位于广州市区西部，沙面租界的南面，是珠江西航道、前航道、后航道交汇的节点。它上接流溪河，西北汇聚北江左岸芦苞涌、西南涌、白坭河、石井河诸水，西侧接花地涌，可谓水路交通之咽喉。这里是一个分岔口。江水在此分流，形成一片宽阔的深潭。白鹅潭江域宽阔，烟波浩渺，是珠江流经广州最宽和水位最深的江面，可停泊3000多吨的轮船，也便于军舰停泊或游弋活动。白鹅潭的位置重要，是从黄埔港进入广州市区的必经之地。舰只占据此地，进可攻，退可守，回旋余地大，有利于军舰作战。自从第二次鸦片战争以后，白鹅潭一直被帝国主义控制着，成为外国舰只横冲直撞的港湾。叛军在江防舰队炮火的轰击下，死伤甚巨，损失严重，而江防舰队中也有舰只中弹起火，叶剑英率领的海军陆战队官兵也有伤亡。但叶剑英和其他舰长毫不畏惧，沉着应战，英勇地指挥官兵向叛军还击。战斗一时陷入了僵持状态。

入夜，双方炮战暂告停息。但在白鹅潭江面上仍不平静。小股叛军趁着夜色掩护，企图偷袭江防舰队的舰只。叶剑英率领海军陆战队官兵加强巡逻，严加防卫，粉碎了叛军的阴谋，保护了孙中山和舰只的安全。

日复一日，战斗在持续……

随着时间一天一天过去，孙中山逐渐感到舰队孤军作战，独力难支，形势日趋不利。由于舰只被困于江中，给养无法补充，旷日持久，将有后继无援、弹尽粮绝之虞。再说，时值盛夏，骄阳似火，无遮无拦的军舰被太阳晒得像蒸笼一样，闷热难忍。官兵们多日被困在舰上，感到十分难受，局势的发展对孙中山的政府军愈来愈不利。

本来，孙中山坚守“永丰”舰顽强抗击叛军，是指望等待北伐的粤军回师广州平乱伐叛，解救危局。可是，此时已挺进至江西省境内的粤军，在接到孙中山的指令后虽然班师返粤，但在回师途中进攻韶关时久战未克，且又迭遭直系援赣军队之攻击，战斗失利，损失严重，回师受阻，不得不向江西和湖南方向退却。而广西方面的滇军、桂军、粤军也未能及时回师救援。广州的危局一时无法解救，待援之希望已经落空，倘若继续据守待援，已经无济于事。按照当时的情况，即使是粤军能够回师救援，也是远水难救近火。

眼看颓势已经难以挽回，孙中山只好依赖江防舰队继续与叛军对峙。在激战中，叶剑英主动向海军陆战队司令陈策和孙中山提出建议：试用“以攻为守”之策来打破困局。即组织舰队集中火力主动反击，予敌以重创。当时，江防舰队各舰迅速出击，炮弹齐发，打得珠江两岸叛军措手不及，死伤枕藉。但是，由于兵力不足，寡不敌众，实力悬殊，反击仍难扭转局势，战局进一步恶化。

孙中山率领舰队与叛军鏖战，也引起了帝国主义的蛮横干预。在位于白鹅潭畔的英、法帝国主义占领的沙面租界里，这时正在策划着对孙中山施压的罪恶阴谋，这也是租界里的帝国主义者的惯用伎俩。广州市是近代中国民主革命的策源地，许多革命运动都兴起于广州，因而也是帝国主义者进行武力镇压的重点。沙面租界就经常充当着武力镇压中国革命的得力角色。实际上沙面租界就是一座全副武装的军事堡垒。在沙面租界内，帝国主义者常常利用所谓领事会，干涉中国内政，支持反革命势力，反对中国革命，甚至迫不及待、赤膊上阵直接出兵镇压和屠杀中国人民。为此，在沙面旁边的白鹅潭，也经常停泊有帝国主义的军舰，如遇有紧张局势，他们就以保护在穗侨民及领事馆安全为借口，进行武力恫吓。这一次孙中山率领江防舰队在白鹅潭轰击陈炯明叛军，沙面租界里的帝国主义者也毫无例外地“拉偏架”，支持陈炯明叛军，压制孙中山领导的政府军。

就在孙中山坐镇白鹅潭的“永丰”舰，指挥军队与陈炯明叛军作战的紧张关头，住在沙面租界的英国人却出来对孙中山进行威胁，横加指责。粤海关税务司英籍官员夏利士从广州沙面租界转小艇，登上“永丰”舰，狂妄地向孙中山提出无理要求：白鹅潭为通商港口，毗邻沙面租界，发生战事涉及租界安全，舰队应驶离白鹅潭并要求孙中山离粤，以平息事态。孙中山当即给予严词驳斥，指出“此为我方领土，我可往来自由”，并表示“吾平生不服暴力，不畏强权；吾只知正义与公道，决不受无理之干涉”①。孙中山在帝国主义者蛮横压制面前不低头、不屈服的强硬态度，精神可嘉，但毕竟势单力薄，难以抗争，只好暂作退却，保存实力。

面对这种局面，孙中山召开各舰舰长紧急会议，商讨应对之策。会上，他决定撤出战斗，离开广东。8月9日，孙中山转道香港，前往上海。

一场护卫孙中山大总统的“鏖战白鹅潭”之役，随着孙中山的撤离而偃旗息鼓，宣告结束。

孙中山在广州蒙难的55天中，时任海军陆战队营长的叶剑英，始终率部跟随孙中山，忠于职守，矢志不渝，驻舰反击叛军，保卫着这位民主革命的伟大领袖。在这惊心动魄的日日夜夜里，他侍卫在孙中山身边，亲聆孙中山之教诲，直接受到孙中山思想的熏陶。同时，他也亲眼目睹了孙中山那种意志坚定，临危不惧，威武不屈，为了革命事业，将生死置之度外的百折不挠的革命精神，又一次给了他深刻的教育和鼓舞，令他终生难忘。他后来曾深有感触地说：“作为一个军人，应该记取的还有中山先生在革命战争中表现的大无畏精神。”②

孙中山离粤赴沪后，叶剑英对于陈炯明叛军的倒行逆施，仍然感到愤恨不已。他邀集了云南陆军讲武学校毕业的华侨同学张国森、曾其清、曾俊伟、邓炽等10余人，在广州小马站曾家祠秘密集会，商讨支持孙中山、反对陈炯明

---

① 孙中山：《与夏税务司的谈话》，1922年7月10日。

② 《叶剑英元帅谈：孙中山先生的建军思想和大无畏精神》，载《文汇报》1956年11月10日。

之办法。最后，他们一致决议，以云南陆军讲武学校华侨同学之名义，发表通电，声讨陈炯明包藏祸心，阻挠北伐，兴兵作乱，危害革命之罪行，表示坚决拥护孙中山大总统。其通电的具体内容如下：

孙大总统钧鉴：

乃者大盗移国，粤土自私，近以吾粤市政各局，抵押自肥，公设娼妓，败坏风气，开烟开赌，毒害人民。包庇走私，扰乱金融。国家税收，尽入私囊。军政大权，霸为私有。投靠军阀，卖党求荣。置人民于水深火热之中，陷国家于危机存亡之时。敬请大总统先行讨贼，抵定后方，然后北伐，伏乞早日鞭策，我等愿作先驱，誓灭国贼，不胜厚幸，待命之至。①

这封列数反动军阀罪恶、表明叶剑英等青年军人心志的“通电”，以“快邮代电”向国内外发出后，香港、澳门和南洋各埠的华侨报纸纷纷转载，在社会上引起了广泛的反响。大总统府秘书长马君武看到这一通电后，当即呈报孙中山大总统。孙中山阅信后，对叶剑英等人的爱国精神大为赞赏。

一份通电，本是叶剑英与他的同学们表白自己诉求的心声，却引起了孙中山的如此关注。孙中山日理万机，政务纷繁，还亲自给予批示表扬，这些都使叶剑英和他的同学十分感动。

此事过后，因广州已为陈炯明叛军所控制，叶剑英也被迫转往香港。

① 崔宾：《请缨北伐——叶剑英与孙中山》，载《元帅交往实录系列：叶剑英》，四川人民出版社，1993年版，第3页。

三 黄埔履迹

谈起黄埔军校，人们总会提到第一次国共合作，总会提到当年在黄埔军校中执教或受训的教官和学生们。叶剑英就是当年的黄埔军校教授部副主任，是一位深受学生欢迎的很有威望的教官之一。他当年参与筹办黄埔军校，为黄埔军校的创建立下了汗马功劳；他在黄埔军校执教的情景，在学生们当中也留下了极为深刻的印象。

参与筹办军校

1924年1月，国共两党实现了第一次合作。广州以其得风气之先而富有革命精神，成为大革命时期的大本营。就在1924年这一年，在苏联和中国共产党的帮助下，孙中山为“建立革命军，以挽救中国之危亡”，决定创办一所陆军军官学校，培养立志反对封建军阀的革命军事干部，以便组建一支可以信赖的国民革命军，作为建立与巩固革命政权的坚强柱石。

周恩来曾经说过：开办黄埔军校应该说是孙中山军事上失败的结果。辛亥革命时，孙中山有两个运动，一个是新军运动，另一个是会党运动。辛亥革命之后，孙中山的活动渐渐变成了拉拢军阀，以此军阀的军队反对彼军阀的军队，结果当其利益没有得到满足时，就不听调遣，甚至倒戈叛变，致使孙中山不断遭到失败。在这种情势下，孙中山从失败中得到了深刻的教训，使他逐渐认识到建立革命军队的重要性，深感要战胜强大的军阀势力，就必须建立一支真正为驱除封建军阀的革命军，因而萌生了创建革命军队的思想。1921年12月，共产国际代表马林在桂林会见孙中山时，孙中山采纳了马林提出的“创立军官学校，建立革命军的基础”的提议，于1923年春便开始制定筹建军官学校的计划。总而言之，创办黄埔军官学校，是孙中山逐渐懂得了建立革命军队的重要性，在国共两党首次合作实现后所作的一项重要决策。

对于此事，叶剑英在解放后的1956年对《文汇报》记者的谈话中，曾作过如下评述：

> 1923年中山先生回到广州后，根据自己研究苏联革命经验，以及和加伦将军在一起研究苏联建立红军的经验之后，深深感到要实行革

命非得有革命的军队不可。这支革命军不仅要每一个成员具有革命思想，也必须有革命的军事制度。

所以，后来他下决心办黄埔军校，在军队中实行党代表制度，建立军队政治工作制度，形成了中山先生那个时期的比较完备的建军思想。

1923年10月15日，孙中山主持国民党党务讨论会，通过了“建立陆军讲武堂于广州”的提案。[①]12月，国民党中央执行委员会议决将陆军讲武堂命名为“国民军军官学校”，并制定了建校规划，指定廖仲恺、鲍罗廷具体负责筹划建校的有关事宜。

1924年1月，国民党第一次全国代表大会在广州召开。大会通过了有共产党人参加起草的以反帝反封建为主要内容的宣言，确立了联俄、联共、扶助农工的三大政策，从而将旧三民主义发展成为新三民主义。这次大会的召开，标志着国共两党第一次合作的局面正式形成，揭开了中国大革命的序幕。这次大会还正式议决创办陆军军官学校，孙中山亲自勘定以广州黄埔岛作为军官学校的校址，正因为该校址位于黄埔岛，故也通称为“黄埔军校”。

黄埔岛，是珠江上的一座小岛，又名长洲岛，坐落在广州东南面，距广州市区约15公里。该岛四面环水，隔绝城市，山丘地貌，林木苍茏，且地扼要冲，位置重要，“实为军事重地，便于兴学讲学”[②]。前清时期，广东陆军小学和海军学校均设立于该岛。

黄埔军校还在广州城区北岸天字码头附近的南堤2号设立筹备处，专事负责招收学生、招聘教官、筹措办学经费、制订教学计划、确定教材和准备各项军需保障等事宜。

当时，孙中山指派蒋介石为黄埔军官学校筹备委员会委员长，委任中国国

① 《广州民国日报》1923年10月16日。

② 《中央陆军军官学校史稿》，第1篇，第2章。

民党中央常务委员、大本营秘书长廖仲恺协助筹划军校的各项开办事宜。时任建国粤军第二师参谋长的叶剑英，应廖仲恺的邀请，也参加了黄埔军校的筹备和建设工作。

万事开头难。白手起家创办一个军校，并非易事，其难度可想而知。黄埔军校创办之初，在选择校址、修建校舍、筹措办学经费、师资延聘和教学设备购置等方面，均遇到了诸多麻烦。军校在广东陆军小学和海军学校的原址开办，房舍因年久失修，残瓦颓垣，荒烟蔓草，一片衰败……

要在这样残垣败草的场地上创设军校，非有一笔可观的经费不可。否则，新建不易，修复亦难。创建黄埔军校之前，孙中山已在广州设立大本营，就大元帅职，统制陈炯明部以外的粤军和入粤客军。其时，孙中山领导的入粤各军有：滇军杨希闵部、桂军刘震寰部驻扎于广州市区；粤军梁鸿楷、李济深等部驻西江五邑；桂军沈鸿英部驻北江；"援闽"粤军许崇智部由闽返粤后，李福林部驻河南（广州市区珠江南岸）；湘军谭延闿、程潜先后入粤，滇军朱培德、豫军樊钟秀等亦来附。表面上看起来军事势力颇为强大，但内部派系林立，钩心斗角，矛盾重重。特别是当时客军群雄割据，各自为政，开烟开赌，坐地设卡，征税筹饷，甚至私铸毫银。广东的财政大权基本上由滇、桂军阀所把持。他们占有财源，分赃自肥，但仍不断向孙中山索取粮饷。他们从本身利益考虑，不愿意看到从自己的眼皮底下崛起一支革命军，因而多方刁难，处处掣肘。

面对广东财政金融极端紊乱的状况，统帅部要创建军校的经费难以筹措，军校的开办步履维艰。时任黄埔军校筹备委员会委员长的蒋介石对经费问题束手无策，毫无办法，于是产生了畏难情绪。加上他对自己的任职和升迁问题感到不顺意，不仅无心过问军校筹备处的事情，而且还萌生了打退堂鼓之念头，以"环境恶劣，办事多遭掣肘"为由，于2月21日突然向孙中山提出辞职，未等批准，就甩手不干，擅自离职，一走了之。孙中山对蒋介石的突然辞职曾作如下批示："务须任劳任怨，百折不回，从穷苦中去奋斗，故不准辞职。"但是，蒋介石去意已决，对孙中山的批示置之不理，仍然我行我素，弃职而去，返回浙江宁波奉化老家，久居不归。

蒋介石离穗时，曾派其英文秘书王登云召集军校筹备处工作人员开会，宣布黄埔军校停办，筹备处奉命结束，每人按规定发给路费，资遣回原籍。当时，军校已经从上海招录了一批学员，因蒋介石弃职军校筹办之事耽搁，也去电阻其暂勿前来广州。

由于事发突然，与会者未明其中原由，甚感震惊。当时在场的叶剑英感到此事处置得过于轻率，如此重大的事情，岂能由一人信口宣布，任意停办。叶剑英感到诧异，立即提出质问：创办军官学校是国民党第一次全国代表大会决定的，要停办也应该转报孙中山大元帅来决定，你王登云没有这一权力。王登云自觉理亏，无法正面回答，只是以“蒋委员长已经离开广州”为托词，悻悻而去。

数十年之后，叶剑英在回首这一往事时，曾有如下的忆述：

谈到办黄埔军校，不由人想起一个故事。中山先生决定办黄埔军校后，便叫蒋介石负责筹备工作。我那时候是第二师的参谋长。廖仲恺先生邀我参加黄埔军校的筹备工作。于是我就暂时离开了第二师，参加了筹备处工作。当黄埔军校的校舍已快修好，上海正进行招生考试，广州也进行招生的时候，有一天，蒋的英文秘书王登云突然召集筹备人员说：蒋先生已决定黄埔军校不办了，筹备处马上解散。当场还宣布了每一个人发多少遣散费。那时，筹备处的人大多是蒋邀请来的，听了后便想散伙。可是我与邓演达坚决反对，另一部分人也表示了怀疑。因此决定问问廖仲恺先生的意见……他对我们说：“应该了解，办黄埔军校是党要办的，而且一定要办成。你们中间有不少人是蒋先生邀来的，你们应该以君子爱人以德的态度帮助蒋先生。如果党要办，蒋先生不要办，或因此办不成，蒋先生要开罪于全党，将来他如想回来再参加革命，怕也很困难了。所以筹备工作要照常进行。”那一次是蒋因为个人闹意见，悄悄去了上海，后来中山先生表示要另请别人，他才回到黄埔来。①

蒋介石离开广州以后，孙中山于1924年3月23日委派廖仲恺代理军校筹备委员会委员长一职，担负起筹办军校之责。这期间，担任粤军第二师参谋长的叶剑英积极协助廖仲恺先生，全身心投入到黄埔军校的筹建工作。他从拟订教学计划、编写教材、布置校舍，到聘请教员、招收学生，事无巨细，都认真参与，尽责尽力。对此，叶剑英极为佩服廖仲恺在筹办黄埔军校过程的办事态度和执着精神，曾经明确地说：“当时真正懂得中山先生建军思想的是廖仲恺先生，而不是蒋介石。”

直至4月21日，蒋介石才从上海回到广州。5月2日，孙中山正式签署大元帅令，任命蒋介石为黄埔军校校长。

一场因蒋介石擅自离职而酿出的风波，终于尘埃落定，降下了帷幕。

至此，黄埔军校的创办，峰回路转，终于走过了一段“山重水复”的艰辛之路，迎来了“柳暗花明”的新天地！

教授部副主任

几经周折，几经风雨，陆军军官学校在苏联和中国共产党的帮助下，终于在黄埔岛上办起来了。孙中山多年梦寐以求的愿望，也终于变成了现实，梦想成真，如愿以偿。

1924年3月，黄埔军校开始招生。在黄埔军校筹创阶段，黄埔军校广泛招

---

① 《叶剑英元帅谈：孙中山先生的建军思想和大无畏精神》，载《文汇报》1956年11月10日。

聘各方面的人才充任教官，并在全国范围内和海外华侨中招收学生。

那是一个风雷激荡的大革命年代。许多有志的年轻人都向往从军，崇尚武力，认为只有枪杆子才能改造社会、拯救中国。因此，满腔热血的青年人纷纷投笔从戎，报名应考。当时，全国各地的考生都向往着广州，虽然路途遥远，关山阻隔，但并没有阻挡住各地热血青年从军报国的脚步。他们胸怀大志，历尽艰辛，从西北高原到东海之滨，从东北平原到五指山下，络绎不绝地从全国各地汇聚南国的广州。

到黄埔去！成了当时青年们时尚的口号；而黄埔岛这个弹丸之地，也一时成了有志青年仰慕的热土。

黄埔军校的招生，是委托出席国民党第一次全国代表大会（即国民党“一大”）的各省代表，返回各地负责进行的，规定需“有革命党人二人介绍”，方“可以报名”。其招考的程序是“先由各省各地初考，再集中广州复考”[①]，但在实际招考的过程中，对推荐考生的“介绍人”并非作绝对的硬性规定，其中有一人介绍的，也有多人介绍的，还有各地讲武堂特殊报送入学的。

在全国各地对报考考生初考遴选之后，1924年3月27日，黄埔军校在广东高等师范学校举行第一期学生入学考试。4月28日，考试放榜，宣布黄埔军校第一期招收正取生360余名，因全国志愿革命青年非常踊跃，另取录备取生120余名。[②]

5月1日，黄埔一期生开始报到。5月5日，黄埔一期正取新生来到广州市南堤2号军校筹备处集中，在天字码头分登几艘民船，由小火轮拖着，驶向黄埔岛，入驻军校受训。入校的正取新生分别被编为学生第一、二、三队，与稍后进校被编为学生第四队的备取生一起，合组为黄埔军校学生总队，由军校教练部主任邓演达兼任总队长，严重任副总队长，正式开始新兵训练。于是，声名

---

① 王万龄：《黄埔军校的回忆》，载《广东文史资料》（第37辑），广东人民出版社，1982年版。

② 郭一予：《我对黄埔军校的片断回忆》，载《广东文史资料》（第37辑），广东人民出版社，1982年版。

远播的黄埔军官学校由此宣告诞生。

当年在大革命时期入读黄埔军校的学生，都会记得军校门口这样一副对联：上联是“升官发财，请走别路”；下联是“贪生怕死，莫入此门”。横批是“革命者来”。黄埔军校正是以这样的办学理念，吸引着广大的求学者。来自全国各地的500多名有志热血青年，抱着报国的鸿鹄大志，怀着求知的强烈欲望，跨进了军校校门，开始了新的学习生活。

风云际会，人才荟萃，这就是当年的广州！

赤潮澎湃，党旗飞舞，这就是当年的黄埔！

6月16日，黄埔军校举行开学典礼。之所以选定“六一六”这一天，是因为这一天对孙中山来说，是一个刻骨铭心的日子。这一天，是陈炯明在广州发动兵变，炮轰总统府两周年的日子。孙中山选定这个日子作为黄埔军校开学的盛典，有着其特殊的意义。他要提醒军校学生：永远铭记这一个不平凡的日子，永远铭记这一天陈炯明叛变革命的丑行劣迹……

在黄埔军校开学典礼上，孙中山出席大会并发表讲话。他从主席台下面一张张稚嫩的学员面孔当中，看到了一支革命武装建成的希望，心感宽慰，也感慨万端。他想到自己艰苦奋斗数十年，终于有了一个新的起点。

孙中山深感能走到这一步，十分不容易。他极为重视这来之不易的“新的起点”。为了培训好这一批“革命的骨干”，孙中山亲自兼任学校总理。他确定，军校的办校宗旨是“创建革命军”，以“亲爱精诚”为校训，倡导“团结、奋斗、牺牲”三大精神。他非常强调“以俄为师”，效仿苏联红军的经验，在军校建立了党代表制度。军校的组织机构，设立有校本部，由军校总理孙中山、校长蒋介石、军校国民党代表廖仲恺组成，直接隶属于国民党中央执行委员会。1925年8月，廖仲恺遇刺后，改由汪精卫任党代表。在校长和党代表之下设有政治、教授、教练、管理、军需和军医六个部。叶剑英被委任为教授部副主任，具体负责军校的教学工作。

当年黄埔军校的教授部，主任虽然是王柏龄，但实际工作是叶剑英在具体抓、具体做。曾为黄埔军校第一期学生的韩濬，就这样说过：“那时王柏龄抛头露面多，而在教授部里踏踏实实教学的还是副主任叶剑英，这方面实际由他负责，由他主持。”叶剑英除了安排教员讲授步兵操典、射击教范、战术兵器、交通筑城、军制学、军队内务规划等教务活动外，自己还亲自讲授兵器学等课程。兵器学的原理，涉及许多数学、物理、化学等方面的知识，在没有现成教材的情况之下，为了教好这门课程，叶剑英运用自己在云南陆军讲武学校所学过的知识，以及自己在军旅生涯中的实践经验，认真备课。讲课时，叶剑英根据学员的实际，结合兵器学的特点，循循善诱，细心讲解，举一反三，融会贯通，将颇为深奥的各类兵器知识，讲得深入浅出，引人入胜，深受学员们的欢迎。

当年曾经在黄埔军校听过叶剑英讲课的军校第一期学生苏文钦，几十年后对叶剑英在军校讲课的情景，仍然历历在目，记忆犹新。苏文钦说：“我在军校多次听叶剑英教官讲课，讲的都是兵器学，讲兵器的性能和如何使用。”还说：“他讲课，十分吸引人，一点也不枯燥，很有风趣，大家都很愿意听。”

当年与叶剑英同在黄埔军校共事的聂荣臻元帅，回首往事，也称赞叶剑英的学识渊博、精明能干，说叶剑英是军校主管军事教育的教授部副主任，是当时黄埔军校中很有威望的教官之一。

申请加入共产党

黄埔岛自从创办了军校以后，龙腾虎跃，人欢马叫，呈现出勃勃生机。在这里，汇聚着来自祖国各地、有着国共两党背景的热血青年，正接受着军校熔炉的淬砺与磨炼。思想激进、倾向进步的叶剑英，一融入到这一特殊群体中，就受到了极大的影响。所以说，黄埔军校时期，是叶剑英思想发生重大变化的一个重要时期。在这一时期，忠实地追随孙中山及其革命路线的叶剑英，一方面加深了对新三民主义和“联俄、联共、扶助农工”三大政策的理解，更坚定了夺取民主革命胜利的信心；另一方面也加深了对共产主义和中国共产党这一新生党派的认识。

当时，黄埔军校是国共合作办的学校，共产党的组织和人员在军校中可以合法存在与进行活动。这就使得叶剑英能够有更多的机会接触共产党人。特别是他与苏联顾问和诸多的共产党员广为接触、一起共事，亲眼目睹了共产党人的言行举止和人格风范，深受他们的影响，其政治觉悟不断提高，思想认识也发生了新的变化，使他深深感到中国共产党比中国国民党更富有朝气和活力，其宗旨和主张更能赢得广大民众的支持和拥护。他对中国共产党愈来愈产生了好感，甚至还表示愿意加入这一新生的党派。

人的思想转变是有一个过程的。叶剑英对马克思主义和中国共产党人的认识也是有一个过程的。早在1920年，叶剑英就在广州看过《列宁传》和一些宣传国家主义、无政府主义的小册子。他自己也曾经说过：“1920年打下广东，奠定了统一两广的基础。那时广州就可以读到列宁传记了。广州有共产党，有无政府主义，还有国家主义，面包、药瓶什么都有，真是‘百家争鸣’……我最初还读过克鲁泡特金的东西，后来才逐渐从无政府主义转到共产主义。”[①] 1921年以后，叶剑英先是看到孙中山对苏联共产国际和中国共产党的尊敬，思想也产生了对共产党的好感。后来他看到共产党人救国济民的政治主张，进一步对共产党产生了敬慕之情，但那时候他还没有机会接触到共产党人。

直至在执教黄埔军校之后，叶剑英才与共产党人有了近距离的接触。在此期间，叶剑英与苏联顾问和共产党人一起生活，一起工作，对他们有了更深的了解。当年，凡有苏联顾问和中国共产党人到军校讲课，叶剑英是一定要去听的。他从苏联顾问和中国共产党人的讲课中，听到了许多有关共产主义的真

---

① 《叶剑英传》编写组：《叶剑英传》，当代中国出版社，1995年版，第93页。

理，不仅对共产党有了新的认识，而且还萌发了去苏联学习的念头。在军校的教官和学生中，也有不少共产党员，如周恩来、萧楚女、聂荣臻、熊锐等，叶剑英从他们身上学到了许多优良作风和崇高品德。特别是他与时任黄埔军校政治部主任的共产党员周恩来多有交往，深受影响，思想发生了重大变化。他开始喜欢涉猎马克思、列宁的著作。每有余暇或到广州市区办事，他都会到中共广东区委领导下的国光书店去，阅览《新青年》《政治周报》等进步报刊，并购买了《共产主义ABC》《社会进化史》等书籍，从中他对共产党人的政治主张、奋斗目标、行动宗旨等有了初步了解，使他对这个无产阶级的新生党派有了新的认识，脑子也豁然开朗起来，明白了许多革命的道理。他开始关注中国共产党各方面的实际表现，接受中国共产党的政治主张和行动纲领，并逐渐向共产党组织靠拢。

在执教黄埔军校期间，叶剑英从学习马克思主义的学说，到逐渐接受马克思主义的立场观点，其思想发生了新的飞跃。他开始感觉到中国共产党的真正能量，是一个能够改造社会、拯救中国的政党，而且这一政党的成员朝气蓬勃，壮志豪情，充满着生机与活力。因此，他心中产生了加入中国共产党的意愿，第一次正式向中国共产党组织提出了要加入中国共产党的请求。

叶剑英的这一思想转变，并不是一件容易的事情。可以想象，作为国民党军队里的一名军官，又是中国国民党党员，经过了自己的细心观察和明智判断，认定共产党是自己要找的人生归宿，并主动地向中国共产党组织提出入党的请求，可见他此时的思想变化是非常大的，从中可以看到他的人生已经有了新的目标、新的追求。

当时，在黄埔军校工作的共产党员熊锐曾代表中共组织找叶剑英谈过话。熊锐认为，叶剑英是一位富有正义感的倾向革命、追求进步的优秀军人，可以吸收其加入共产党组织，但由于叶剑英是国民党党员，又是国民党军队中的高级军官，党内有些同志觉得应该“慎重”。加上当时党组织有规定，凡是国民党军官要入党，需要经过较长时间严格的考验，因而叶剑英的第一次入党请求未获批准。当年曾经在黄埔军校与叶剑英一起共事的中共党员包惠僧也曾有这样的回忆："我同叶剑英这一次共事才认识的……他是云南讲武学校毕业，同王柏龄有师生关系，因此我们的同志都把他作为孙文主义学会的人看待。他曾到政治部同我谈过两次话，并借阅马列主义书籍，我们经过了多次的接触，有相当的了解，但是当时我们对他重视不够，没有吸收他入党。"①

尽管叶剑英的第一次入党请求未获得批准，入党的愿望一时未能实现，但是，他作为一位国民党军队中的高级军官、中国国民党党员，能够做出这样的抉择，能够迈出"请求加入共产党"这一步，说明了叶剑英的政治思想已经进入了新的境界，出现了新的飞跃，人生信仰已经发生了新的转变。

执教黄埔军校的经历，可以说是叶剑英人生旅程中值得回味的红色印记。在这座国民党人和共产党人共同受训的特殊军事学校里，叶剑英通过接触周恩来和苏联顾问加伦等共产党人，受到了共产党人思想的影响，其人生轨迹开始显现了拐点，从一个国民党员开始向共产党组织靠拢。尽管他在这里第一次入党愿望没有实现，但他没有灰心，没有气馁，更没有衰退沉沦，而是仍然一如既往，坚定信念，执着追求，继续与共产党人进行联系，在自己的岗位上努力做好革命工作，接受党组织的考验。

自此以后，叶剑英更加勤奋地学习马克思主义的书籍，积极地开展宣传三民主义与共产主义的各种活动，参加各种进步的报告会，拓宽眼界，增长知识，使自己在激进的民主主义思想的基础上，不断地增添新的共产主义思想的内容，从各个方面积极创造条件，争取成为一名中国共产党党员。

三年之后，叶剑英终于在1927年7月加入了中国共产党，实现了自己多年的夙愿，从一个激进的民主主义者向一个彻底的共产主义者转变。众所周知，1927年7月正是中国大革命失败后"黑云压城城欲摧"的血雨飘洒的年月。这段时间正处于国民党反动派"清党"大屠杀的白色恐怖之中。当国民党叛变革命以后，革命营垒里的一些不坚定分子，或悲观失望，或脱党逃跑，或消沉匿居，甚至出卖同志，叛变革命。用叶剑英的话说，就是"许多意志薄弱的人，

① 包惠僧：《包惠僧回忆录》，人民出版社，1983年版，第204页。

被国民党的白色恐怖吓倒，向反革命投降，倒向南京方面去了”[①]。然而，就在这革命处于低潮、共产党人遭受捕杀之际，叶剑英却义无反顾，知险而进，奋然前行，迎着反革命的逆流，毅然通电反蒋，并加入了中国共产党。这就不能不使我们肃然起敬了。

“人生贵有胸中竹，经得艰难考验时。”这是叶剑英曾写过的一首《题画竹》诗中的诗句。这是他自己革命精神和战斗品格的生动写照。叶剑英后来曾经回忆这一段“从认识共产党——到寻找共产党——到加入共产党” 的坎坷曲折的经历，不禁心情激动，感慨良多。他说：

“我是1924年提出要求入党的，没有被批准。那时我在蒋介石手下的教导团当团长，有人说是蒋介石嫡系部队的团长，这没有说错。从1927年就反对蒋介石，经过这个考验，决心就定了，所以1927年7月正式参加了共产党。当时也不是对共产主义完全理解了，只觉得国民党不行，享乐腐化，必然失败，共产党朝气蓬勃，必然要胜利。后来，经过学习马克思主义，树立了共产主义世界观，懂得了社会发展的客观规律，懂得了资本主义必然灭亡，共产主义必然要代替它，如同资本主义必然要代替封建主义一样。这样，共产主义必然胜利的信念就始终坚定不移了。”[②]

叶剑英的上述言语，是一个革命者心路历程的展示，也是一个共产党员赤诚心迹的表白！

---

① 广东叶剑英研究会、中共广东省委党史研究室编：《叶剑英在广东》，中央文献出版社，1996年版，第504页。

② 《叶剑英与军事科学院〈叶剑英传记〉组同志的谈话》，1972年8月。

四 保卫广州革命政府

第一次国共合作的实现，开辟了中国革命的新纪元。在当时大革命浪潮的推动之下，工农运动蓬勃兴起，革命势力迅速发展壮大。于是，在中国大地上，一场波澜壮阔的反帝反封建的革命战争在如火如荼地进行。其势如狂飙，似巨澜，汹涌澎湃，迅猛异常。在这场伟大的革命战争中，叶剑英一直勇立于大革命之潮头，充当了反帝反封建的忠勇斗士，为建立和巩固广东革命根据地、保卫广州革命政府、推动中国大革命的历史进程，作出了重要贡献。

平靖商团之乱

1922年6月陈炯明的叛变，恰似是一个致命的祸患，“生于肘腋”，“起于肺腑”，使得孙中山雪上加霜，受到了自辛亥革命以来从未有过如此强烈的刺激。孙中山曾心怀忧虑地说：“文率同志为民国而奋斗垂三十年，中间出生入死，失败之数不可偻指，顾失败之惨酷未有甚于此役者。”[1] 失败的教训，使孙中山决心联俄、联共、扶助农工，决心组建自己的革命军队，决心推行国民革命。

辛亥革命后，孙中山大权旁落，出现了北洋军阀统治的混乱局面。帝国主义豢养下的各地军阀纷纷争雄称霸，致使华夏大地连年混战，生灵涂炭，民不聊生。整个中国陷入了“民生日蹙”、“边患日棘”、“外侮日逼”，以及“财政纷如乱丝、路政芜秽不治、军政窳败不支”的深重灾难之中。

在广东，孙中山领导的革命政府地僻南隅，管控的范围仅局限于广州及其周边一带的狭小地域，其他地方则为各大小军阀所控制，革命政府难以企及，无能为力。在粤东地区，则为军阀陈炯明所占据。他们虎视眈眈，将孙中山领导的革命政府视为眼中钉、肉中刺，欲除之而后快，随时随地都图谋推翻广州革命政府；而在粤西和海南岛，则是军阀邓本殷势力之范围，他们也在伺机谋划，蠢蠢欲动，企图颠覆广州革命政府。邓本殷与粤东陈炯明串通一气，遥相呼应，对广州革命政府呈东西夹攻之势。广州革命政府面临着极为严峻的形势：外有反动军阀的包围，内有反动商团的捣乱，革命营垒中还有国民党右派分子的兴风作浪，图谋不轨……

① 孙中山：《孙中山选集》，人民出版社，1981年版，第518页。

山雨欲来，岂能避逃？

就在这种情势之下，孙中山毫不退却，断然做出了平乱伐叛的明智抉择。在此期间，作为追随孙中山革命的国民革命军军人的叶剑英，决心与孙中山领导的革命军一道，向反动军阀开战，为国家的统一而战。

广州，风云际会；珠江，烟波流漩。在南中国的大地上，接连不断地展开了一场场血火交融的平乱伐叛的激烈战斗……

1924年5月，孙中山将各路粤军统一进行改编。叶剑英原来担任参谋长的粤军第八旅，被改编为建国粤军第二师，师长张民达，叶剑英擢升为第二师参谋长。他一边要在黄埔军校继续负责教学工作，一边也要参与建国粤军第二师的军务，协助张民达主持第二师的训练和征战。这期间，盘踞东江地区的陈炯明已经按捺不住，迫不及待地要对广州革命政府采取行动。他们一方面进一步与北方军阀曹锟、吴佩孚勾结，阴谋南北联合，夹击广州；另一方面又与叛军头目林虎、叶举、洪兆麟密谋，策划围攻广州。

7月，盘踞粤北地区的林虎，联同在惠州的陈炯明一起出动，合攻广州。鉴于形势危急，孙中山不得不推迟了原定的北伐计划，调遣北伐军回师广州，以便集中军力对叛军进行反击。建国粤军第二师师长张民达接到命令后，向廖仲恺提出从黄埔军校召回叶剑英归队参战。于是，叶剑英迅即从黄埔军校赶回第二师，履行第二师参谋长之职，协助张民达率部出征。

当时，张民达和叶剑英率领的第二师，主要的任务是打退叛军李易标部的进攻，并攻占连平县城叛军据点。叶剑英根据侦察和搜集来的情报，分析了敌情，迅速弄清了叛军的军事态势，并根据敌我双方的军力，与张民达商讨，采取了“长途奔袭”的战法，即“避开正面，绕到敌侧后袭击敌人”。部署停当，部队迅即出击。8月初，第二师在张民达、叶剑英的率领下，先从集结地花县乘坐火车抵达英德、河头，然后轻装前进。经过一番艰苦的长途行军，直抵连平县城近郊隐蔽。第二天拂晓，第二师乘敌不备，发起攻击。至天大亮时，攻克了连平县城。叛将李易标率部逃往江西。其他革命军队也取得了胜利。

连平大捷，震慑了叛军，也鼓舞了革命军的士气。惠州叛军头目杨坤如等人闻讯，惊恐万状，龟缩驻地，不敢再出兵。陈炯明图谋广州的美梦又一次破灭。叶剑英和张民达率领第二师返回广州驻防。

图谋叛乱，也是制造分裂、破坏统一的罪恶劣迹。叶剑英对此也深恶痛绝。他坚定不移地拥护孙中山，毫不留情地与各种敌对分子破坏革命秩序、发动叛乱的恶行进行坚决的斗争，为广东革命根据地的统一和巩固作出了积极贡献。

广州的商团，本是民间防盗的自卫武装。在商团建立之初的一段时间内，基本上保持了商人自卫本色，不甚介入政治，在各种政治斗争中也大体保持中立。后来随着商团力量的发展，翼羽渐丰，遂助长了商人的权势，从而使广州商团的政治野心日益凸显，已经不再是单纯的民间防盗自卫武装团体，而是逐渐演变成为商人上层争夺利益、争夺权力的工具，甚至发展到与政府政治对抗的地步。轰动一时的广州商团叛乱就是典型的事例。

1924年10月10日，为武昌首义13周年纪念日。这一天，广东民族解放协会、广州工人代表会、反帝运动大同盟、广州学生联合会、广东工团军、农民自卫军等30多个团体和组织，在广州市第一公园隆重举行纪念“双十节”大会，会后举行了声势浩大的示威游行。岂料，当游行队伍行经市区太平南路（今人民南路）时，突遭反动商团军开枪射击，致使游行民众死20多人，伤百余人，被捕数十人，酿成了骇人听闻的“双十惨案”。

“双十节”血案发生后，遭到广大民众谴责和声讨的反动商团仍不收敛，气焰反而更加嚣张。他们到处张贴布告、标语，叫嚣“驱逐孙文”“打倒孙政府”，公开要求孙中山下野，并提出欢迎陈炯明回省主持政事。他们还调动商团军，封锁市区，构筑工事，扬言要颠覆孙中山的大元帅府。面对着商团的疯狂鼓噪和反动商团军的武力挑衅，孙中山极为愤怒，严正谴责：“商团竟敢开枪屠杀庆祝革命纪念之学生与工人，残忍无法，举世所无，是可忍孰不可忍！”并表示：“商团叛迹显露，万难再事姑息，生死关头，唯有当机立断。”实行武装平叛！于是，在中国共产党和工农群众的支持下，成立了以孙中山为会长，以许崇智、蒋介石、汪精卫、廖仲恺、陈友仁、谭平山为委员，以苏联顾问鲍罗廷为顾问的革命委员会，统一指挥对反动商团的平叛。

就在广州商团叛乱期间，时在香洲设营编练新兵的叶剑英，奉命返回第二师，协助张民达师长准备平靖商团之乱。叶剑英和第二师官兵、黄埔军校革命师生和其他革命军队，都投入了平叛行动。10月15日拂晓，孙中山领导的革命军开始向反动商团军发起攻击。叶剑英和张民达指挥的第二师担任“迂回至敌人侧后夹击”的战斗任务。叶剑英率领士兵沿着观音山麓西南角的德泥路（今东风中路）、盘福路、丰宁路（今人民中路）至西瓜园（今广州日报社址）一线，向盘踞广州西关的商团巢穴攻击前进。

广州西关，是广州的老城区，也是商业中心，“广东省商团联防总部”也设置于此。这里，楼房连片，人口密集，又是反动商团防守最为严密的地区，商团凭借着铁木栅栏和高楼建筑，设置工事，负隅顽抗。

因广州市区街道纵横，楼房密布，地方狭窄，大部队的兵力施展不开。加上商团构筑街垒，设置障碍，且在西关巢穴周围的高楼上密置据点，居高临下，易守难攻。但是，平叛的决心既下，就要想方设法将其彻底消灭。大部队兵力难以施展，叶剑英和张民达就指挥第二师官兵，采取化整为零的应对之策，将部队分成若干个小分队，渗透到西关周围的各条横街小巷，并用竹木梯子爬上楼房屋顶，越入西关地域，猛击商团军之后背，使商团腹背受敌，首尾难以兼顾。经过一番激战，在友军部队的策应与配合下，商团军的防御阵地被攻破，政府军一举占领了商团联防总部，嚣张一时的商团之乱被彻底平息。广州革命政府的这一肘腋之患，终被剜除。

广州商团叛乱，实质上是广州商人上层利用商团与政府政治对抗的一场较量。他们公开散布“驱逐孙文”“打倒孙政府”的反动言论，公开与孙中山领导的革命政府分庭抗礼，正是广州商团公开介入政治斗争的实际武力行动，也是部分商人上层企图建立“商人政府”政治野心日益膨胀的结果。

平靖反动商团之乱，是叶剑英在广州城区继“白鹅潭炮战”之后，又参加的一场血火硝烟的激烈战斗，再一次经受了真刀真枪的实战锻炼，教益深刻！

东征讨逆

1925年初，盘踞惠州的陈炯明趁孙中山北上之机，又故态复萌，发兵大举进犯广州。他得到英帝国主义和段祺瑞的帮助，并串通驻扎在广州的滇桂军阀和反动势力作为内应，妄图以此一击，就足以推翻广州革命政府，实现其占据广州的美梦。广州革命政府又面临着新的威胁。

真可谓一波未平，一波又起。面对着严峻的形势，1925年1月15日，广州大本营决定组成“东征联军”，兵分三路举行东征，史称“第一次东征”。此次东征的政府军有：粤军、滇军、桂军、湘军和黄埔军校学生军（亦称“黄埔校军”）等，以粤军和黄埔校军为主力。时在香洲训练新兵的粤军第二师参谋长叶剑英，于1月16日奉命赶回广州，又随军迈上了东征讨伐陈炯明的战场。

东征部队兵分三路：以滇军担任左翼，进攻河源、老隆、兴宁和梅县；以桂军担任中翼，围攻惠州；而叶剑英所在的粤军第二师和粤军第四师、黄埔军校校军等担任右翼，进攻淡水、平山、海丰、陆丰和潮汕地区。因东征军的左、中翼军队心怀异志，各有盘算，不仅态度消极，而且还与陈炯明暗中勾结。在向东江地区进军抵达增城、博罗一带时，原来在东征联军中说好一起征战、同步进退的左翼滇军总司令杨希闵和中翼桂军总司令刘震寰，竟然心怀鬼胎，下令其所部消极观望，按兵不动。

这滇军和桂军，本是混迹于革命营垒中的未经改造的旧军队，是1923年驱逐陈炯明叛军时进入广东的。这些“客军”入粤以来，抢占防地，扰乱治安，寻衅滋事。他们包烟包赌，把持税收，乱政害民。孙中山对他们的恶行劣迹十分反感，曾经痛斥他们说：“你们是戴着我的帽子，蹂躏我的家乡！”

这时，东征战事吃紧，而存有离异之心的滇军总司令杨希闵和桂军总司令刘震寰，却按兵不动，逡巡不进，其目的就是想坐山观虎斗，保存实力，让粤军和黄埔学生军去与陈炯明叛军拼得你死我活，造成两败俱伤，他们好从中渔翁得利。他们就守在广州的近郊边缘，随时准备夺取广州的政权。因而无论孙中山怎么下令其所部进军征战，他们就是置之不理，不为所动。

在这样的情况之下，唯有粤军第二师、第四师和黄埔军校校军等组成的右翼军，按原计划一路辗转征战，孤军奋战。

在张民达、叶剑英率领下的粤军第二师，1月26日从广州出发，一路辗转征战，攻击前进。途中，叶剑英和张民达根据敌情变化，提出了“猛进、猛攻、猛追、猛扑”的“四猛”作战方针，全师官兵同仇敌忾，士气高昂，英勇奋战，仅几天工夫就扫清了石滩、石龙一带的敌人。紧接着，又连续击溃了增援的敌军，乘胜攻克了广九铁路线上的常平镇。2月10日，叶剑英和张民达率领粤军第二师进抵惠阳淡水城外。

在攻打淡水城时，叶剑英对敌情进行了详细侦察，鉴于该城墙高坚固，易守难攻，叶剑英感到需要友军的密切配合，并周密部署，协力攻城，方能取胜。于是，粤军第二师联同黄埔校军一道，合力向淡水城发起攻击。叶剑英亲临第一线参与指挥，二师与黄埔校军官兵争先恐后，奋力攻城。经过半日激战，终将淡水城攻克。此役，毙敌百余，俘敌千余，其中有敌军旅、团长等军官10多名。

然而，敌人并不就此甘心失败，很快就纠集兵力，疯狂进行反扑。当天下午，敌军2000多人从沙坑方向卷土重来，猛扑淡水。叶剑英协助张民达率粤军第二师一部坚守城内，一边组织部队英勇抗击，一边与友军联络请求驰援。当时，战况十分激烈，一批敌人刚被击溃，又一批援敌反扑上来。经过反复厮杀，后在黄埔军校教导一团的接应之下，终于将来犯之敌彻底击溃，大获全胜。这一仗打得天昏地暗，算得是一场硬仗。叶剑英对之印象深刻，记忆犹新。几十年后，叶剑英每有谈及此役，都说：“淡水一仗打得很苦。”①

---

① 《叶剑英传》编写组：《叶剑英传》，当代中国出版社，1995年版，第59页。

淡水大捷，使东征军军威大振，信心倍增。东征军继续乘胜追击，向前推进，形势对于东征军颇为有利。但是，由于东征军内部左、中两翼滇桂军队裹足不前，徘徊于增城、博罗之间，仅有右翼黄埔校军和粤军等奋力进击，军事压力甚大，征战十分艰苦。部队连续辗转作战，难以休整，故疲惫不堪，且后方联络、后勤补给、军需保障等也感到困难。面对这种形势，是进，还是退？倘若要继续前进，又该如何进法？这在当时东征军内部引起了一番激烈的争论。

争论的焦点，主要是围绕着“是否先打惠州城”的问题。当时，东征军内部有两种意见：一种意见是主张对惠州“围而不打”，而以主力东进，直捣叛军老巢潮汕；另一种意见则主张将已经东进的部队拉回来，先打下惠州城，然后再图东进。两种意见，各执一词，相持不下。

主张先打惠州的人，认为惠州为东江地区重镇，是叛军盘踞东江的支撑点。倘若惠州城被攻克，则东江一带的讨逆伐叛之战可迎刃而解。但是，叶剑英和张民达等却有异议，极力反对先打惠州。他们认为，惠州城墙高且坚固，该城倚山带河，三面环水，易守难攻，应以暂时监视，“围而不打，困而不攻”，先遣主力直取潮汕，然后再调转头集中兵力攻打惠州。

叶剑英更是深思熟虑，胸有韬略。他在争论中进一步陈述自己的意见，明确表示暂时不打惠州城的理由。他引用了一首“铁链锁孤舟，浮鹅水上游。任凭天下乱，此地永无忧”的当地民谣，说明惠州城地理位置之险要，号称“南中国第一天险”。据传，自宋代以来，惠州城从未被攻破过。叶剑英解释说，惠州城墙既高且厚，外围还有防御工事，守城敌军兵力众多，加上叛军洪兆麟、叶举两部人马约有2万余人，近在咫尺，随时都有可能前往增援接应。而东征军则兵力不足，若先打惠州，敌将里应外合，陷我于腹背受敌之被动境地。要争取主动，就应该先追歼当面的洪（兆麟）、叶（举）之敌，直捣其潮汕敌巢，然后杀个回马枪，直逼惠州，惠州可不攻自破……

叶剑英对敌我双方军事态势的分析和精辟的见解，充分体现了他卓越的军事谋略和超群的军事指挥才能。粤军总司令许崇智听了叶剑英的战情分析，觉得很有道理，遂采纳了叶剑英的意见和建议。于是，最后决定粤军第二、四师和黄埔校军等组成的右翼军，集中兵力，进攻当面的洪（兆麟）、叶（举）所部，避开惠州，举兵东下，直指海丰、潮汕。右翼军连续追击，一路摧坚破垒，攻关夺隘，连克海丰、惠来、揭阳、潮阳、汕头、梅县，洪兆麟、叶举残部溃不成军，仓皇逃离广东，窜入福建、江西两省。洪兆麟、叶举也只身分别逃往香港和上海。此后，困守惠州城的杨坤如部，经过廖仲恺派人策反，眼见大势已去，遂自动献城投降。果然不出叶剑英当初所料，惠州城不战而下。

当年的报刊曾有这样的记述："二师历经石龙、新墟、淡水、增光、埔心、海丰，直抵汕头，追击黄冈、饶平、潮州、梅县、蕉岭诸敌，奋励扑进，所向披靡。"可见，叶剑英和张民达率领的粤军第二师一路征战不辍，连克粤东各地城镇，为第一次东征胜利立下了汗马功劳。

叶剑英在第一次东征中，胸有谋略，善于用兵，巧于布阵，显示了出众的军事才能。粤军第二师师长张民达曾常常当着二师军官的面，夸奖叶剑英参谋长"思想新颖，才智过人，指挥有术"，对叶剑英赞赏有加。

第一次东征之所以取得重大的胜利，除了革命军官兵奋勇争先，舍生忘死、浴血奋战；指挥官运筹帷幄，战术对头，指挥有方等因素之外，还有就是得到了沿途民众的大力支持。叶剑英明白这样一个道理：得道多助，失道寡助。他在治军的过程中，深知民众的力量巨大无穷。军队能爱护人民，取得人民的支持，方能打胜仗。因此，在进军东江期间，他所率部队决不苛虐百姓，决不损害民众的一草一木。他们同黄埔校军一样，每到一个驻地，帮助当地建立国民党党部和农民协会，甚至还与当地民众召开军民联欢大会，动员和组织民众团结起来，使"军民联合在一条战线上去打倒我们共同的敌人，就是小军阀及其主人帝国主义"①。由于革命军善待民众，故民众对革命军也很支持，不仅帮助革命军搬运物资、送饭送水，还为革命军带路、侦察、送情报等。当年一个战士写的《广东前敌通信》中，就有这样的记述：第一次东征期间，东

① 《石滩人民欢迎革命军情形》，载《广州民国日报》1925年10月7日。

江民众对革命军“真是顶好了”，“我们正在行军时候，数百人一堆一堆拥着看；有的兄弟拉不起东西了，便有愿意帮助拉的；前面是否有敌人，或敌人在什么地方，他们都一一指点引路；我们能够于黑夜中将五华城围得好好的，也就是因着老百姓的帮忙。沿路都有挑茶送水的，我们打仗饿了，有烧稀饭送来吃的……”[①]显而易见，要驱除凶残强大的封建军阀，改变中国四分五裂的社会现状，没有广大人民群众的拥护和支持，没有广大人民群众与革命军人的团结一致，共同奋斗，是难以做到的。对此，叶剑英深有感触，也深有体会。这也为他后来之所以做出参加中国共产党、为人民大众谋解放的抉择，起到了积极的推动作用。

1925年5月，就在孙中山因病在北京逝世后不到两个月，滇军总司令杨希闵和桂军总司令刘震寰趁东征军出师东江，广州防备空虚之机，沆瀣一气，朋比为奸，图谋叛乱，占据广州。广州革命政权再一次受到了严重的威胁。6月，叶剑英随粤军第二师奉命从东征前线急速回师广州，参加平定杨（希闵）、刘（震寰）之乱的战斗。

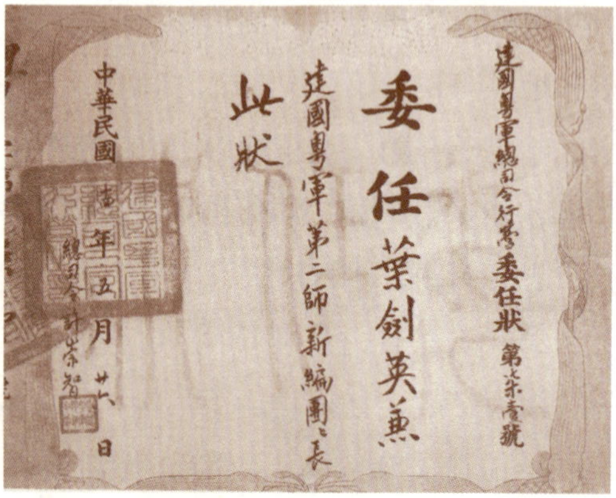
建國粵軍總司令行營委任狀
委任
葉劍英兼建國粵軍第二師新編團團長
此狀
中華民國十四年五月廿六日
總司令許崇智

1925年5月26日，叶剑英兼任建国粤军第二师新编团团长的委任状

6月12日清晨，回师靖乱的东征军从广州猎德村强行渡河，与滇、桂军决战于广州近郊瘦狗岭、猎德、沙河一带。在广大工团军、农民自卫军的协助和策应之下，东征军很快就将滇、桂军的几万人马缴了械，叛军势力顷刻间土崩瓦解。东征军也于是日一举占领了广州城区。此役，广州革命政府又一次消除了“心腹之患”，革命政权又一次得以转危为安，化险为夷。

① 《向导》第110期，1925年4月12日。

7月，国民政府将广东各系统的军队统一整编为国民革命军。叶剑英所在的部队合并入国民革命军第一军，叶剑英担任新编团团长兼两广盐务缉私处代办。这期间，国民党内部派系矛盾突显，左派与右派之间的斗争日趋尖锐激烈。8月20日，在国民党右派的策划之下，廖仲恺被暗杀，以身殉国。叶剑英闻讯，极为悲痛。他对右派分子的这一恶行既感到愤恨，也深感到革命前途凶险和曲折。正像他于1925年9月为老同学张国森所著《云南讲武学校华侨同学旋粤记》写的“序”中说的：“社鼠城狐，依然窥伺”，“夫吾党革命尚未成功也，愿吾同学，手旋粤记而读之，益期奋勉党事。”①

正当杨（希闵）、刘（震寰）兴兵作叛，廖仲恺被害期间，窜逃闽赣边境的陈炯明所部，乘东征军回师广州平靖杨刘之乱、清理“廖案”之机，重新纠集各路叛军再次窜回东江地区，苟延残喘，以求再搏。而盘踞广东南路的军阀邓本殷亦不甘寂寞，伺机蠢动，企图东西呼应，协同联手，夹攻广州。在这种形势之下，广州国民政府于1925年10月举行了第二次东征和南征。叶剑英率领新编团，随同国民革命军第一军一起，向东江地区进军。

叶剑英率部举行第二次东征，于10月初就进占了淡水。他奉国民政府命令，将所部改为党军第一支队，并任支队司令，旋即奉命返回惠州、博罗等地参与作战。对于此事，当年的《广州民国日报》曾作了如下报道：“前建国粤军第二师叶参谋长剑英将所部新编团出发前方，业经前报。兹查叶氏抵淡水后，即奉国民政府命令，将所部改为党军第一支队，以叶为支队司令。同时蒋总指挥并以我军右翼，着着胜利，兵力十分充足，特准叶司令率所部回驻惠州城及博罗等处，加入中路作战。叶奉令后，已率部队开抵惠城候令进取云。”②至同年11月，东江地区遂告平定，第二次东征取得了完全的胜利。

第二次东征的胜利，同样是与当地广大民众的积极配合和支持分不开的。在东征军各部向东江地区进军期间，当地民众愤于陈炯明叛军的暴行恶迹，都

---

① 《叶剑英传》编写组：《叶剑英传》，当代中国出版社，1995年版，第73页。
② 《广州民国日报》1925年10月26日。

出手帮助革命军。尤其是东征军向海陆丰地区的叛军攻击时，当地“各乡农团及学生军等，遂趁机起而截击，夺获敌枪甚多”①。当地农团和学生军自发截击叛军，有力地策应和配合了东征军的军事行动。

“一枝梅蕊未曾开，两度东征带雨来。”两次东征，春风化雨，给东江地区带来了生机，带来了希望。叶剑英也在历次征战中经受了血火淬炼，既增长了见识，又增进了才干，愈来愈成熟了。

几番征战，粤境统一。广东革命根据地转危为安，化险为夷，日臻巩固，为后来的北伐战争作了血的奠基……

北伐显才华

1926年，随着广东革命根据地的统一与巩固，工农运动的迅猛发展，国民政府在人民群众的要求下，出师北伐。

北伐战争的直接打击目标是受帝国主义支持的北洋军阀。当时，北洋军阀主要分为三大势力：（1）直系军阀。以吴佩孚为首领，其势力控制着湖南、湖北、河南三省及河北保定一带地区，约拥有兵力20万人；（2）原属于直系，后成为独立势力的孙传芳，则盘踞于赣、闽、苏、浙、皖五省，号称“五省联帅”，其拥有兵力20万人；（3）奉系军阀。以张作霖为首领，其势力控制着东北三省、热河、察哈尔、京津地区，连同受其节制的张宗昌（统治山东）所部，共计兵力30多万人。这三股军阀势力，总共有兵力约70余万人。而当时北伐军包括广东的6个军、广西的第七军和湖南唐生智部改编的第八军，

① 《海陆丰农团截击逆军》，载《广州民国日报》，1925年10月29日。

共计兵力仅13万人左右。双方兵力，对比悬殊，但北洋军阀貌似强大，实则内部明争暗斗，矛盾重重，加上其反动统治已失尽人心，国民怨声载道，纷起反对之。这就为北伐军提供了利用矛盾各个击破的机会。

当时，国民革命军根据苏联军事顾问的建议，制订了集中兵力、各个歼敌的战略方针：即确定首先进军两湖，消灭实力最为薄弱的吴佩孚主力；待吴佩孚部被歼之后，再遣兵东向，消灭孙传芳部；最后引兵北上解决实力最为雄厚的奉系军阀张作霖部，统一全中国。根据这一作战方针，1926年5月，国民革命军第四军叶挺独立团和第七军一部等，作为北伐先头部队，先行入湘，驰援正被吴佩孚部击败而退守湖南衡阳的第八军唐生智部。同时，国民革命军内部各军也作了整编，其中国民革命军第一军担任总预备队，由王柏龄担任总预备队指挥官，叶剑英被调任总预备队指挥部参谋长。

北伐开始后，叶剑英与王俊率领总预备队从广州出发，沿粤汉铁路向北推进。他们经湖南郴州、衡阳，于8月12日抵达长沙，然后叶剑英又奉命率部由长沙向岳州进发。攻占岳州后，遂在该地驻扎待命。9月7日，王柏龄、叶剑英率总预备队第一师，由岳州经浏阳向江西进攻，占领了江西的铜鼓。后又协助程潜部第六军第十九师攻克了南昌。但拥有铁路运兵之利的孙传芳，迅速调遣兵力，疯狂实行反扑，南昌城得而复失。

这时，随军北伐的苏联军事顾问加伦将军，根据战场的实际情况，提议休整两周，以便集结力量，养精蓄锐，再筹划组织新一轮的进攻。叶剑英对当时的战况表现出相当的沉着和冷静。他认真分析了当时敌我双方的态势之后，对加伦将军的意见表示赞同，并向王柏龄阐明了自己的看法：孙传芳的精锐部队都集中在南昌，南昌三面环水，地势险要，易守难攻。即使我部孤军深入，打到城里，一旦敌人切断了我军的退路，进去了也出不来，会陷入被动之境地。况且我军刚从南昌城内被迫退出，士气不振，于是向王柏龄建议，还是审慎从事，重新计议，调整部署，缓攻为好。

然而，一向刚愎自用的王柏龄却听不进叶剑英的正确意见，为邀功逞强，固执己见，一意孤行，竟贸然下令部队攻击，孤军突进南昌城内。结果，正如叶剑英所分析的那样，一部分突入城内的北伐军遭到了敌军的猛烈反扑，被分割包围，无法立足。王柏龄见势不妙，慌了手脚，不但未作补救措施，反而贪生怕死，率先逃跑。叶剑英和团长薛岳只好组织部队仓促撤退，部队损失惨重。

10月中旬，北伐军再次发兵攻打南昌。叶剑英与王俊奉命率部参加了南昌西北面的王家铺战斗。在叶剑英所部抵达王家铺之前，李宗仁的第七军与孙传芳所部的三个师已鏖战了几个昼夜，打得天昏地暗，难解难分。北伐军总司令蒋介石恐第七军独力难支，即派叶剑英协助第一军第一师代师长王俊率第一师驰援第七军。在阵地前沿，叶剑英向王俊建议：“双方已经打了三天三夜，我们稍加砝码，敌人就退了。”他还建议将第一师的主力迂回到敌人侧后去，正面用一小部兵力佯攻，并命炮兵向山上开炮，迫使敌军退却，然后在运动中拦头截尾，一举将敌人歼灭之。可是，令人遗憾的是，叶剑英的这一正确建议又未被采纳。王俊自己将部队全部拉到正面，向敌人发动进攻，结果只打了一个消耗战，付出了巨大的代价。

经过一系列的战役实践，叶剑英在指挥作战中所表现出来的军事才能，引起了北伐军总司令蒋介石的关注。他特意召见了叶剑英，在夸赞一番之后，说：“现在一师没有人指挥，我看你就到一师当师长吧！”蒋总司令亲自委官任职，说明了对叶剑英的赏识与器重。但是，叶剑英却在想，一师是蒋介石的嫡系，有些部属自恃有蒋的关系，趾高气扬，目空一切，难以管束，而且对蒋介石的面目还尚不清楚，因而婉言谢绝了。后来，蒋介石为了扩充实力，决

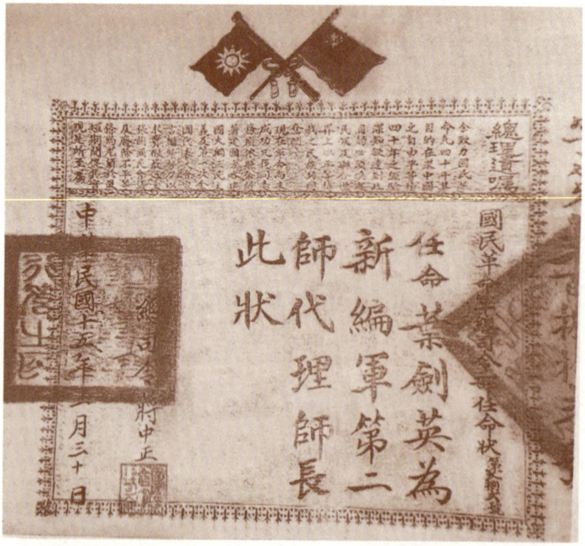
總理遺囑
任命葉劍英為新編軍第二師代理師長此狀
中華民國十五年　月三十日

1926年11月30日，叶剑英任国民革命军新编军第二师代理师长的任命状

定将南昌之役中被俘的赣军官兵，组建成新编第二师，任命叶剑英为该师代理师长。这一次，叶剑英觉得不好推辞，只好受命。

北伐战争也是工农群众全力拥护的一场革命战争。战争从一开始就得到了战区和后方民众的热烈支持。中国共产党各级组织在发动工农群众方面进行了卓有成效的工作。广东后方和沿途民众都给北伐军以有力的帮助。当时，湖南、湖北地区因灾荒，粮食匮乏，而粤汉铁路又没有完全修通，北伐军的军需运输面临着极大困难。在中共广东区委的领导下，省港罢工委员会组织了3000人的运输队、宣传队、卫生队和铁路维修队，随军北上。当北伐军向长沙开进时，中共湖南区委也发动工农群众参加修路、送信、侦察、运输、扫雷、担架、救护、慰劳、扰乱敌人后方等工作，甚至还组织农民自卫军直接参战，有力地配合了北伐的胜利进军。这种热烈的场面，在中国以往的战争中是罕见的。

叶剑英在北伐战争期间，亲身感受到了这种军民联合、并肩作战的热烈场面。他深知工农运动的强大威力，深知工农群众对支持北伐战争的重要作用，也深知军民联合的这种反对帝国主义、反对封建军阀的革命内聚力，是任何力量所无法战胜的。因此，他十分重视和强调革命军人与工农群众的紧密合作。他率部在江西吉安的一段时间里，时常以极大的热情出席地方上的工会、商民协会等组织或团体的会议，支持革命和进步活动。他还让所部各级党代表、进步军官，与学生联合会、妇女联合会等进行联欢，演出节目，以便沟通交流，联络感情，取得各界民众的支持，将反帝反封建军阀的战争进行到底。

北伐战争打破了北洋军阀对广州革命政府实行的联合围攻的计划。北伐军在不到半年多的时间内，就以摧枯拉朽之势，雷霆万钧之力，消灭了数倍于己的吴佩孚、孙传芳的军队，占领了湘、鄂、赣、闽、皖、苏等省的全部或大部地区，把国民革命从广东地区推进到长江流域，震撼了帝国主义及封建军阀在中国的统治，使全国形势转为北伐军与奉系军阀南北对峙的局面。叶剑英在这场驱除封建军阀的战争中，表现出了卓越的军事才能，为中华民族的“大一统”、结束封建军阀割据局面作出了贡献。

五 『红旗飘上越王台』

广州起义是继南昌起义、秋收起义之后，中国共产党领导工农武装夺取政权的又一次伟大尝试。广州起义与南昌起义、秋收起义一起，成为中国共产党独立领导武装斗争、创建人民军队的伟大开端。叶剑英作为广州起义的领导人之一，被任命为工农红军副总指挥，为广州起义的力量准备和顺利举行发挥了重要作用。

带"拉弦的手榴弹"回广州

夜半枪声连角起，
广州工农兵起义。
红旗飘上越王台，
君是当年好战士。

这是叶剑英于1957年12月在纪念广州起义30周年时，发表在《南方日报》等报刊上，题为《题安徽广暴烈士张子珍墓碑》的一首七绝诗。该诗也是叶剑英应广州起义张子珍烈士家属的要求而写的。

张子珍，又名张哲明，安徽省阜阳县城关镇人。1923年加入中国共产党。1924年在其家乡阜阳地区开展党的秘密活动，后为阜阳县委主要成员之一。1926年在黄埔军校学习受训。1927年12月参加广州起义，舍生忘死，英勇战斗，壮烈牺牲，时年22岁。

本章标题借用了诗中的"红旗飘上越王台"一句，意为广州起义胜利时刻，绣有镰刀斧头的革命红旗在广州上空高高飘扬。"越王台"，传说是古南越王所筑，位于广州市北面的越秀山上。秦代，赵佗为南海郡龙川县令，后为南海尉，兼并桂林郡、南海郡、象郡三郡而建立南越国。汉高祖十一年（公元前196年）受封为南越王。其所筑越王台是古南越国的象征，后人泛指为广州。

叶剑英的这首七绝，既是悼念诗，也是咏史诗。读罢此诗，作者将人们带到了当年广州起义那"夜半枪声连角起"的血火意境之中。下面，让我们来看看叶剑英是怎样为广州起义准备武装力量的，是怎样配合发动广州起义的，又是怎样参与领导广州起义的……

提到广州起义，必须从南昌起义说起——

凡熟知南昌起义这一重大历史事件史实的人，都会晓得发生于九江甘棠湖上的"小划子故事"。1927年7月间，在北临长江，南倚庐山，地扼鄂赣要津的江西九江城，张发奎率领的国民革命军第二方面军和其他部队都汇聚在这里。其中就有共产党人叶挺指挥的第十一军第二十四师，贺龙指挥的暂编第二十军。他们都隶属张发奎的国民革命军第二方面军。时任国民革命军第二方面军第四军参谋长的叶剑英，也跟随着第四军军部进驻九江。

那时候，刚在武汉发动"七一五"反革命政变的汪精卫，来到了九江庐山，又拟在第二方面军中施行"清党"。他召集张发奎、孙科、朱培德等召开会议，密谋筹划，企图以邀请贺龙、叶挺上庐山商议军情为借口，将贺、叶扣押，释其兵权，清除贺、叶部队中的共产党人。

这是一个一箭双雕、一石二鸟的极为恶毒的阴谋。汪精卫自以为天衣无缝，神不知，鬼不觉。岂料，这一阴谋却被叶剑英所获悉。因事关重大，情势危急，叶剑英迅即找到叶挺告知此事，并商定立即通知贺龙、廖乾吾（第四军政治部主任，共产党员）、高语罕（第二方面军指挥部秘书长，共产党员）一起，到九江甘棠湖烟水亭附近聚议，商讨对策。于是，他们几个人就坐在一只小划子上，以"镜湖泛舟，游湖观景"为掩护，商讨如何应对汪精卫"清党"的措施。最后，决定贺龙、叶挺不上庐山，而是率部移师南昌，参加南昌起义。

叶剑英的"甘棠湖传讯"，彻底挫败了汪精卫等人的阴谋，保护了南昌起义领导人的安全，也保护了南昌起义的主力部队。

1927年8月1日，南昌起义爆发。在以周恩来为书记的中共前敌委员会的领导下，贺龙、叶挺、朱德、刘伯承等均率部参加了这一壮举。尽管南昌起义的直接参与者中没有叶剑英的名字，但是，叶剑英忠实地履行了一个共产党员的职责，促成了这次起义的顺利实现，其功劳不可低估。正是他迅速而及时的通风报信，才促使贺龙、叶挺安然地率领其部队脱离险境，赶赴南昌，从而有力地策应和配合了南昌起义。他对南昌起义所作出的特殊贡献，人民不会忘记，历史不会忘记。

“八一”枪声，震撼中外。经过数小时的激战，起义军全歼南昌城内敌方守军3000余人，胜利地占领了南昌城区。8月3日，起义军在南昌城内活动了三天之后，按预定计划，撤离南昌，向广东进发。

南昌起义，像一颗重型炸弹在国民党的营垒中炸响，引起了国民党反动派的恐慌。原为统领贺龙的暂编第二十军、叶挺的第十一军第二十四师的第二方面军总指挥张发奎，眼看部下一个军和近两个师的部队跟着共产党跑了，更是恼羞成怒，气急败坏。他在九江召集黄琪翔、朱晖日、叶剑英等高级军官开会，商讨对策。会上，张发奎斥责叶挺、贺龙公然背叛他，“于公谊私情均不可谅解”，欲遵照汪精卫的命令，火速率部追击叶、贺起义军。叶剑英见状，十分焦急。因为他知道，如果张发奎率部尾追叶、贺的起义部队，那部队将陷入腹背受敌、前后夹击之境地，其后果不堪设想。经过一番精心思虑，叶剑英采用了“计中计”，即抓住张发奎意欲保存实力、一心想重回广东经略广东的心理，极力诱劝他放弃追击起义军之打算，保存实力，以便日后回广东重振旗鼓，创立基业。在会上，叶剑英分析当时的军事形势，向张发奎提出了“力主不追”的建议。他对张发奎说：贺龙、叶挺所部有2万多人，而我们仅有1万多人，以少击多，此乃兵家大忌。再说，叶挺、贺龙所部已经撤离了南昌，南下广东，踞粤的李济深看到叶、贺两部入粤，不会置之不理，必将出兵于粤赣边境一带列阵阻拒，这样就势必造成广州城防的空虚。这正是我们南下广东、直趋广州的大好时机。我们便可以“援李讨逆”之名义，堂而皇之地进驻广州。如果我们尾追叶、贺攻击，将会两败俱伤，徒耗兵力，得不偿失。叶剑英的一番分析，正合早就想当“广东王”的张发奎的心意。他权衡利弊，思忖再三，觉得叶剑英分析得有道理，遂采纳了叶剑英的建议，改变了原定尾追叶、贺部队的计划。

但是，张发奎也知道军令如山，不可违抗，尤其是他极为害怕沾上“剿共不力”之罪名，因而为避“通共”之嫌，他又不能不装出追赶起义军的样子。他派出一部分兵力虚张声势，“追赶”起义军，以敷衍武汉政府。而实际上张发奎只是开始“率师追之”，当叶、贺所部“由闽粤边境趋潮汕”之后，他也就“适可而止”，将其追击所部“改由南雄入粤”。

叶剑英献给张发奎的“计中计”，明修栈道，暗度陈仓，表面上是为张发奎着想，实际上却是为了减轻贺龙、叶挺所率领的南昌起义军的军事压力，同时也是想把第四军拉回广东，待机应变，协同南昌起义军一起占领广州，为共产党人发动广州起义提供契机。

当时，第四军还带有一个教导团。这个教导团原是由武汉中央军校改称而成，团内有百余名尚未暴露身份的共产党员。全团编成三个营，以及炮、工、辎重、警卫各一连，另有一个女生队。由原第二方面军参谋长谢膺白兼任团长，这个教导团实际上为中共地下组织所掌握。由于在武汉中央军校期间，革命势力在军校占优势，校内革命气氛浓烈，军校师生曾被国民党反动派称为“赤子赤孙”，视为眼中钉、肉中刺，必欲除之而后快。正因为这一缘故，改编后的教导团命途多舛，屡遭解散。幸有第四军参谋长叶剑英暗中保护，这一支革命武装力量才得以保存下来。

就在1927年“七一五”汪精卫发动反革命政变之后，张发奎同唐生智、何键为争夺武汉和两湖地盘，互相敌视，剑拔弩张。唐、何趁机设置陷阱，企图一举将武汉中央军校师生全部消灭。紧急关头，时任第二方面军第四军参谋长的叶剑英，洞悉唐、何之阴谋，迅即找张发奎出面，趁机解围，并施加压力，召该校为第二方面军教导团，随军开赴九江，“东征讨蒋”。这是叶剑英利用自己的合法身份第一次解救教导团的危机。

8月1日，南昌起义爆发后，张发奎唯恐教导团受之影响参加暴动，下令收缴该团官兵的枪械弹药，并拟在教导团中施行“清党”，幸亏中共组织应对及时，加上叶剑英从中周旋，致使张发奎同意发还枪支弹药，教导团又得以避过了一劫。这是叶剑英第二次解救了教导团的危机。

一波未平，一波又起。教导团被缴械的风波刚刚平息，江西军阀朱培德又来拨弄是非，招惹麻烦。朱培德看教导团不顺眼，又欲施以淫威，置教导团于死地，要求张发奎将教导团就地解散。叶剑英又是一番好话说情，指陈利害，百般挽留，好不容易才促使张发奎打消了解散的念头……

就这样，教导团几经改编，屡被缴械，在叶剑英一而再、再而三的出面劝说和庇护之下，得以保存下来。

有一天，叶剑英见到了教导团团长谢膺白，交谈中说到了教导团之近况。谢膺白怨气盈腔，牢骚满腹。他向叶剑英诉苦："这个教导团不好管，我早就不想兼这个团长了。"叶剑英听了谢膺白这一说，心中暗喜，赶忙顺水推舟说："你不当教导团团长我来当，怎么样？"谢巴不得推掉这一包袱，便满口应允。叶剑英立即找张发奎。张深知教导团是一支英勇善战、能打硬仗的队伍，但这匹野马不易驯服，"留着怕出乱子，弃之又舍不得"，既爱又恨。叶剑英摸透了张发奎的矛盾心理，劝他将教导团留了下来，并"毛遂自荐"，告诉他谢膺白不想再兼任团长，自己愿意接任。张发奎想到训练有素的教导团日后还能够为他所用，便答应了叶剑英的请求。

叶剑英接任了教导团团长职务后，教导团跟随第四军进抵南昌。此时，为避免反动派再次刁难教导团，叶剑英向张发奎提出将原来的名称"第二方面军军官教导团"易名为"第四军教导团"。从字面上来看，"第四军教导团"与"第二方面军教导团"相比，名堂上似乎小了一些，但是，这样可以使教导团直接归属于第四军建制，以便于叶剑英对其实行更有效的庇护。这样，教导团从武汉—九江—南昌，长途跋涉，一路走来，两次易名，多次受挫，历经了诸多磨难，在叶剑英机智巧妙的精心庇护之下，终于渡过了难关，转危为安。

8月中旬，第四军冒酷暑南进。为了带好教导团，叶剑英还离开第四军军部，亲自率领教导团南下。在南下长途行军中，叶剑英与教导团官兵同甘共苦，艰难备尝。他经常召集军官在山地丛林中开会，研究部队教育以及露营、野炊、救护等问题。他还向一些连排长讲古代名将韩信、岳飞等带兵作战的故事，启发部属要自学成才、学战于战。总之，他利用野外行军所遇到的地形地物，教育官兵学习各种军事知识和技能，将行军路途变成课堂和练兵场，进行政治教育和军事训练，为党精心培育这支武装力量。

叶剑英还注意做教导团官兵的思想工作。部队在江西吉安小住期间，他还向全团官兵发表重要讲话，“告诉大家准备打回广州，积蓄力量，举行第二次北伐，打倒新旧军阀，建立新中国。”

9月间，教导团抵达万安后的一天夜里，团里的中共党组织召开会议，邀请叶剑英列席。这是叶剑英入党后第一次公开参加党的会议。会上，有些同志提出应在万安举行武装暴动的主张。叶剑英分析当时的局势，提出了否定意见。他劝说大家不要在万安暴动，要插到广州，“到敌人的心脏里暴动”。对于此事，叶剑英曾经有过这样的回忆：

> 队伍开到万安，有一天，团党委书记唐维告诉我：今天团党委开会，请你参加。我是共产党员了，能参加党的会议，感到很高兴。会上讲到许志锐的二十六师从后方运来一大批物资，有好几十条船的弹药和军需品。有好几位同志提出要在万安暴动，把这些武器、弹药夺过来。唐维一时拿不定主意，征求我的意见。我考虑到，在万安暴动意义不大，且不说不易成功，即使成功了，以后向哪里去呢……跟在人家屁股后面搞，意义不大，真正的革命者要到敌人心脏里去暴动！①

叶剑英对当时局势的分析与判断是有远见的，也是十分明智的。虽然当时万安有敌人的一大批军事物资，有一定的诱惑，但是，当时南昌起义军已经南下，如在万安举行暴动，仅一个团的兵力，将会势单力薄，且又孤立无援，必败无疑。而到广州去暴动，则有许多有利条件：广州是大革命的策源地，群众基础雄厚；广州有组织的工人武装，在广州暴动，可以有工人武装配合和策应；广州郊区和周围的县也有赤卫队武装作策应。更为重要的是，南昌起义军

① 《叶剑英传》编写组：《叶剑英传》，当代中国出版社，1995年版，第105页。

已经南下广东，倘若教导团在广州暴动，可以同南昌起义军携手共举，里应外合，胜可以守，败可以走，有回旋余地，进退自如。再说，广州是南中国大城市，毗邻港澳，如果在此城市暴动，必会给敌人沉重打击，震惊中外，扩大政治影响。可见，叶剑英“到敌人心脏里暴动”的思想，是颇有见地的。

在叶剑英的极力劝说下，教导团党委采纳了叶剑英的意见，放弃了在万安暴动的想法，继续随军南下。当教导团进入广东南雄县境内时，叶剑英为了尽快与中共广东省委军委取得联系，商讨准备广州暴动事宜，遂离开了教导团，先行赶赴广州。而教导团则随后跟随第四军大部队，经韶关进抵广州市郊的花县，并驻扎在花县新街进行整训待命。

就这样，在叶剑英的精心保护和培育之下，将第四军教导团这一颗“拉了弦的手榴弹”带到了广州，准备投向敌人的心脏，在敌人的心窝里炸响……

秘密使命

就在南昌起义军南下广东之际，时在广州的国民党中央政治会议广州分会主席、主秉广东军政大权的李济深，闻悉此消息，大为恐慌，急忙调集大批兵力，前赴粤东潮汕一带堵截，企图将南下的南昌起义军拒于粤境之外。然而，李济深的这一军事行动，抽空了广州地区之兵力，使广州城防空虚。这样，“螳螂捕蝉，黄雀在后”，致使出现了“鹬蚌相争、渔翁得利”的局面。

此时，早已觊觎广东的张发奎，看准时机，便让其所部第四军军长黄琪翔打起“援李讨逆”的旗号，率领第四军进抵广州市郊。初时，李济深为张、黄之表象所惑，信以为真，还敞开城门纳客，第四军便于1927年9月底浩浩荡荡、堂而皇之进入了广州城。叶剑英也跟随着第四军军部进驻了广州。

叶剑英回到广州的时候，南下广东的南昌起义军经过长途跋涉，辗转征战，在敌人的围追堵截之下，几经周折，已相继失利。尽管如此，南昌起义军入粤所带来的影响和效应，宛如一团撒在干柴堆上的火球，使南粤大地骤然间又升腾起熊熊的冲天烈焰。广东民众在中国共产党的领导下，又掀起了新一轮武装暴动的高潮。这期间，中共广东省委遵照中共中央“八七”会议的有关指示，正在秘密酝酿筹划广州起义。叶剑英抵达广州后，立即与中共广东省委军委负责人黄锦辉取得联系，接受党组织的指示，秘密进行武装起义的准备工作。

黄锦辉（1903—1928），广西桂林人。黄埔军校第一期毕业生，1925年加入中国共产党。后担任中共广东区委军事部（亦称军事委员会）秘书，协助区委军事部长（亦称军事委员会书记）周恩来工作。1927年8月中共广东省委成立后，为省委军委负责人之一。在筹备策划广州起义期间，参与了广州起义的组织发动工作。因而，叶剑英一到广州，立即跟黄锦辉进行联系。

叶剑英与黄锦辉接上头后，两人相互交流了信息，通报了情况。叶剑英向黄锦辉报告了教导团的基本情况，以及随军南下准备在广州暴动的设想，同时也谈及了自己此次单独来穗的工作情况。黄锦辉听完后，首先肯定了叶剑英的工作，并向叶剑英详细介绍了广州的斗争形势，传达了中央和中共广东省委近期工作的指示和部署，说中央已于9月明确指示要发动广州起义。黄锦辉还交给了叶剑英这样几项任务：“（一）要在张发奎的第四军中站住脚跟，掌握敌军动态；（二）加强对教导团的控制，掌握好这支暴动的基本武装；（三）利用敌人的矛盾，分化削弱敌人力量，壮大革命力量。”①

黄锦辉的上述谈话，对叶剑英来说，还是有其针对性和警示作用的。当年，叶剑英在江西吉安通电反蒋后到了武汉，是正值踌躇满志的张发奎到处罗致人才，被张留在身边任职的。但是，却遭到第四军副军长陈可钰等一些高级军官的反对。后在张发奎的坚持之下，没有引起大的波澜，这事就算过去了。岂料，叶剑英随张发奎到了广州，陈可钰又旧话重提，反对张发奎重用叶剑

① 《叶剑英传》编写组：《叶剑英传》，当代中国出版社，1995年版，第109页。

英。对于此事，叶剑英曾有如下忆述：

> 我一到广州，见到了国民党的军官陈可钰和薛岳等。陈可钰是国民党的元老之一，曾当过孙中山的警卫团团长。陈可钰知道张发奎要继续留我在第四军，便跑去见张发奎说：叶剑英这个人靠不住，过去蒋介石对他那么好，结果他反蒋，这个人留不得。那时，张发奎还有点革命气概，当场反驳说："反蒋？我也反！那时的蒋介石，该反就得反！"又说："你们不要老叶回来，我就叫他请假，到德国留学去"……①

陈可钰对张发奎说的那些话，给叶剑英敲了警钟。在当时广州极其复杂险恶的环境中，他不能麻痹大意，必须小心翼翼，谨慎行事，以防露出任何破绽，给党组织带来麻烦和损失。这不仅是个人的事情，也是党组织的需要。因此，他在言行举止方面更加注意了。

自从与党组织接上头，了解了党组织的意图后，叶剑英开始想方设法将苦心培育的教导团从花县新街调进广州北郊的四标营，并费尽唇舌说服了张发奎，获准重新配给武器装备，还补发了新的军装。教导团如虎添翼，真正成了一支可以依赖的革命武装。

教导团进驻广州后，叶剑英又设法与团内的中共地下党负责人唐维等取得联系。为了避免张发奎等人的猜疑，他主动辞去教导团团长的职务。同时建议由杨澍松代理团长，后改由李云鹏（中共党员）接任，团内的各营长和连长，也大都由共产党员或进步分子担任，将部队尽可能地控制在可靠的人手中。

一切部署就绪，叶剑英根据中共广东省委军委的指示，在教导团内加紧部署起义前的准备工作。他一方面以第四军参谋长的身份到教导团去"视察"，对全团官兵进行细致的思想工作，讲形势，谈任务，话训练，启发他们的党

① 《叶剑英传》编写组：《叶剑英传》，当代中国出版社，1995年版，第108页。

悟，安抚他们的情绪，叮嘱他们认清形势，加紧训练，静候指示，枕戈待旦。另一方面又利用张发奎的关系，促成了第四军警卫团的扩编，并推荐和遴选了一批党的军事干部到该团担任各级领导职务，使之成为一支由党控制的武装队伍，增强了广州起义的军事力量。

经过一番努力，第四军教导团和警卫团中党的力量也大为增强。至广州起义前夕，在教导团1300余名学员和教官中，已有共产党员和革命积极分子200余名。团内三个营长有2个是共产党员，其他各级干部大部分也是共产党员。警卫团也壮大了党的力量。此外，叶剑英还与教导团内党组织负责人一起，依靠教导团学员中的“工农兵革命同志会”这一进步组织，团结和教育广大士兵群众，传递革命信息，贯彻党的指示精神，使全团绝大多数官兵同情革命，倾向进步，有力地促进了广州起义的武装准备工作。

为了提高官兵的军事技能，教导团加紧了军事方面的训练。在叶剑英的建议下，教导团以加强训练为名，成立了一个“士兵训练委员会”，针对城市楼房街巷环境和地形地物特点，全团各个连队各有侧重地进行巷战中的攻击、射击、投弹、爆破、搜索、刺杀和夜战等科目的训练教育，提高全团官兵的军事技能。同时，他还派出一些有战斗经验的干部，深入到市区、工厂和工人住宅区，向工人群众宣传革命道理，认清形势，明确任务，并指导工人纠察队使用武器和初步的军事训练，做好起义策应准备。

“调虎离山”

正当教导团厉兵秣马、待机而动之际，粤系张发奎与桂系李济深、黄绍竑争夺地盘的斗争愈演愈烈。广州又成为他们角逐的主场。

南昌起义军南下广东，在潮汕地区遭到失败后，踞粤的桂系部队拒阻南昌起义军南下成功，黄绍竑班师回到广州，代任第八路军总指挥。此时，李济深看到南昌起义军南下的威胁已经解除，可以腾出手来对付张发奎了。于是，为了不让张发奎在广州立稳脚跟，李济深主持成立了临时军事委员会，自任军委会主席，并企图取消张发奎第二方面军的番号，改编第四军，统一指挥广州军务。张发奎原想回粤从桂系手中夺回地盘，取而代之，看到这一情形，心有不甘。他明里声称要出洋考察，暗地里却给李使绊作梗，鼓动“倒李”。适逢此时，遭到国民党政府排斥的汪精卫，意欲利用张发奎的实力驱赶李济深，故跑来广州，拉张驱李，以便在广州立足。广州的局势转瞬间变得错综复杂，各派之间明争暗斗，钩心斗角，矛盾重重。

为了麻痹敌人，掩护自己，叶剑英不露声色，密切关注汪、张的动向，也暗中观察李、黄的各种反应，以便沉着应对，等待时机加以利用。当时，汪精卫与张发奎密谋，要将李济深调开，并乘机解除其军队之武装。叶剑英认为，两霸相争，必有一败，张、李矛盾，势必削弱敌人力量，我方大可利用。因此，当张发奎找叶剑英商讨“倒李”之策时，他表示完全支持。于是，汪、张“倒李”之计旋即实施了——

11月16日，汪精卫以解决党内纠纷，出席国民党第四次中央执行委员会、中央监察委员会全体会议为名，骗李济深同乘军舰转道香港赴上海。待李济深一离开广州，11月17日，张发奎便以“护党”名义，发动了“倒李政变”。粤桂战争爆发。这样，一场争夺广东政权的军阀战争终于鸣炮开场。

在“驱桂”之战中，第四军军长黄琪翔同叶剑英商量，以教导团为主力投入战斗。全团官兵按照预定部署，连克黄埔军校、虎门要塞、石井兵工厂等桂军的重要据点，并捣毁了黄绍竑的第八路军总指挥部，以及李济深的国民党中央政治会议广州分会清党委员会，桂军兵败溃退，被逐出了广州。通过这一场“逐桂”战之预演，教导团不仅未被削弱，反而经受了真枪实弹的血火锻炼和考验，既为广州四一五“清党”大屠杀中死难的烈士们报了仇，雪了恨，同时又在战斗中缴获了大批武器弹药，进一步武装了自己，也秘密地武装了工人纠察队，大大提高了战斗力，为后来的广州起义积蓄了力量。

“张黄事变”之后，被逐出广州的黄绍竑桂军集结于粤桂边境的梧州。他们暗中调兵遣将，准备卷土重来，打回广州。而此时驻扎在粤东的陈铭枢所辖的第十一军约两个师的兵力，也从汕头向东江地区进击，直逼广州。面对着东西夹击的紧迫态势，张发奎急忙召集军事会议，商讨对策。会上，有的主张全面出击，分兵拒御；有的则主张择其一部，分开打击。但在谁先谁后的抉择上，又有分歧：有的说应该先西后东，有的说应该先东后西，各执一词，争论不休。叶剑英在发言中，详细分析了东西两路的敌情之后，指出可以先择西路黄绍竑桂军开刀，因为黄部刚从广州败退广西，惊魂未定，又急于纠集残兵败将反扑，士气不高，战力不强，容易对付。在速战速决了西路桂军之后，再回马东路对付陈铭枢部。张发奎采纳了叶剑英的意见，先以西路的黄绍竑部作为打击目标。叶剑英看到时机成熟，便使出了“调虎离山”之计，进一步建议：攻打梧州，一定要全力以赴，速战速决。

为了“速战速决”，张发奎真的“全力以赴”，对打击西路的黄绍竑部投入了重兵。他任命第四军军长黄琪翔为前敌总指挥，亲率第四军主力缪培南的第十二师、许志锐的第二十六师开赴肇庆前线，部署进击黄绍竑部，其余作战部队也大都部署在西江、江门、四邑一带地区或广州外围，而广州的后方防务则由第四军参谋长叶剑英负责。这样，广州的兵力仅有李福林的第五军部分部队驻在市区珠江南岸，市区北岸也只有教导团和新编警卫团，以及一部分武装警察。叶剑英的“调虎离山”计，诱使张发奎尽遣主力赴战，致使广州城防非常空虚，为中共发动广州起义创造了有利的环境和时机。

广州守军张发奎部尽遣主力开赴西江前线，的确是为发动武装起义提供了大好的机会。然而，12月初，汪精卫派其妻陈璧君回广东。她向张发奎等人传达了汪精卫关于解散教导团的指示。为此，张发奎召开军事会议专门研究这一问题。会上，朱晖日就主张对教导团予以解散，后为叶剑英极力担保，黄琪翔亦表示不赞成朱之主张而作罢。

嗣后，中共设在广州城区小北直街的大安米店武器转运站被敌人发现，老板被捕后供出了实情。教导团也有反动分子告密。这时候，敌人已经嗅到了火药味，积极部署镇压行动。12月9日、10日一连两天，汪精卫等人迭发电报，催促张发奎、朱晖日等人“认真清肃共党”。电文称：“请君认真纠察，所部凡有纵容共党者，立即严加惩办，决勿稍存宽恕……并饬军警严拿匿迹苏俄领事署内之共党；如苏俄领事有包庇情事，应即勒令出境。”以上之事，“务求诸兄英断，于得电后立见施行”。[①]张发奎等人接到汪的密电后，“连日密议”，作出了“屠杀全广州革命分子的决议”。就在这种紧急形势之下，中共广东省委决定将原拟12月12日的起义日期，提前到12月11日。

“夜半枪声连角起”

“夜半枪声连角起，广州工农兵起义。”

1927年12月11日凌晨，广州起义爆发。叶剑英被任命为工农红军指挥部副总指挥。而参加起义的军事骨干力量就是叶剑英冒着风险，费尽心血保护下来的第四军教导团。这支从武汉辗转到广州、拥有众多共产党员的革命武装，经历了多灾多难的淬砺和磨炼，在广州起义中发挥了重要作用。

教导团官兵根据指挥部的部署，分三路出击：东路由团长李云鹏率领该团第二营和炮兵连直奔沙河，消灭步兵团，接着进占燕塘，消灭炮兵团，得手后回师市区，参加市区的战斗；中路由第一营长叶镛率领该营进攻东较场、广九车站和公安局。第一营第一连在工人赤卫队的配合下，攻克公安局和保安大队部。公安局长朱晖日爬墙逃跑，保安大队长李作明被击毙。起义军砸开牢门，

① 《汪兆铭致陈公博等青电》，1927年12月9日。

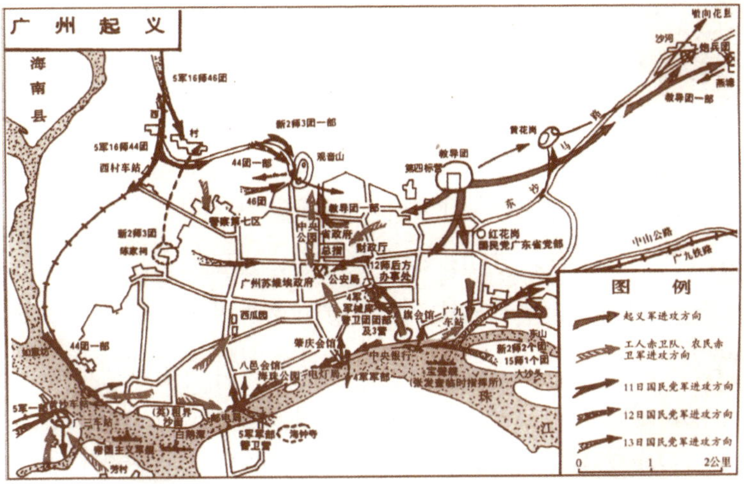

广州起义形势图

救出了800多名共产党员和革命群众；北路由该团第三营负责攻占省长公署和观音山敌军据点。

警卫团、工人赤卫队和市郊的农民自卫军也都按照部署，各司其职，向各自的目标发起攻击，均取得了胜利……

此时此刻，教导团这颗“拉了弦的手榴弹”，终于在敌人的心脏里炸响，其威力足令国民党营垒中的权贵人物胆战心惊！

当年担任国民党广东省政府主席的陈公博，对教导团参加广州起义之事也始料未及，甚感意外。因为他记得教导团曾被监管过，也被缴过械，怎么又起死回生，成了暴动的主力？他百思不得其解：教导团既已被缴过械，怎么又发回了枪支弹药？追问其中缘由，才知道这是第四军参谋长叶剑英的主张。

谜底揭开，真相大白。陈公博吓得心惊肉跳，目瞪口呆。他在后来出版的《寒风集》中，就曾叫苦不迭地说：

> 军队有了异动分子已经很可虑，而高级将领就是共产党，尤其无法可以预防。怪不得我们一方面由公安局破获无数共产党的机关，仍然没有办法预先消弭这次事变。原来我们的参谋长兼教导团团长就是

共产党……

从此以后，陈公博领教了共产党人的本事。叶剑英这名字也常常闪现在陈公博的脑海里，并成为他夜里惊梦的原因。

也正因为这样，曾有人做出了如下的评论：

没有叶剑英，就没有教导团；没有教导团，也就没有广州起义。

在广州起义期间的街垒巷战中，身为工农红军指挥部副总指挥的叶剑英，冒着枪林弹雨，一手提着驳壳枪，一手拎着子弹带，亲临维新路、文德路、长堤等第一线，巡视布防，指挥战斗。有时他与士兵、工人赤卫队员们一起，打退了敌人的一次又一次的反扑；有时他还亲自架炮，向敌军的阵地和据点轰击。这位毕业于云南陆军讲武学校炮科的高材生，操炮驾轻就熟，弹无虚发，颗颗命中目标，给反动派以沉重打击。

经过了几个小时的激战，至12月11日天亮前，在广州市区的珠江北岸，除了第四军军部、中央银行、军械库等少数敌军据点外，均为起义军所占领。

12月11日上午，广州苏维埃政府成立，发表了《广州苏维埃宣言》，提出了“打倒帝国主义、打倒军阀、镇压地主豪绅”的政治纲领，颁布了工人实行8小时工作制、一切土地归农民等法令。

广州起义奏响了一曲工农兵联合举行武装起义的革命壮歌，开创了中国共产党领导下的工农兵共举义旗、协同作战的先例。广州起义也是对国民党反动派叛变革命和实行屠杀政策的又一次英勇反击，它为挽救中国革命又做了一次伟大的尝试。

然而，好景不长。12月12日，敌人开始疯狂反扑。停泊在珠江中的帝国主义的军舰，其炮口也对准起义军的阵地猛轰，驻扎河南（珠江南岸）的李福林部也派兵向珠江北岸市区进攻。其他反动武装也向市区步步进逼。起义军顽强冲杀，虽然也曾经给反扑的敌军予以沉重打击，但由于起义军兵力不济，“敌溃而复聚”。加上这时候在市区西瓜园召开群众大会的中共广东省委书记张太雷，在返回途中不幸中弹牺牲……

形势在急剧逆转!

危机在步步逼近!

的确，起义军的力量毕竟还是太薄弱了。在敌人的疯狂反扑下，起义军虽然英勇作战，顽强拼杀，酣战竟日，也难以扭转危局，最后终因寡不敌众，实力悬殊而宣告失败。广州城区在起义军的手中得而复失!

叶剑英和战友们不得不撤出白色恐怖笼罩的广州，避往香港。

对于广州起义失败时的情景，时隔30多年后叶剑英仍然历历在目，记忆犹新。1958年7月30日，叶剑英在《人民日报》上发表一篇题为《大革命失败与广州起义》的回忆文章中，就曾经一边忆述，一边反省，说：

> 起义开始后不久，起义总指挥部讨论了当前的局势，当时曾提出：应该迅速停止枪声，建立市内的革命秩序，对一切尚未攻下的残余据点，应包围监视，在政治上瓦解他们，争取他们；应该以教导团为基础，迅速扩建军队，把工人赤卫队和教导团合编成立三个师；将战线推向郊外，发动农民，组织农民队伍，以便迎击前来增援的敌人。大家认为这些措施是正确的，可惜时间已不容许我们这样做，敌人在帝国主义军舰帮助下进展很快，我们还来不及在市内建立革命秩序，来不及以教导团为中心扩编武装力量，更来不及把战线推到郊外，敌人从三方面围上来了。从江门赶来的薛岳部，从韶关赶来的许志锐部，以及从石龙赶来的李汉魂部，很快又抢占了市内主要据点。在敌强我弱的形势下，经三昼夜英勇奋战的起义部队，不得不撤出广州……①

对于广州起义的失败，叶剑英曾经有着自己的认识：“广州起义绝不是消极的‘退兵之一战’，而是在这个转折关头，党为了挽救革命，为了粉碎反革

① 叶剑英：《大革命失败与广州起义》，载《人民日报》1958年7月30日。

命的猖狂进攻，奋起领导革命人民，向反革命势力进行的一次积极的、英勇的反击。”[①]

广州起义，将成即毁，虽败犹荣。它对叶剑英来说，尽管雄心未遂，壮志未酬，留下了几多遗憾，但也从中获得了弥足珍贵的教益与启迪！

① 叶剑英：《叶剑英选集》，人民出版社1996年版，第326页。

六 烽烟广州行

1938年夏天，叶剑英回到了抗日救亡运动蓬勃兴起的广州。这次南返，他是因病需要到香港医治而途经广州的。虽然这次他在广州逗留的时间不长，用其自己的话说是“百战归来”“小憩羊城”，但他在广州并没有休闲养病，而是为抗战事业四处奔走，步履匆匆，日夜操劳。当时，正值第二次国共合作初期，他以八路军参谋长的公开身份，利用各种社会关系，积极宣传抗战，悉心指导中共广东省委的工作，期间还应邀到国立中山大学、广雅中学（当时迁往顺德碧江）演讲，并在广州会见了许多久别多年的老战友和故知朋友。其行期虽短，但活动日程却安排得满满的。

在国立中山大学演讲

1938年，是中国全面抗战的第二个年头，炮声轰鸣，烽烟四起！

这期间，中国正面临着日本侵略者大肆入侵，东北、华北大片国土沦丧，而南方重镇广州也处于日军虎视眈眈的险恶形势。这时的广州，正遭到日机的狂轰滥炸，城区一片残垣断壁，民众生命财产遭受重大损失。鉴于日军向华南步步紧逼的紧张局势，谣诼纷起，人心惶惶，广州的民众当中弥漫着一种惶恐不安的气氛。就在这种情况之下，叶剑英在广州进行了一些适当的公开活动。他分析战局，宣传抗战，解答民众的疑虑，并会见一些国民党方面的故朋好友，安定人心，扩大了共产党和八路军的政治影响。当时，中共中央已派遣了张文彬担任中共广东地方组织的领导人（时任中共广东省委书记）。因叶剑英是张文彬的老上级，曾是一同并肩战斗、一起共过事的老战友、老熟人，这次叶剑英在广州见到了张文彬，老战友难得一见，十分高兴。他们热烈拥抱，促膝交谈，畅叙别后往事，相互倾诉衷情，久久不散……

自1937年七七卢沟桥事变发生后，由于民族矛盾进一步激化，南京政府暂时倾向比较积极抗战的一面，西安事变后初步形成的抗日民族统一战线正式建立。在国共两党关系日趋和谐向好的形势下，国民党广东当局也采取了比较开明的态度，松弛党禁，开放民运，于1937年8月发布了《广东省开放民众运动的决议案》，支持民众建立抗日团体和组织，开展抗日宣传活动。

当时，国立中山大学学校当局已意识到民族危机的严重，也加强了对师生的抗战宣传和教育。为了配合抗战，学校结合专业，增开了有关抗战方面的课程，以加深师生员工对抗日战争的认识。如在1937年至1938年，学校规定每周举办一次特约讲座或报告会，内容包括国内外的政治、军事、外交和文教科学等方面的形势报告，聘请校内外教授、社会贤达、学者名流，甚至共产党人主讲。郭沫若、陶行知、石辟澜、章乃器、茅盾等，都曾经被邀请到中大作过演讲。这次适逢叶剑英赴港治病路经广州，机会难得，中山大学教务长萧冠英盛情邀请他给师生作演讲。叶剑英义不容辞，慨然应允。

消息传出，中山大学师生欢呼雀跃，奔走相告。八路军参谋长莅校演讲，这机会真是太难得了，大家都热切地期待着这一时刻的到来。

1938年5月2日，叶剑英来到中山大学，在文德路该校旧礼堂向师生们作了题为《目前抗战中的几个主要问题》的演讲。起初，叶剑英与教务长萧冠英商定讲《中日战争形势和我们的任务》这个题目，后来根据广大师生最关心、迫切需要弄清的问题，讲了“自己离开广东十年后的感想”“日寇会不会来进攻广东”“这次中日战争局面怎样发展下去”“国共两党最近的关系”“苏联会不会出兵帮助中国”“八路军的近况怎样”六个问题，对师生们的疑虑问题一个个作了解答，博得阵阵掌声。

叶剑英身为八路军参谋长，熟悉中日交战之战局，掌握双方的军情战况，在演讲中侃侃而谈，分析透彻，深入浅出，事例具体，使人听后深受教育，印象深刻。他精力充沛，声音洪亮，一口气讲了四个多小时。他的精彩演讲深受师生们的热烈欢迎，多次被雷鸣似的掌声打断。最后，他用诗一般的语言说：“中华民族正如一叶扁舟漂流于革命的高涛中，她最后或能够达到彼岸，抑或就此沉沦下去，全靠我们民众的努力来决定。”

叶剑英的演讲，既围绕着民众迫切关心的议题，又能够做出令人满意的解答，切合实际，有的放矢，分析精辟，入情入理，深深地吸引了前来听讲的师生和民众。叶剑英的演讲话题，一时成为广州市民议论的中心和焦点，极大地鼓舞了广东人民的抗日热情。

关于叶剑英在中山大学演讲之事，时任中共广东省委书记张文彬在给中共中央长江局的报告中，曾提到叶剑英演讲时的盛况：“叶剑英同志到中大及广雅演讲，学生、教员都是从未曾有的拥满与紧张……”[1]当时，演讲时间还未

---

① 张文彬：《给中共中央长江局的报告》，1938年5月24日。

到，中山大学的礼堂里便挤满了前来听演讲的人群，约有1000多人。大家都秩序井然地等待着。从张文彬上述“学生、教员都是从未曾有的拥满与紧张”的表述中，可见当时中山大学师生对叶剑英的演讲，充满了期待的迫切心情，他们对叶剑英的演讲是十分欢迎的。

就在叶剑英到中山大学演讲后的第三天（即5月5日），他还应邀到因避日机轰炸而迁至顺德碧江的广雅中学，给广大师生作题为《把握住抗战胜利的基本条件》的演讲，也深受广大师生的热烈欢迎。

记者招待会

叶剑英在国立中山大学演讲之后，第二天，又应有关人士和穗港地区的报刊记者、编辑之邀请，召开了一次别开生面的记者招待会。当时，参加招待会的有：《抗战大学》杂志的陈华、沈灼，《青年前卫》的邬维梓，香港《星岛日报》的宋绿漪，广州《民国日报》的张清水，《救亡日报》的郁风，《中国诗坛》的黄宁婴、彭和章等记者和编辑共有20余人。

招待会的地点，选定在广州市东山百子路廖公馆的庭院里。这时，正值盛夏，庭院里鲜花斗艳，绿树成荫。盛开的白兰花发出阵阵的清香，沁人心脾；含苞待放的石榴花、迎风摇曳的美人蕉等，使整个庭院显得格外清新优雅。

庭院的中央放置着一张方桌，桌子上摆着一壶清茶和十多瓶屈臣氏汽水、沙滤水等饮料，桌子四周列放着几排凳子。招待会的会场布置得虽然简陋，但是却显示出主客之间宛如一家人的亲密氛围。八路军驻广州办事处的工作人员徐青和几个人在张罗接待客人。叶剑英穿着一身浅蓝色的西装，端坐在一张藤椅上，与一些记者交谈，不时站起来同前来参加开会的人亲切握手，互致问候。

招待会于上午9时开始。叶剑英作了简短的开场白之后，一个记者递上字条提问："叶总演讲的结束语说中华民族正如一叶扁舟漂流于革命高涛中，它最后或能够到达彼岸，抑或就此沉沦下去，全靠我们民众的努力来决定。这话不好理解，似乎话中有话，不知指的是什么？"

叶剑英接过字条，看了看，然后微笑着用广州话说："画公仔不要画出肠，要让大家去想嘛。如果一定要答复，我在《抗战胜利的条件》一文中不是讲得很明白了吗？虽然抗战胜利的客观条件存在，但如不发挥主观精神，就会沉沦下去。最重要的是国共两党团结合作。当然要人民支持，人民还是决定性的。"这就是说，中国要取得抗日战争的胜利，除了具备抗战胜利的客观条件之外，还要有主观方面的因素，即不仅国共两党要真诚团结，一致对外，而且还要得到全国人民群众的拥护和支持。因为战争的伟力在于人民，人民群众的拥护和支持，才是抗日战争胜负的决定因素。

一张张字条，带着记者们的疑惑和求知的欲望，请求"叶参座"给予解答。叶剑英问者不拒，有求必答，尽可能满足大家的要求。他旁征博引，侃侃而谈。在解惑析疑之中，还列举了各种具体的事例，进行论证，条分缕析，有条有理，有根有据，使在座的记者们都感到十分满意。

约摸上午11时，忽然预备警报响起，接着又传来了紧急警报声，日机对广州市区新一轮的轰炸又开始了。八路军驻广州办事处的工作人员徐青宣布招待会暂停，并迅速指挥大家疏散隐蔽。在离开会场之前，《救亡日报》记者郁风将当场画好的一张叶剑英的速写画像，请叶剑英签名。叶剑英从容不迫地看了一下，微笑地在画像上签上"剑英"二字。后来，这幅有叶剑英本人签名的个人画像，连同他在国立中山大学的演讲全文，一并刊载在《抗战大学》杂志1938年第1卷第8期上。当时，广州地区的报刊纷纷转载，市民竞相购阅，一时大有"洛阳纸贵"之感。叶剑英在中山大学的演讲全文，后来还由统一出版社出版了单行本，单行本用了郁风为叶剑英所画的速写画像做了封面。叶剑英的光辉形象和他那精辟的论述，对号召全国同胞奋起抗击日寇，挽救民族危亡，坚持抗战到底，争取最后的胜利，起着重大的作用。

会友论诗

记者招待会召开过后，叶剑英的云南陆军讲武学校同学、时任广州卫戍司令部参谋长曾其清设宴招待叶剑英。招待晚宴设在荔湾区昌华新街10号三楼。

曾其清，广东梅县人，与叶剑英是同乡，云南陆军讲武学校第十五期毕业，比叶剑英低三届。其为人正直，性格爽朗，既与叶剑英有同窗之谊，且交情甚笃。他闻悉叶剑英南下赴港治病途经广州小住，便尽地主之谊，设宴招待，并借机聚首，畅叙故友别后情谊。

安排招待叶剑英晚宴的荔湾区昌华新街10号楼的这座房子，原是《抗战大学》杂志主编、共产党员陈华（温京）的堂姐温和珍租下来的楼房。温和珍时任广州市四十九小学校校长，她是一位富有正义感的爱国女性，思想进步，支持抗战，同情革命。当年，为了逃避日机的轰炸，她被迫携带子女离开广州，将楼房交给陈华作为《抗战大学》杂志的编辑地点。曾其清的夫人是温和珍的小姑，故陈华与曾其清又有了一层亲戚关系，因而曾其清宴请叶剑英时，也特地邀请了陈华和他的女朋友廖琼（中山大学学生、中共地下党员）作陪。主客众人，多是同乡，因而席间欢声笑语，乡音盈耳，乡情浓郁，倍感亲切。

曾其清与叶剑英都是梅县客家弟子，彼此从小都在客乡长大，都喜欢家乡那富有客家风味的客家菜。曾其清想到叶剑英为了革命东奔西走，离开家乡多年，难得吃到客家风味的饭菜，于是特地从嘉应菜馆请来了客家厨师做家乡菜。时值谷雨季节前夕，他们围坐在一起，吃梅县正宗的家乡菜“谷雨拐”（用料主要是青蛙、冬菇等），饮家乡的名酒“珍珠红”，大家谈论时势，畅叙乡情，举杯对饮，气氛热烈。叶剑英见到了各位新旧朋友，又品尝了丰盛的家乡菜肴，心里感到十分高兴。

席间，梅县籍的青年诗人蒲风突然到访。曾其清立即引蒲风与叶剑英相见。蒲风见到了大名鼎鼎的抗日名将、八路军参谋长叶剑英，心里十分高兴，他紧握着叶剑英的手，连声说着“幸会幸会”。

蒲风，原名黄日华，广东梅县人。1931年在上海中国公学读书时就参加了左翼作家联盟的活动。1932年9月，蒲风与穆木天、杨骚（羊枣）、任钧等发起组织中国诗歌会，倡导过“国防诗歌”运动和创作“明信片诗”。1940年10月到新四军战地文化部工作，担任淮南总政文化抗敌委员会主任，1942年8月在安徽省天长县病逝。英年早逝，令人扼腕叹息！

这一次叶剑英与蒲风虽然是初次见面，但是两人对诗歌的共同兴趣和爱好，加上又是同乡，语言相通，习俗相同，两人一见如故，便亲切地交谈起来。两人交谈的话题，很快就谈起了有关诗歌创作的问题。

当时，中国诗坛上曾一度出现一股否定旧体诗的倾向。有些人只主张写新诗歌，不主张写旧体诗，不主张“旧瓶装新酒”，要把旧体诗全部废掉，把旧瓶子通通打烂。蒲风就是持这种观点和主张。他在与叶剑英交谈的过程中，见叶剑英提起此事，就直截了当地说：“从方向来说，我们主张发展新诗歌，旧诗歌死框框太多，太古板，不易学，不好懂，在青年人当中学旧体诗的不多，看来要进入历史博物馆，让位给新诗歌了。”

然而，叶剑英则明确表示不赞成蒲风这种不作分析、不加区别地“将旧瓶子通通打烂”的观点，他庄重地对蒲风说：“我看旧瓶子不能丢，至少在目前还不能丢，可以新罐旧瓶并用嘛。比如演戏，不光要演白话戏，也可以演客家的外江戏、广州的粤剧。不光要演《三娘教子》，也可演《子教三娘》。”叶剑英还说：“现在还有不少群众欢迎旧的，为什么不可以并存呢？鲁迅的‘于无声处听惊雷’，写得多么好啊，旧瓶装新酒，装得好会又香又醇。”

叶剑英的这一席话，说得在座的人心悦诚服，点头称是。凡读过叶剑英诗词的人，都会体会到他之所以极力反对全盘否定旧体诗写作言论之苦心。他十分重视弘扬中华民族传统优秀文化，大力提倡对我国古典诗词的批判与继承。他不仅酷爱研读古典诗词，也擅长于古诗词的写作。他善于从古典诗词中不断吸收养分，但又不是随着前人的履痕亦步亦趋，照样画葫芦，循规蹈矩，不可逾越，而是能从古韵中翻出新意，有所超越，有所创新，也就是“化古”而不“泥古”，“借鉴”而非“照搬”。正因为叶剑英对于古体诗有着正确的认识与理解，能够将古诗与新诗并用，做到“旧瓶装新酒”，所以他的古体诗写得非常好，为世人所称颂。

叶剑英与蒲风交谈之中，蒲风还送他出版的10本诗集。叶剑英只选了《茫茫夜》《赤卫军》和《真理的光泽》（明信片诗集）三本。他看到蒲风写的“明信片诗”，认真研读，倍加赞赏，说：“明信片诗短小精干，很适合战时的实际。战时要有倚马可待的诗文。”最后，叶剑英还勉励蒲风多写出好作品，为抗战救国多作贡献。

蒲风对于这次与叶剑英的见面，受益匪浅，印象深刻。他过去对于叶剑英只是闻其名，未见其面。他仰慕叶剑英的英名，今得一见，并与之作亲切的交谈，心里十分高兴。宴席过后的几天，蒲风对陈华说：“那天晚上会见了叶总，得益匪浅。叶总不仅精通武略，而且也精通文艺，对诗歌有独特的见解。”叶剑英这次与蒲风关于“诗”话题的交谈，对蒲风的诗风无疑是起了促进的作用。

自此之后，蒲风遵照叶剑英的建议，更坚定地深入实际，深入工农兵群众中去体验生活，进行诗歌创作。他从广东的独九旅到皖中的新四军，尽管生活比以前更加艰苦，但是他无所畏惧，工作更加起劲，诗歌创作也更加出色。

后来，蒲风又陆续出版了几本诗集，诗作的质量比起以前出版的10本诗集有了很大的进步，一直受到诗坛上的好评。

指导地方党的工作

叶剑英这次赴港治病途经广州，在开展抗战宣传的同时，也与广东地方党取得联系，双方交流了情况，并指导了中共广东省委的工作。此时，叶剑英在武汉中共中央长江局（对外称中共代表团）工作，是中共代表团和中共中央长江局领导成员之一，并担任长江局参谋处参谋长。而时任中共广东省委书记的是张文彬，因叶剑英与张文彬在红军时期是曾经一起并肩共过事的老战友（叶剑英曾是张文彬的老上级），故他们两人又有了密切的工作上的关系。广东党组织受中共中央长江局领导，因此叶剑英这次到广州，也与张文彬、潘汉年、廖承志等一起，商讨研究了广东党的工作。

在广州期间，叶剑英与中共广东省委书记张文彬一起分析时局，通报情况，研究问题，对广东党组织的工作进行切实的指导。1938年6月1日，张文彬在给中共中央长江局的信中，就曾提及他同赴港治病途经广州的叶剑英，谈过中共广东省委近期的工作和组织情况。该信全文如下：

长江局：

一、我们最近工作与组织的大概情形，已与叶兄（指叶剑英，下同——引者注）谈过，同时杨（组织部）四、五号即起身来汉受训，可当面详告，兹不详述。

二、六月份经费拟请增加，特重造预算请叶兄带上，请核准，并早日汇来或电潘兄拨用。

三、我们送到汉口受训者已有十一名动身，分两批走的，是否已到？望电告我们。

南杰[1]

6月1日[2]

上述信中讲到，“我们最近工作与组织的大概情形，已与叶兄谈过”，说明张文彬对叶剑英的这一次返粤，不仅双方已见了面，谈了话，而且还汇报了广东党的近期工作和党组织的情况。

叶剑英在广州期间，张文彬希望叶剑英能给广东的干部多讲一些全国抗战的形势，尤其是有关抗日武装斗争方面的问题。同时，也希望叶剑英能够给广东的地方党员干部办训练班，讲讲课，提高他们的政治、军事方面的素质和技能，以准备应对当时华南地区面临的日军入侵的危机。张文彬曾经在给中共中央长江局的报告中，汇报了自己的想法：“为了领导干部的培养，决定在这一次外县干部训练班结束后，即开办更大、更久点的训练班，以20人，以训练市、县干部为目的，一个月时间，并请潘（汉年）、廖（承志）、叶（剑英）帮助教课。”[3]

5月中下旬，叶剑英还与张文彬、廖承志、潘汉年等一起研究中共琼崖地方组织的人事调动和工作问题。对于此事，张文彬于1938年5月24日在《给中共中央长江局的报告》中，就曾这样说：“琼崖问题，已与叶（剑英）、潘（汉年）、廖（承志）讨论后派李吉民再去，并嘱他参加特委，长期在琼工作。”

此外，当年叶剑英赴港治病路经广州期间，也曾与中共广东省委书记张文彬共同讨论研究中共广东省委的有关工作及经费问题。在叶剑英离开广东时，张文彬还“特重造预算请叶兄带上”呈交长江局。在当年中共广东省委拟订的

---

① 南杰，即张文彬。

② 《中共广东省委南杰致长江局信》，1938年6月1日。

③ 张文彬：《给中共中央长江局的报告》，1938年5月24日。

“广东六月份经费预算”的报表中，有五大项的内容：（一）省委本身经费；（二）训练班经费（每月一期）；（三）交通与派遣费；（四）各地津贴费；（五）购置杂支、临时及特别费。在这一份“广东六月份经费预算表”中的“训练班经费”一栏内，有一段“说明文字”是这样写的：“六月份的训练班是20人，连路费在内须（银）洋330元，现由剑英同志批准，由捐款中拨。”

由上可见，叶剑英虽然是南下香港治病，路过广州，时间短暂，行色匆匆，但他与张文彬还是商讨和解决了不少地方党组织内部工作上的问题。

在广州，叶剑英还在东山住所接见《抗战大学》主编陈华。陈华是叶剑英的梅县同乡。他们一见面就用客家话互致问候，倍感亲切。陈华求见叶剑英，是请叶剑英对《抗战大学》杂志的编辑、出版工作给予指导。

《抗战大学》是中共广东省委编印出版的刊物。当时，中共广东省委书记张文彬对该刊极为重视，要求省委负责宣传工作的饶彰风除了经常为该刊撰写稿件外，还“参加《抗战大学》编委会”，以加强对该刊的领导。同时还派遣了一些共产党员参与该刊的编辑和发行工作。

叶剑英在会见陈华时，陈华送上几册《抗战大学》创刊号和自己创作的几首诗歌。叶剑英认真翻阅了刊物，见到该刊封面上印有“巩固团结，巩固统一战线”的文句，便说“应该以此为宗旨，牢牢掌握这一办刊方针”。陈华对叶剑英说：“《抗战大学》正筹备出版红五月专刊，请叶总题词。”叶剑英略加思索片刻，随后拿起笔，即席题写了“民族解放的血花”的题词。这七个刚健遒劲的字，刊载于5月6日出版的《抗战大学》（红五月专刊）上。叶剑英之所以题写这几个字，是他认为“五月从头到尾都是红的”，“血花”与“红五月”相匹配，恰到好处。

叶剑英还勖勉陈华办刊要坚持统一战线的办刊方针，要争取公开合法地位，光明正大，不要偷偷摸摸。在请人题词时，各阶层的人都要有，不要着眼于小圈子，要扩大影响，发挥更大的统战作用。后来，陈华按照叶剑英的要求，请了李汉魂、陈铭枢、曾其清、余汉谋、吴铁城、李煦寰等人题词，以体现团结抗战的精神。

1938年5月，叶剑英在广州期间，还会见了老朋友郭冠杰、李伯球、郭翘然、侯达等人。郭冠杰、李伯球、郭翘然还约叶剑英到广州哥伦布餐厅吃饭，侯达也在座。席间，叶剑英畅谈了当时全国抗战的局势，介绍了西安事变的情况与和平解决这次事件的重大意义。当时，几位老乡听了叶剑英的话，十分敬佩他善于团结和斗争的做法，都为有叶剑英这位对他们这些党外人士推心置腹、肝胆相照的朋友所感动。许多党外朋友也是为此将叶剑英作为知音和良师益友。①

总而言之，叶剑英1938年的烽烟广州行，以其渊博的学识、独到的见解和高效的实践活动，扩大了华南地区的抗日民族统一战线，推动了华南地区的抗日救亡运动，对促进华南地区的抗战、团结、进步，起了积极的作用，同时也扩大了中国共产党和八路军的政治影响。

叶剑英1938年的这次烽烟广州行，实为私事，且步履匆匆，行程短暂，很快就离开广州前往武汉中共中央长江局，继续履行其中共中央代表团成员和中共中央长江局参谋处参谋长职责，并协助周恩来等开展党的各项工作。

自此之后，直至广州解放的1949年10月，叶剑英再也没有回过广州。

① 郭翘然、侯达：《大智大勇 履险不惊》，载《萦思录——怀念叶剑英》，人民出版社，1987年版。

七 解放广州的日子里

1949年8月，时任北平市（今北京）军事管制委员会主任兼北平市市长的叶剑英，被委任为中共中央华南分局第一书记，挑起了解放华南的重担。他带领一批南下干部与陈赓率领的第二野战军第四兵团、邓华率领的第四野战军第十五兵团一起，向华南地区进军。在解放广州的日子里，叶剑英深思熟虑，精心安排，做好了接管广州、治理广州、建设广州的各种准备。

受命南下

1949年，是中国光明与黑暗大决战的一年。

这一年，也是中华民族历史上辉煌的一年。

这一年，人民解放军发动的辽沈、平津、淮海三大战役，改变了全国解放战争整个战场的态势。历史也正在人民解放战争的枪炮声中发生着根本的转换。中国人民与国民党反动派之间的大较量已经基本上奠定了胜负之局，胜利的天平正在向人民的方面倾斜。这时的叶剑英，正与他的战友们忙于接管北平（今北京），信心百倍地为治理、建设北平城市而努力工作着。

这一年的4月21日，毛泽东主席、朱德总司令发布了《向全国进军的命令》。“打过长江去，解放全中国！”庄严的号令，震撼着神州大地。中国人民解放军百万雄师，在西起湖口，东到江阴的千里江面上，万船齐发，破浪扬帆，以排山倒海之势，雷霆万钧之力，强渡长江天险，向南中国挺进！

就在这全国解放战场上凯歌高奏、捷报频传的大好形势下，华南的解放问题被提上了议事日程。这时，正在中共中央统帅部里指挥全国解放战争的毛泽东，一方面密切注视着全国的战局，一方面正在运筹帷幄、精心部署着人民解放军进军华南的重大军事行动。

人民解放军渡过长江，挥师南下之后，势如破竹，所向披靡，国民党军队犹如鸟兽散，竞相向南溃逃，绝大部分猬集在华南和西南地区。国民党中央机关和“总统府”也纷纷南迁广州。这时候，从兵力上来说，广东境内的国民党军队约有15万人，而南下解放大军却有30万人，敌我力量对比，解放军占有绝对优势。而且此时的国民党军队士气低落，已无斗志，与士气高昂的解放军相比，更是难于匹敌。但是，华南是一块比较特殊的区域。这里既是粤桂两系军阀的大本营，又是毗邻港澳、岛屿众多的地区，还与越南接壤，涉外事务亦多，这里的情况比内地一些地区更为复杂，需要得力的人员来担当管治之重任。因此，毛泽东将解放华南与接管华南、治理华南结合起来，通盘考虑，统一部署。

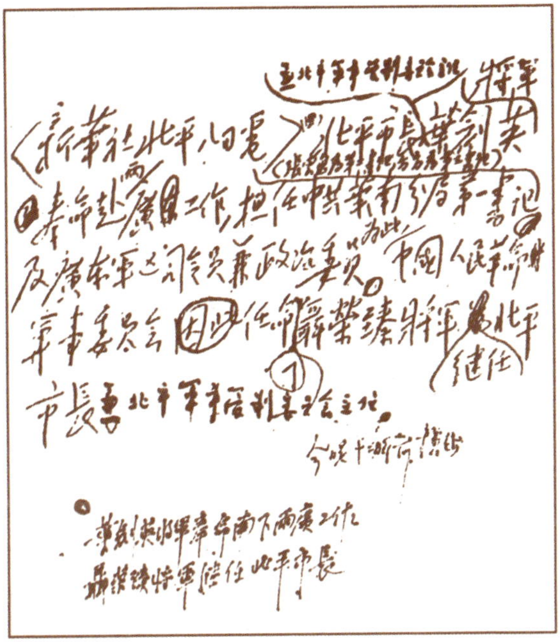

毛泽东任命叶剑英为华南分局第一书记手稿

1949年7月，中共中央为了加强对华南地区工作的领导，决定派遣谙熟广东情况的叶剑英主政华南，组建新的华南分局。8月1日，中共中央致电华南分局并告华中局、华东局：新的华南分局以叶剑英为第一书记，张云逸为第二书记，方方为第三书记；新的华南分局管辖广东、广西两省及香港工委，隶属于中共中央华中局（1950年2月改称中南局）领导。同时，中共中央还决定，由第二野战军第四兵团、第四野战军第十五兵团组成一个临时性的独立兵团，在叶剑英和两个兵团负责人的带领下，向华南地区进军。叶剑英原来担任的北平市长兼北平市军事管制委员会主任职务改由聂荣臻继任。

接受了新任务的叶剑英，深感责任之重大。这是一副既要“打仗”又要“治理”的“双肩挑”的沉重担子。它不仅仅是一场纯粹的军事较量，而是在军事角逐之后，随之而来的接管城市，收拾残局，医治战争创伤，建立政权，恢复生产，发展经济，解决民生等一系列问题，都将等待着他去面对、去解决。而这一切都是必须认真应对，不能有丝毫的疏忽和懈怠。一个新解放的地区，必须有大批干部去开展工作，去打开局面。而偏偏华南地区解放较晚，急需大量干部却未能得到满足，因此，干部的缺乏便成了困扰叶剑英的实际问题。

临行时，叶剑英多次面见毛泽东，听取毛泽东的指示。毛泽东向他面授机宜，就解放广东、广西问题作了重要指示。毛泽东说：华南地区海岸线长，岛屿众多，且又毗邻港澳，情况错综复杂，牵涉到军事、政治、外事、侨务等方方面面，事务纷繁，样样都涉及政策，牵一发而动全身，要发动群众，集思广益，将各项事情办好。毛泽东还着重谈了南下解放“两广”的部署、领导机构的组成、各级干部的配备、解放广东的作战步骤、城市接管的有关政策，以及准备应对帝国主义经济封锁和军事干涉等问题。毛泽东还特别强调团结问题，要求叶剑英和南下的干部，要对以方方同志领导的原华南分局及各级党委在粤工作的成绩有恰当的估计，处理好南下的部队官兵、南下地方干部与当地干部之间的关系。

在毛泽东与叶剑英有关干部问题的谈话中，还引出了“水尾田”与“泉水”的小故事：

当时，受命准备南下的叶剑英求贤若渴，希望能得到大批干部跟随他南下，以便尽快打开华南这一新解放地区的局面。然而，这时全国正处于一片胜利的形势，各地都急需干部，也都争抢干部，能够分配到华南地区工作的干部就不多了。为此，叶剑英特地向毛泽东反映了南下干部不足的突出问题。他说：“华南解放晚，别处都把干部要走了，剩下能分给我们的干部太少了。这好比我们客家话中的‘水尾田’（分水分到最后的稻田叫做‘水尾田’），流到最后剩的水就不够了，您看怎么办？”

毛泽东听了叶剑英这一说，笑了。他接着叶剑英的话头，安慰说：“‘水尾田’是‘水尾田’，但你那里还有一股‘泉水’嘛！”

叶剑英蓦然领悟：毛泽东主席讲的“泉水”的意思，就是指以方方所领导的原华南分局、两广纵队和华南各级地方党组织当中蕴藏着丰富的人力资源，要好好发掘和利用。毛泽东除了指示中央组织部门尽力为华南地区多派一些干部之外，还要求叶剑英要更多地依靠广东当地干部这股“泉水”，自力更生解决干部缺乏的问题。

使命重如泰山，时间不能延搁。8月中旬，叶剑英交卸了在北平的工作，带着党中央的重托，轻车简从，离开了他担任了8个月市长的北平，起程南下。因当时天公不作美，连日倾盆暴雨，山洪暴发，平汉铁路的不少地段被水冲毁。叶剑英与随行人员只好转道天津，经徐州、郑州，到达武汉，再乘船沿长江东下，经九江，登庐山，过南昌，一路颠簸，日夜兼程，风尘仆仆，于9月3日抵达江西省南部重镇赣州。

赣州决策

位于粤赣交界的赣州古城，这时已成了南下大军解放广东的前线大本营。就在叶剑英抵达赣州之前，进军华南的军队、地方领导同志遵奉党中央的指示，陆续赶至赣州会师，并进行一系列进军广东前的各项准备工作。

军事行动，是进军广东的最紧迫问题。9月7日，叶剑英主持召开作战会议。参加者有华南分局和四、十五兵团的领导同志。会议分析了敌我双方的军事态势，讨论了中央军委的指示，认为解决广东问题，应该“先消灭北江、东江之敌，进占曲江、惠阳，创造和平解决条件，争取和平解决。同时，准备对付坚守广州顽抗之敌”。为达此目的，会议按照军委和四野前委规定的作战任务，制定了广东战役作战方案。叶剑英还提议由陈赓统一指挥参加广东战役的四兵团、十五兵团及两广纵队等部队的军事行动。

根据中共中央的要求，以叶剑英为第一书记的新的华南分局和第四、十五两个兵团在进军广东之前，应在赣州召开新的华南分局和第四、十五兵团主要负责人会议，着重解决好党政军领导机构的组成和各级干部的配备、解放广东的作战步骤、接收及管理广州的有关政策等问题。同时，还要对方方领导的原华南分局及各地党委的工作，“做出足够的和适当的估计，使大家今后在工作上团结无间，互相学习”。为此，从9月11日起至9月20日，叶剑英在赣州主持召开了三次华南分局扩大会议，即“赣州会议”。

第一次华南分局扩大会议（9月11日召开），主要议题是传达中共中央关于召开赣州会议和要求急需解决的问题的指示，并讨论党政军领导机构的组成和干部配备问题。

叶剑英在会上说：“中央提出8个问题，要我们进军广东之前在赣州开会解决：（1）党政军领导机构的组成和人选；（2）作战计划；（3）接管广州的各种政策；（4）各级干部配备；（5）争取余汉谋和平解决广东；（6）货币政策；（7）外交方针和政策；（8）准备对付帝国主义封锁”。又说：“关于作战问题，我、方方同志和两兵团负责同志商量过，已经拟出一个方案，俟报告中央批准后即可实施。其他问题，当前最急的是组织问题和支前工作问题，要首先解决。”据此，这次会议着重研究了组织问题。

会议还根据中共中央关于“新的华南分局及即将进入华南的人民解放军主力，应对方方等同志领导的华南分局及华南各地党委和人民武装的成绩有足够而适当的估计”指示，做出了《关于过去华南及广东工作的决议》，一致认为：

方方同志等领导的华南分局和各地党委，自1946年以来，在广东及华南各省领导人民的武装斗争和各项工作，是有很大成绩的。这表现在已经解放了广东1300万以上的人民，创造了8万以上的人民武装，组织了150万以上的农会会员，并在广东全省三分之一以上的地区，初步建立了人民民主政权。这些成绩，就使得华南敌后的人民战争，得以坚持下来，配合了三年来全国解放战争的胜利。同时又给人民解放军主力进入华南及广东作战，最后完成解放华南及解放广东全省的任务，提供了有利的条件……对于方方同志等所领导的华南分局，各地党委及人民武装在这一时期工作上所获得的这些成绩，我们完全同意中央9月8日电示，认为应该做出足够的和适当的估计，使今后新参加华南及广东工作的各方面干部，与原来坚持在华南及广东工作的干部取得认识上的一致，以达到互相学习尊重，互相取长补短，融洽团结，以争取解放整个华南的伟大胜利。

新的华南分局对方方领导的原华南分局的工作所做出的决议，是对原坚持在华南地区开展革命斗争的同志工作业绩的肯定，也是对他们的尊重。

俗话说，团结就是力量，只有团结才能赢得胜利。叶剑英在赣州会议上，自始至终都在谈团结，他说："团结会师，这是中央再三指示我们的，现在是四面八方的干部汇合在一起，有外来与本地干部，有新干部与老干部，有上级与下级干部，有党与非党干部，有军队与地方干部，所以团结问题要特别注意。"他根据当时即将入粤的干部和军队均来自五湖四海的状况，未雨绸缪，反复强调了团结的重要性，足见其认识到了夺取进军华南胜利的关键所在。

第二次华南分局扩大会议（9月16日召开），主要议题是讨论作战和支前工作问题。即讨论军事行动，解放广州后的物资供应、货币政策等问题，并讨论通过了华南分局《关于支前工作的决定》。《决定》强调了支前工作的重要性和紧迫性，号召广东全省党政军民紧急行动起来，将支前工作作为当前最紧急的中心工作，全力支援解放大军作战，争取广东战役的胜利完成。

第三次华南分局扩大会议（9月20日召开），主要议题是讨论城市政策、农村政策及团结会师等问题。

9月21日至24日，叶剑英又主持召开了华南分局高级干部会议。会议期间，叶剑英作了《关于解放广东的若干问题》的报告。在报告中，叶剑英谈了任务与情况，要求"从最坏处着想，从最好处努力"，并对有关形势、任务和政策等问题进行了阐述。

叶剑英在赣州主持召开的一系列会议（通称为"赣州会议"），是十分重要的会议。它按照中共中央和毛泽东的要求，解决了战役计划、支前工作、城市政策等一系列问题，为胜利进军华南作了组织上、思想上和军事上的准备。它在华南解放战争史上刻下了不可磨灭的印记，永载史册。

1949年9月28日，叶剑英与第四兵团司令员兼政治委员陈赓联名签发了《广州外围作战命令》。命令规定：以陈赓率领的第四兵团3个军12万人组成右路军，由北向南，直取曲江，并截断敌人西逃之路，而后协同左路军歼灭英德地区之敌或直趋广州；以邓华、赖传珠率领的第十五兵团2个军8万人组成左路军，由南雄、始兴进入广东，视战况变化直插英德或其以南地区，堵击粤北南逃之敌，并协同右路军歼灭该地区之敌或直逼广州；以曾生、雷经天率领的两广纵队以及粤赣湘边纵队等2万人组成南路军，进至广州、虎门之间，截断敌南逃之路。各路部队按照叶剑英的指示，枕戈待旦，厉兵秣马，从各个方面进一步为解放广州、解放广东做好最后的准备。

解放广州

历史记下了这一天：1949年10月2日。

这一天，也就是新中国举行开国大典的第二天。进军华南的20多万解放大军按照叶剑英和陈赓联名签发的命令，兵分三路，以摧枯拉朽之势，向盘踞华南地区的国民党军队发起猛烈攻击，锋芒直指华南重镇广州……

广东战役正式打响！

战马萧萧，铁流滚滚。叶剑英与第四兵团、第十五兵团领导人指挥的攻粤部队，在沿途民众的大力支持和地方武装的密切配合之下，一路攻击前进，所向披靡，锐不可当！

由第四兵团司令员陈赓率领的右路军，越过南岭，主力部队于10月7日以迅猛之势解放了粤北重镇曲江（韶关）之后，又分出一部分兵力直插三水，以截断广州敌军西逃之路，然后主力部队沿着北江西侧和粤汉铁路，马不停蹄，继续挥兵南下，很快就进至南海官窑和三水地区。

1949年10月，广州解放后，叶剑英在华南

由第十五兵团司令员邓华、政委赖传珠率领的左路军，于10月6日和9日进占翁源、新丰两座县城，10月10日又解放了佛冈，然后经粤汉铁路东侧攻击前进，直逼广州；

由司令员曾生、政委雷经天领导的两广纵队，林平领导的粤赣湘边纵队等组成的南路军，也从河源南下，向东江以南地区进军，解放了博罗、惠州、东莞……

三路大军锋芒直指广州，形成了对广州合围的态势！

正当攻粤大军势如破竹，强力推进，广州指日可下之际，第四野战军司令部从围歼桂军白崇禧部考虑，提出“不打广州，而先遣兵入桂”的主张，建议陈赓兵团立即舍开广州，由英德、韶关，转道广西，西入桂林、柳州，“借以增大消灭桂敌的打算”，并称“目前似应以集中兵力歼灭白兵力为主”。

当时，处于第一线指挥作战的叶剑英和陈赓等，根据从香港等地获取的情报，敌人是打算在广州外围抵挡一阵，然后继续撤退南逃，退入海南岛或从海上逃跑。而攻粤部队又正疾速向广州挺进，战场形势对我方十分有利。倘若此时四兵团舍开广州，改道入桂，不仅广州一时解放不了，到广西也会由于路途太远而赶不上，难以实现“断敌退路”之意图。有鉴于此，叶剑英和陈赓等从战役的全局考虑，根据战局的变化，精细分析，权衡利弊，认为还是应该“先占领广州，再挥兵西进广西”为好。

10月11日，叶剑英和陈赓、邓华等两兵团负责同志给四野领导发了电报，坚持四兵团先参加打下广州，再入广西的原作战计划。电文中说：

以目前情况，四兵团已前进到清源地区，本日在英德以南60里之连江口，我先头部队正在围歼敌之两个团，十五兵团本日正围歼佛冈敌之一个团。各兵团正以每日行130里以上速度向广州前进中。

在此情况下，四兵团为贯彻执行断敌后路的任务，如向桂林，直线距离有1300里，以时间计算，不如十八军、四十六军及十三兵团来得快。因此，我们意见，四兵团不如直下三水，打下广州后不停留地用水路运输，经梧州直取南宁。

广州守敌增加了胡琏兵团。四兵团若不参加，仅邓、赖兵团两个军（6个师）及曾、雷、林平部攻打，则时间拖长了。四兵团如立刻向桂林、柳州前进，实际上仍须集结队伍重新动员的时间，一方面路远赶不上，另一方面广州不能获得迅速解放，有两头失当的顾虑。

四野领导同志收到电报后，于当天回电军委并叶剑英等人，称：

关于广东战役问题，我们意见已详本日11时电。在广东敌人不与我作正面战斗的情况下，我们仍主张暂不夺取广州，以免促成粤桂敌人之集中……在对粤敌企图未判明和我军能否抓住敌人未得证实以前，陈、邓两兵团目前仍继续照原计划向广州前进。

从四野领导人上述的回电中可以看出，虽然他们还在坚持自己的意见，但也表示叶剑英和陈赓、邓华等人的意见值得考虑，在电报最后表示“在对粤敌企图未判明和我军能否抓住敌人未得证实以前，陈、邓两兵团目前仍继续照原计划向广州前进”。这语气已经有了和缓之余地，但是还没有完全同意“先打广州”的计划。

为了不贻误战机，避免严重损失，叶剑英他们决定将这一分歧直接请示最高统帅部，由毛泽东来裁决。

叶剑英和陈赓等人请示的电报，呈送到了毛泽东的手上。毛泽东全面仔细地分析了敌我双方的军事态势后，于10月12日发电四野领导人和叶剑英、陈赓等人，明确表示：

> 如敌守广州或我军有可能在广州或广州以外求得消灭敌人有生力量时，则陈（赓）、邓（华）两兵团仍继续向广州前进。但请陈、邓注意，先以必要力量直出广州、梧州之间，切断西江一段，断敌西逃之路，不使广州敌向广西集中。如查明广州一带之敌向广西逃窜时，陈赓兵团即不停留地跟踪入桂。如广州一带之敌并不向广西逃跑，则陈、邓两兵团仍执行原计划占领广州不变。①

四野领导人当天亦复电毛泽东："所考虑的诸点甚为正确"，表示同意陈赓的四兵团、邓华的十五兵团继续向广州挺进。

一场军事上的小争议，终于在毛泽东的明确表态之下，妥善地解决了。叶剑英坚持实事求是的务实作风，由此可见一斑！

10月13日，叶剑英主持召开华南分局会议，讨论作战问题。与会人员一致表示，坚决执行中央军委和毛泽东的指示，全力解放广州。攻粤部队更加斗志昂扬地向南挺进。同一天，右路军解放了清远县城，逼近广州城郊。

10月14日下午，左路军先头部队抵达广州北郊。第四十三军一二八师以一部攻占白云山等制高点，主力则沿广花公路向市区攻击前进；第四十四军一三二师则由广增公路和广九铁路向市区攻击前进。

傍晚，第一二八师由北郊进入广州市区，第一三二师由东北郊进入广州市沙河镇。随后各部队分兵向市中心区搜索前进，很快就占领了国民党总统府、广州绥靖公署、广东省政府、广州市政府和广州市警察局等重要机关。当晚，

---

① 《毛泽东关于歼灭广州一带敌人的部署等问题致林彪等电》，1949年10月12日。

又在黄沙车站和渡口附近歼敌残部2500多人。解放广州之战，胜利结束。

自此以后，每年的10月14日，便成了广州解放日。广州人民永远记住这一不寻常的日子。

随着广州的胜利解放，解放大军后续部队陆续由大北路（今解放北路）进入广州市区。广州地下党组织主动与进城部队联系，介绍情况，并积极协助部队消灭残余反动势力，维护治安。

就在10月14日当天晚上，解放大军进入广州城的消息传开后，广州长堤东亚酒店的职工在中共地下党员的领导下，找来了红布和黄布，按照香港《大公报》刊登的中华人民共和国国旗五星红旗的样式，一针一线地将其缝好，于10月15日清晨，挂在东亚酒店三楼的窗口。这也是广州解放升起的第一面五星红旗。广州终于获得了新生。

中国的解放战争带有极大的戏剧性。解放大军渡过长江之后，国民党军队回天乏力，一败再败，已经陷入了“无可奈何花落去”的境地。他们无心恋战，仓皇溃逃，解放大军执行中央军委“大迂回、大包围、大歼灭”的作战方针，每天都是100多里的强行军，赶鸭子似的追歼逃敌。为此，有人曾这样评价中国的解放战争：在长江以北地区，人民解放军是靠枪炮“打”出了一片天地；而在长江以南地区，人民解放军则是靠双腿“追”出了半个中国。

历史进程的发展就是如此之迅速，如此之令人难以预料。从1949年10月2日广东战役正式打响后，至10月14日，仅短短的12天时间，人民解放军就一举攻克了国民党政府南迁的“首都”广州。真可谓“横扫千军如卷席”，国民党数百万军队犹如秋风扫落叶般的全线溃败，就在其转瞬之间。难怪国民党官兵都发出了“兵败如山倒”的哀叹！

人民解放军攻占广州后，陈赓迅即率领第四兵团改道入桂，执行中央军委“断阻西逃之敌”的指示。而叶剑英、方方等则带领中共中央华南分局机关的人员，于10月16日从赣州乘坐汽车南下，前往广州。从赣州至广州，沿途多是山地，道路比较难走。当途经广东新丰县时，叶剑英一行曾在新丰县梅坑镇老街的一间旧店楼房里住宿，并接见了当地党组织负责人，了解当地情况，要求各级党组织充分发动群众，筹措粮草，做好支前劳军工作。中共新丰县委、新丰县人民政府负责人还在梅坑镇梅苑设便宴招待叶剑英、方方及其随行人员。10月20日晚，叶剑英在新丰县梅坑大桥旁的沙滩上，向即将入城的干部及部队讲话：我们进入广州，不是为了做官、去享受，而是为了建设新中国。因此，进城之后，我们必须继续保持艰苦奋斗的工作作风。

一路颠簸，一路风尘。10月21日，叶剑英率领的华南分局机关进驻广州。就从这一天起，叶剑英真正完成了自我角色的转换，开始了他治省理政的人生新里程。

广州解放以后，人民解放军没有停止其进军的步伐，继续向尚未解放的地区挺进。他们肩负着使命：一定要解放全广东、全华南、全中国……

珠江，这条滋润南粤大地的古老河流，伴随着逝去的岁月，不知流淌过多少代人的血泪和悲伤。如今，悠悠的珠江水，终于送走了漫漫长夜，迎来了晴天丽日的黎明！

人民解放军解放了广州，当威武雄壮的子弟兵队伍进驻广州时，欢庆的人们用热泪和鲜花，迎接这些胜利的缔造者。

1949年11月11日，广州市20多万群众举行了盛况空前的庆祝广州解放大会和大游行，人民解放军举行了入城式。叶剑英和其他党政军领导人在广州市政府门前检阅了游行队伍。叶剑英还接受广州市妇女代表献旗。

1949年11月11日，叶剑英（左三）和方方（左二）、邓华（左一）等人在广州检阅入城部队

11月26日，广州市第一届人民代表会议召开。叶剑英到会讲话，并与代表们一起商讨建设新广州

大计。当年曾作为代表参加此次会议的造币厂工人劳永全，至今仍记得这样一件趣事：

广州市第一届人民代表会议期间，曾在南园酒家（现南堤二马路海员俱乐部）举行公宴，叶剑英市长提早到会。他穿着灰色的土布中山装，用广州话与代表们拉家常，询问工人们的工作和家庭情况，工人们感到分外亲切。当他知道劳永全是造币厂工人代表时，很高兴，说："我们工人阶级是搞建设的。我们不但敢于打破旧世界，还要善于建设新世界，要建设新广州。"劳永全原为中国共产党领导的外围进步组织广东省立高级工业职业学校（省高工）"地下学联"的负责人，广州解放前夕毕业被派遣打入广州造币厂开展护厂斗争。当时，劳永全是个刚满22岁的热血进步青年，风华正茂，朝气蓬勃，这期间正沉浸在广州解放的欢乐之中。他听了叶剑英市长的这些话，心情十分激动，掏出一个本子来请叶市长题词。叶市长一口答应，说："好啊，就写这句话。"于是，叶剑英挥笔写了"建设新广州"五个字。其他在座的代表见状，也都争相效仿，纷纷请叶市长题词、签名留念。叶剑英市长求者不拒，慨然应允，一一满足大家的要求。

宴会开始后，劳永全忽生奇想，转头问身边一位自来水厂的青年工人代表："你敢不敢把叶市长高高抬起来？""敢！"这位自来水厂的青年工人代表不甘示弱，爽快地回答。于是，这两位青年工人便大踏步地走向叶剑英市长面前祝酒，并把正在举杯祝酒的叶剑英市长高高地抬起来，绕场一周，祝贺广州解放。

顿时，整个宴会立刻轰动起来，气氛热烈，高潮迭起，掌声、欢呼声、口号声响彻全场……

时隔数十年之后，劳永全对于这一往事仍然历历在目，记忆犹新。每当有人谈及广州解放之事，他总会津津有味地给后人讲述他自己亲历亲见的这一难以忘怀的小故事。

"革命根基在政权，政权争得只开端。"广州解放了，广东解放了，人民欢歌笑语，庆祝这一来之不易的重大胜利。但是，身为中共中央华南分局第一书记、广东省人民政府主席兼中共广州市委书记、广州市市长的叶剑英，深深感到自己身上担子的分量。他时刻牢记着：夺取政权，只是万里长征的第一步，今后将会更加任重而道远……

八 接管广州

城市接管，是中国共产党实现从乡村到城市战略转变的第一步。中国共产党要由革命党转变为执政党，要将工作重心由农村向城市转变，就要学会治理城市、实现城市对农村的领导。而要学会治理城市，首先就要接管好城市。叶剑英在主政华南期间，结合自己在接管北平过程中的实践经验，提出了一系列城市管理的思想和办法，对人民新政权建立后如何接管广州、治理广州、建设广州起着积极的指导作用。

接管前的准备

广州解放，千年古城揭开了历史新篇章。遵奉党中央的指示，叶剑英以广州市军事管制委员会主任的身份，担负起接管广州的重任。征衣未解的叶剑英，首先从广州城市的接管工作开始，迈开了治理广州的第一步。

然而，这一步，却是那样令人难以想象的艰辛！

人们不会忘记，刚刚从国民党统治之下解放的广州，是一个千疮百孔、满目疮痍的烂摊子。这座南国名城呈现在国人面前的是这样一片令人生畏的景象：经济凋敝，交通瘫痪，物资匮乏，供应困难，社会秩序混乱，人民生活困苦不堪……

更为严重的是，由于匪患不靖，交通不畅，城乡物资交流严重阻滞，城外各地的粮食无法运进来，广州城区的存粮仅够供应15天，燃料最多只能维持几天。城中居民正面临着绝粮断炊之虞。

俗话说：民以食为天。这可是关系到全广州城内百万人口的大事，刚刚走马上任的叶剑英遇到这样的棘手问题，能不焦急吗？而此时，潜伏的国民党特务却趁机捣乱破坏；唯利是图的不法商人也囤积居奇，哄抬物价，操纵市场；各种骇人听闻的谣言，在市区的街头巷尾暗中散播流传……霎时间，整个广州物价飞涨，风声鹤唳，人心惶惶。

就在这样严峻的形势之下，有人曾经发出这样的疑问：共产党人能在马上夺取天下，还能在马下治理天下吗？有的人竟然一口断言：共产党人夺得了城市，但无法治理城市。

的确，如何搞好城市的接收和管理，是中国共产党由革命党向执政党转变过程中面临的一个重要问题，也是共产党人工作重心由乡村向城市转变过程中面临的一个重要问题。这一问题，共产党人必须正视和面对，无法回避。叶剑英与他的战友们面对着如此严峻的状况，沉着应对，迎接挑战。

接管城市，对于叶剑英来说，这已经是第二次了。在此之前，中共中央曾决定由他主持接管北平。1949年1月31日，北平宣告和平解放后，担任北平市军事管制委员会主任兼北平市市长的叶剑英，虽然是赶鸭子上架，接触的多是从未接触过的事情，但他谦虚谨慎，摸着石头过河，边干边学，终于将北平这座历史名城完整无缺地接管了过来。那时，他曾对薄一波说：我接管北平是“跳下水去学泅水”，没有经验，就摸索着学习，但有一条，必须慎之又慎，丝毫大意不得。尤其是在取得一些成功经验之后，更要虚心前进，切不可傲然躁进。否则，就很可能会呛水，甚至被淹死。

尽管有了初次接管城市工作的经验，但叶剑英并没有大意。他一进驻广州，行装甫卸，就深入到群众中调查研究。1949年10月24日，即叶剑英进驻广州的第三天，就开始着手布置召开了工人代表座谈会，征询意见，倾听呼声，以便制订新的城市政策。

广州城市的接管问题，早在解放战争尚未结束时，中共中央华南分局就已经开始考虑和筹划了。1949年4月21日，中国人民革命军事委员会主席毛泽东、中国人民解放军总司令朱德发出《向全国进军的命令》之后，5月23日中央军委又发出了《关于向全国进军的部署》，指出四野主力（6个军及两广纵队）“10月即可尾白崇禧退路向两广前进，11月或12月可能占领两广”。6月24日，中共中央在《为准备解放广州给华南分局的指示》中，指示华南分局：“应在东江、韩江及闽西三区，放手招收大量青年学生开办数千人的学校，训练干部，同时按照可能性抽调一千至二三千老的和较老的工作干部加以训练，为准备接管广州及其他大城市之用。”“同时应令香港训练干部，亦可招收一批广州学生来东江训练。总之，接管全省的工作干部主要由你们负责准备。”

遵照中共中央的指示精神，华南分局迅即布置各地党组织“加紧城市接收准备工作，使大军到达时立即有计划接收”。中共广州地下组织对这项工作起步更早，于1949年初就已经将工作重点转到了迎接解放和准备城市接管工作上来，一方面加强宣传，扩大党的影响；另一方面派出人员深入调查，搜集资料，如调查各单位的名称、机构、人事编制、主管人姓名、政治面貌、物资财产等资料，以作为日后城市接管时之依据。与此同时，广东党组织也积极培训准备接管广州等城市的干部。1949年7月底，华南分局从已获得解放的粤东地区及部队抽调干部和学生六七百人，在揭阳县河婆镇河婆中学组建华南工作团；在香港方面，则组织党员、党的外围组织成员，以及工运骨干、进步知识分子等约1000多人，集结于东江大鹏半岛，成立东江教导团。上述这两个团的任务，都是学习城市政策，培训干部，准备参加接管广州。

在此之前，中共中央也考虑到了新解放地区城市接管的干部问题。在平津战役之后，中共中央就批准成立了近万人的南下工作团，随第四野战军南下。先后在湖北、湖南等省留下一批干部后，余者组成南华工作团，会同从北方抽调南下的粤籍老干部共约1000多人，南下江西赣州，准备解放广东、广西后，参加“两广”地区的城市接管工作。

“接”与“管”并进

城市接管工作千头万绪，纷繁复杂，颇费心力。叶剑英根据党的城市政策，结合借鉴故都北平城市接管的成功经验，在赣州会议时就制定了有关城市工作的政策和接管广州的总方针，并组织干部们进行学习。在赣州会议期间，叶剑英还专门针对城市接管问题作了重要讲话：“城市政策，一是接，二是管，如何接收城市和管理城市就是城市政策的基本内容。”对于接收工作问题，叶剑英指出：“接为了管，接服从管。今天我们把它接过来，明天就要去管它，接和管应该尽可能统一起来，接的人就是管的人。”他要求应“系统接管，完整接管。即是要按原来的一套，系统的接过来，如须改革调整，待接过来以后再说，不要太早把它分散弄乱”。在接管时，“人材、物资、文件、档案同样重视，不要先注意物资。把图表丧失，有时甚至会影响到工厂的复工。技术人员跑掉了，再找也是不容易的”。①

在城市接管的方法方面，叶剑英认为，一是要做到“纵的接收，横的检查”。即应按系统纵的去接收，同时必须有地方工作的横的检查，才能保证接收工作的圆满无遗。否则，很容易把应该接收的单位漏掉。二是要做到“两快、两慢”。即将要接收的单位大致分为政权、物资、文化、外侨四大类。政权是统治的工具，一进城我们就要抓住它；物资接收慢了就会散失。所以这两个部门接收时要快。文化和外侨慢了不要紧，要仔细考虑，慎重处理。尤其对于国际有名的高级的学校更要慎重。叶剑英的上述讲话，为解放后的广州接管工作指明了方向。

1949年10月14日广州解放后，10月21日就成立了以叶剑英为主任的中国人民解放军广州市军事管制委员会，“在广州市原辖区内实行军事管制”，“统一军事政治经济文化等管制事宜”。②军管会下设治安委员会、财经接管委员会、交通接管委员会、军事接管委员会、文教接管委员会、房屋分配委员会、物资处理委员会、外侨事务处、电信接管部、卫生接管部、供应部等12个机构，作为军管会的工作部门。军管会一成立，迅即颁发布告，要求全市各机关、团体和个人，均应积极协助军管会进行城市接管工作，并分别召开了工人、教职员、学生、商人代表座谈会，以促进接管工作顺利进行。

当时，正值新旧政权交替之际，广州市的情况错综复杂，城区就曾经有一批形形色色的怀有各种目的的人物，趁解放军刚入城不了解情况之机，伪装积极，冒充进步，擅自组成了100多个各种名目的“接收组”“接管队”，到处插手接管，企图以假乱真，混水摸鱼，打进新生的革命政权，从中进行破坏。

---

① 《叶剑英在赣州干部会议上的讲话》，1949年9月23日—24日。

② 《中国人民解放军广州市军事管制委员会成立布告》（军字第一号），1949年10月21日。

于是，广州市区的街头，出现了挂着各种牌子和打着各种旗号的社会非法组织，一些国民党反动派布置潜伏下来伺机进行破坏活动的特务分子，也乔装打扮，混迹其间，乘机假借各种名义、组织、团体进行罪恶活动。他们打着各种响亮的旗号，假借接收之名，施行破坏之实。有的借口接收，对商人、企业和群众进行敲诈勒索，搜刮财物；有的通过非法接管，威逼利诱，对一些厂矿和中小企业实施控制；甚至有的公开收缴枪支和网罗散兵游勇，组织反动武装，寻衅滋事，扰乱社会治安……一时间，打着旗子，戴着袖章的接收人员满街皆是，鱼龙混杂，真假难辨。

为了打击这些非法组织破坏城市接管工作的犯罪活动，叶剑英要求广州市军事管制委员会充分发动群众，揭穿假象，澄清是非，甄别真伪，使那些冒牌的“接收大员”很快就显露原形。在广州市地下党组织的配合下，军委会摸清情况之后，遵照叶剑英的指示，采取了“快刀斩乱麻”的果断措施，“对社会上的各种非法组织，一律先取缔、后甄别”。根据华南分局的指示，为了减少社会动荡，消弭社会影响，军委会决定取缔所有非法组织。同时，“在未查清之前，先对各组织的主要头目进行软禁、拘留”①。这一招果然奏效。10月18日，广州警备司令部根据指示，向各组织发出请柬，邀请其主要负责人于翌日（19日）晚，到广州警备司令部商谈相关事宜。那些非法组织的头目看到是警备司令部发来请柬相邀，以为是有好事找上门了，都争相依时应邀来到警备司令部，人数达到数百人之众。就这样，在广州警备司令部里，先来个“请君入瓮”，将各个非法组织的头目集中起来，然后来个“瓮中抓鳖”，实行扣留。这一办法无需花费多少气力，只要事前做好调查摸底工作，其结果就会事半功倍。而且拘留对象都是自己送上门来，一查一个准，几乎无一漏网。

被扣留的各非法组织头目，先实行临时拘押审查，令其交出被他们“接收”控制的厂矿和单位。警备司令部副政委吴富善首先当场宣读了由主任叶剑英、副主任赖传珠联名签署的《广州市军管会敦促国民党、三青团等反动组织

① 吴富善：《十月的广州》，载《广州接管史录》，广东经济出版社，2009年版。

成员改过自新的布告》。《布告》敦促反动组织一切人员“立即停止活动，改过自新”；“倘有组织进行活动，阴谋破坏，一经查明，定予惩办”。[①]然后还向这些头目们说明：“广州市已经解放，全市人民应该积极起来协助军管会和人民解放军进行接管工作，维持治安。但一切工作均应经过军管会及警备司令部，绝对不能自立名目，擅自主张，目无纪律。到会的各类组织均未向警备司令部登记，亦不合军管会原则，尤其假冒中共中央华南分局名义，更是破坏我党的政治影响。因此这类非法组织，应该宣布解散，立即停止一切活动，并将手续及即接管的资财全部移交。至于各组织的人员，除少数特务匪徒，应予调查处理外，大部分被骗、盲从及投机分子，均本宽大政策，不加追究，望勿惊疑……”[②]

第二天（10月20日），由主任叶剑英、副主任赖传珠联名签署的《广州市军管会敦促国民党、三青团等反动组织成员改过自新的布告》遍贴整个广州城，家喻户晓，人人皆知。各类非法组织及其反动成员慑于军管会布告的威力，其破坏活动骤然收敛，市民拍手称快。

1949年10月28日，以叶剑英为市长的广州市人民政府成立。当时，广州市为中央人民政府直辖市。在中共广州市委、广州市人民政府的强有力领导下，城市接管工作更加有条不紊地进行。在接管广州的过程中，作为市长的叶剑英倾注了不少心血和精力。他紧紧地依靠中国人民解放军，依靠原在广州坚持城市斗争、熟悉情况的城市各级党组织，依靠城市工人阶级和团结其他劳动群众，同时也借鉴了北平及其他城市接管的成功经验。在方法步骤上，分先后缓急，即先接管人员、档案、资产，然后顺藤摸瓜，深入追查，并对国民党政府各部门及企业的旧人员进行思想教育工作。一般是政权、物资、金融、电讯、交通等部门的接管应从快，文化、华侨等部门可从慢。接管时，需要一边“接”，一边“管”，接收人员也是分管人员，“接”与“管”同步，既“接”也

---

① 《广州市军管会敦促国民党、三青团等反动组织成员改过自新的布告》，1949年10月20日。

② 《南方日报》1949年10月24日。

"管"，两者密切结合，协调并进。由于方法对头，措施得力，加上广大人民群众的密切配合，叶剑英主持领导的广州城市接管工作稳妥有序，进展顺利。

按"条""块"系统接管

在叶剑英的直接领导下，广州城市接管采取了"按系统分头接管"的办法进行。遵照党的有关城市政策，叶剑英要求参加城市接管的人员，遵照自己在北平主持接管工作时所采取的"按各'条''块'系统分头接管"的做法，并根据"接"与"管"两者统一、"接"服从"管"的原则，对广州城市进行接管。即在接管过程中进行具体的分工，广东省接管省属机关，广州市接管市属机关，军队系统接管军队所辖部门，其他的系统与部门也是如此，将接收与管理两者紧密结合起来，做到"条"与"块"结合、"接"与"管"结合，接收的人就是管理的人，一面交接，一面管理。这样，接管者任务明确，各司其职，使得接管工作井然有序，有条不紊，不致混乱。

——政府系统的接管。根据市长叶剑英所提出的"按照系统和部门，'条''块'结合"的原则，广州市接管工作委员会对旧政府系统的接管，是按国民党市政府组织机构分为秘书、行政、人事、民政、地政、财政、教育、公用、公务、社会、卫生、公安、工商、税务、银行、法院等16个接管组，以及1个区工作队（任务是接管各个区）来进行接管的。各组人数不等，主要是根据工作需要与干部条件来决定接管工作的人手，少者几人，多者百余人。具体做法是：先由军事代表出面召集旧政府全体人员开会，宣布接管命令和人民政府的政策要点，并宣布接管各局（处）的军事代表名单，然后由接管各局（处）的军事代表带领各接管组人员到所指定的局（处）去开始接管。对于各局（处）的接管，先告以被接管单位做好清点造册和移交的准备。其接管顺序是先接管各局（处）本身机关，在了解情况后再接管其所附属单位。清点物资则采取重点进行，认为没有什么大问题就进行点交。来不及清点者，可先接收再逐步点交。如清点中或清点后发现问题再深入追究，边点、边问、边追，直至圆满交接。

——国民党政权在广州的官僚资本企业的没收和接管。没收官僚资本，是中国新民主主义革命的基本内容之一，也是新生人民政权建立国营经济最重要的物质前提。广州解放后，以叶剑英为主任的广州市军管会立即派出军代表，没收和接管了国民党政权在广州经营的银行、保险公司，以及海关、工厂、仓库、商店、轮船、铁路、邮政、电讯、电力、自来水等官僚资本企业，并通过重组、整合、改造，使之成为国家和地方的国营企业。在此基础上，迅速开门营业，恢复办理有关业务，组织恢复和发展生产。

——新闻出版业的接管。报纸是政治斗争的工具，是言论机关，根据北平的经验，对新闻出版业的接管被视为重中之重。因此，广州解放后，以叶剑英为第一书记的中共中央华南分局就极为重视新闻媒体的作用。对于广播电台、报纸等都抓得很紧，接管从速从严。10月18日，广州人民广播电台成立（后改名为广东省人民广播电台），10月20日正式播音。10月23日，华南分局机关报《南方日报》也正式创刊。当时，对于新闻出版业的接管，主要有两部分：一是接管单位并追查物资；二是接管从业人员。即通过积极分子将追查出的机器、设备和车辆等接管起来之后，就将采编和经管人员集中办学习班，宣传中国共产党和人民政府的有关政策，并进行政治思想教育，然后根据各人的能力和表现等不同情况，进行录用与安置。经过接管和初步审查之后，至12月24日，广州市军管会批准发证出版的报纸有《每日论坛》《华南青年》；不准登记的有《当代日报》；责令停刊的有《粤商》《星报》《劳工新闻报》等。①因广州解放前新闻出版业“异常混乱”，各报的背景十分复杂，解放之初接管

① 《新闻处的工作报告——各印刷厂概况及处理各新闻单位情况》，1949年12月24日。

时审查登记又耗费时日，有些报纸需要认真查核才能定夺，故广州解放之初批准出版的报纸不是很多。至于出版社及兼营的书店方面，批准登记者有华美、智源、正大、通俗文化四家出版社。

——文化教育系统的接管。军管会设立了文教接管委员会，专事负责接收原国民党政府的文教单位。根据中共广州市委关于对中小学校“一面复校，一面接管”的方针，对全市教育部门及其所属机关，包括市立中学、市立小学、市立幼儿园、图书馆、博物馆、民教馆、市教育会和儿童文化服务社等进行接管。至1949年11月底，全市中小学的接收任务基本完成，私立中小学校绝大多数都恢复了正常上课。

此外，广州市人民政府还派出人员分赴全市各区进行接管。解放前，国民党在广州设有31个行政区，28个警察局。广州解放之初，因干部缺乏，人手不够，在接收各区公所时只派去28个军代表，其余3个区的军代表只能兼管。如崇文区公所由芳村区军事代表兼；敦和、公和两区公所由沥滘区军事代表兼。全区28个警察局，因干部缺乏也只派了9个分局长，其余19个均系军事代表兼管。分赴各个区接管的人员也很少，最多的区有13人，最少的仅有8人。尽管如此，被派遣的同志都勤勉工作，尽责尽力，出色地完成各区的接管任务。

1949年11月20日，叶剑英就有关广州市接收工作等情况报告毛泽东和中共中央华中局。该报告称：广州接收工作，已大体完毕。因残匪有计划撤退，有些机关如国民党广东省政府、国民党外交部等，自档案文件、员工到日用家具，都运走一空。有些机关，因运输困难，我军进展神速与进步职工的迟阻，还存有部分物资，估计（还未清点）航空、电讯、交通器材较多，详情容再报告。①

在叶剑英的亲自部署下，自1949年10月23日至11月底，经过一个多月紧张的工作，全广州市在国民党行政系统共接管了137个单位；在财经系统接管了银行、仓库、工厂和“广东实业公司”等78个单位；交通电讯部门接管了

① 叶剑英：《关于广州接收工作等向毛主席并华中局的报告》，1949年11月20日。

电台、仓库、工厂等83个单位；军事部门接管了医院、仓库、工厂等87个单位；文教系统接管了公立专科以上院校8所，公立中等学校11所，小学93所，以及报馆、通讯社、广播电台、书店、印刷厂、图书馆、文化馆、戏院等20个单位，连同各社会团体、各有关部门在内，共计接管534个单位，接收各种机关团体的各级旧人员34310人。①

1950年，叶剑英在广州群众大会上发表讲话

辛勤的工作，终于获得了回报。经过初步接管后的广州，工厂冒烟了，学校复课了，商店营业了，城市街区通水、通电、通车，市场粮肉菜供应也逐渐充裕，广大市民的生活日趋正常。

广州，终于从血与火的灾难中复活过来了……

① 《本市接管工作告一段落》，载《南方日报》1949年12月3日。

九　医治战争创伤

广州，对叶剑英来说，并不陌生。早在20世纪20年代初他就已经在这里工作和战斗过。1922年6月陈炯明叛变时他就已护卫孙中山与叛军浴血奋战，长洲岛上黄埔军校的校园里曾经留下他的足迹，广州起义的血火搏杀中也曾经活跃着他的身影……然而，这一次回到广州，时过境迁，今非昔比，他必须完成自我角色的转换，从过去开展武装斗争夺取广州城市，转向管理、建设广州城市。这对于寄身军旅、戎马一生的叶剑英来说，却是一个新的课题。过去，他驰骋疆场，南征北战，多与枪杆子打交道；如今，夺取了政权，进驻了广州，他要更多考虑的是经济建设和人民的生计问题。于是，当广州城市接管工作完成以后，叶剑英又马不停蹄地带领广大市民医治战争创伤，整治市容市貌，开展市政建设，恢复生产，发展经济的工作。

整治市容

广州解放，广州城回到了人民的怀抱。但是，经过战争血火洗礼过的广州城，却千疮百孔，满目疮痍。由于国民党反动派的长期统治，藏污纳垢的地方甚多，残垣断壁随地可见，市容凌乱不堪，街道污秽肮脏，沟渠堵塞不通，积水臭气熏天，环境卫生极差。这些都需要组织人力进行整治和清理。因此，广州市人民政府成立之后，作为广州市市长的叶剑英，一方面要求有关部门加强和改善市政设施建设，一方面号召广大市民掀起整治市容市貌、扫除市区环境卫生的热潮。

解放之初，许多资本家和私营业主对共产党的政策心有疑虑，抽走资金，关闭工厂，停工停产，致使大量的工人和知识分子失业，生活陷入困难境地。据广州市副市长朱光于1949年11月28日所作的《广州市人民政府一月来的工作和今后工作》的报告中说：广州全市工业企业有1048家，开工者占22.5%，局部开工者占32.42%，全部停工者占44.2%。而且在这1048家工业企业中，大的工业企业极少，多数都是小规模的工厂，容纳的工人人数不多，仅有十多至二十人之间。由于生产未能完全恢复，市民的生活与就业问题未能解决，因而失业的工人人数较多。面对这种情况，市长叶剑英与广州市总工会筹备委员会的负责同志商讨研究，采取对策。决定采取东北地区行之有效的“以工代赈”的办法，组织失业人员抢修城市各种市政设施，如修桥筑路、清理淤泥垃圾、栽树种果等，既美化了城区市容市貌，又赈济安置了失业人员。

所谓“以工代赈”，即由工会组织失业工人参加国家或地方政府需要的工程，以及有益于市政建设的事业，如疏浚河道、修筑河堤、修建码头、疏通下水道、修建马路、开辟公园等，经费由中央人民政府或地方人民政府拨给的失业工人金支付。这是解放之初广州市人民政府开展市政建设采用的一种办法，也是治理失业问题的一项重要措施。当时，在叶剑英的重视和大力支持下，广州市总工会曾经帮助全市失业工人组织了印刷、机缝、毛巾、建筑、打石、搬运、清洁等7个生产合作社，承接政府各方面的生产加工任务，或参加市政建设及各种维修服务。广州市人民政府也和广州市总工会、市劳动局等部门广发通知，在全市各街区、各产业和所有的工会活动场所，都设立了失业工人登记站和职业介绍所，介绍失业工人参加各种修筑道路、整治市容卫生等项目。其主要有：

——修整公路、街道。刚解放时的广州，近郊公路和市区街道坑坑洼洼，破烂不堪。以叶剑英为市长的广州市人民政府在完成了接管工作之后，立即组织人力对近郊公路和市区内街道进行修整。至1950年4月，已修筑了黄埔大道、黄沙大道等市内马路，修复了市郊公路干道，计有修补沥青路面23条，沙石路面4条，铺筑沥青路3条，沙石路1条，共修补面积达102680万平方米。[①]与此同时，还整理了公共活动园场，更改了不适当的路名、街名，清除了不合乎新时代、新社会潮流的印记和痕迹。

——市区卫生大扫除。战后的城市大扫除，是一件极为繁重的工作。以叶剑英为市长的广州市人民政府通过市卫生局、市总工会，组织人力开展大清扫运动，清除市区的淤泥垃圾，掩埋被敌人炸死的居民和在敌人统治下的饿殍尸体，清洁街道，疏浚河涌，清理沟渠，消灭蚊蝇。同时，加强城区粪溺管理，增建厕所，专人负责，并建立了各种卫生制度。当时，广州市全长2700多米的玉带濠，数十年来从未加以清理，污水垃圾堆积，臭味难闻，行人望而却步。从1950年起，广州市人民政府组织人力进行疏浚清理，并改建成为2781米长的钢筋混凝土式的暗渠，使之得到有效整治，脏臭濠涌旧貌换新颜。

——修建摊贩市场。广州解放之前，市区已存在大量的摊贩。他们经常占用街道，摆摊经营，既影响交通，又有碍观瞻，有损市容。因此，市长叶剑英

① 朱光：《广州市人民政府三个月来施政工作与1950年的工作任务》，1950年4月26日。

吸取接管北平时的经验，加强对摊贩的疏导和管理。其主要办法是：一方面实行摊贩登记，发给摊贩营业执照（无执照者不许摆摊），另一方面市政府又利用无碍交通秩序之空地，建立临时摊贩市场，予以安置并加强管理。至1950年8月，全市已修建摊贩市场12个，登记要求营业的摊贩共35273人。这样，既解决了摊贩的生计问题，又整治了市容市貌，一举两得，皆大欢喜。

——植树护林，美化环境。广州解放后，市人民政府十分重视城市环境的美化工作，栽培花草，种植树木，拓辟园林，大搞绿化。至1950年4月广州解放仅半年时间，在长堤一带马路两旁及近郊荒山秃岭上就已种植树苗13886株，耕种118畦，修剪路树1789株，涂保护液5355株。整个城区的绿化覆盖率不断扩大，面貌大为改观。

此外，广州市人民政府还组织人力完成了中山纪念堂的修葺工程，修复了南方大厦，开辟了华南土特产交流大会场地，在市区六二三路建筑了一座反帝纪念碑，在三元里建立了一座平英团纪念碑……

经过一番初步整治和大扫除，医治战争创伤的行动取得了明显成效。它荡涤了旧社会遗留下来的污泥浊水，清除了战争带来的断墙残壁，消除了旧社会污秽、肮脏、杂乱的痕迹，美化了广州城市的市容，为广大市民提供了一个清新舒适的生活环境。人们无不拍手叫好，称赞不已。

修复海珠桥

广州解放之后，解放大军云集，使市内向来非常短缺的存粮和燃料更显匮乏。当时，市政府将市内存粮优先供给部队，同时因部队供给机关组织不健全，有向居民借粮借柴以解燃眉之急。各界人民群众均能体念解放军之辛苦，尽力资助，踊跃供借，致使粮食和燃料紧缺问题暂时得到缓解。但是，这并非长久之计，为了保证广州城市的粮食、燃料等方面的正常供应，以叶剑英为主任的广州市军管会积极组织人力抢修铁路、桥梁，迅速恢复交通运输，并全力动员广州市郊区及省内各地，利用东、西、北三江河流和各铁路、公路，不断向市内供给柴粮。广州解放前夕，敌人撤退时破坏了粤汉铁路广州至韶关路段的潖江大桥，致使解放之初粤汉路火车只能开到潖江。叶剑英要求铁路部门组织工人抢修，在修桥工人的努力奋战、积极工作之下，原计划20天修好的工程，仅用了10天就把该桥修好了，从而使粤汉路火车可通至韶关。广九、广三路在抢修后，也分别可以通至深圳、佛山。由于交通迅速恢复，各地的粮食、木柴等陆续运抵广州。虽然市内居民生活还有很多困难，但柴粮的供应尚能及时，柴粮价格也较为平稳，波动不大。

说到抢修桥梁，人们都不会忘记当年叶剑英市长号召迅速抢修海珠桥的往事——

位于广州市中心横跨珠江南北两岸的海珠桥，始建于1929年12月，由上海美商慎昌洋行承包，转给英国的马克敦公司承建，广州市工务局监造。历时3年2个多月，于1933年2月15日建成通车。该桥为三孔钢桁架结构，全长356.67米，主桥长182.90米。桥底三孔当中，南北两孔为固定式弓形钢桥，各长220英尺（67.1米），桥中孔长160英尺（48.8米），选用160英尺开合式钢梁，每日定时打开桥孔，以便利过往大型轮船从桥下通过。该桥面中间为车马通行，两侧为人力车及人行道。海珠桥建成后，贯通市区珠江南北两岸，方便了广大市民南北往来交通，同时也结束了珠江两岸往来只能走水路的历史。

日军占领广州期间，海珠桥曾遭受美机轰炸。虽未炸中桥梁，但桥的中孔桥梁开合机械有所损坏，桥梁开合失灵。当时日军不但不予修理，反而将桥梁开合机械拆卸，运回日本，致使中孔桥梁再也不能打开。

1949年10月，广州解放在即，国民党军队仓皇败退。为阻碍中国人民解放军的胜利进军，国民党军队炸毁了海珠桥。人们曾经记得，10月14日下午5时许，也就是南下解放大军进占广州的当天傍晚，最后一批国民党军队逃出广州之前，派遣工兵在海珠桥上安放烈性炸药。随着一声震天巨响，海珠桥断为两截，卧榻于江中……

这次人为的烈性大爆炸，在广州的历史上留下了罪恶的一页！

被炸的铁桥，只见大桥钢梁一头斜搭在桥头，一头浸泡在珠江里，江面上秃立着两个裸露的桥墩，可谓千疮百孔，伤痕累累……

除了海珠桥断毁，还造成数百名市民伤亡，百余艘民用小船被炸沉，数百间房屋被震毁，受灾的居民达3000余人。国民党反动派又欠下了广州人民一桩血债！

沟通广州市区珠江两岸通道的唯一桥梁被炸塌后，市区南北交通严重受阻，来往珠江两岸只能靠轮渡和小艇接送，这就给市区珠江两岸交通和人民生活带来了极大不便。若是晴天，景况尚好一些；而每逢风大浪急、浓雾弥天之时节，则轮渡停航，小艇抛锚，水上沉船遇溺事故时有发生。而就在这时候，一些反动分子则幸灾乐祸，热潮冷讽，甚至还四处扬言：共产党在三年之内绝不可能将海珠桥修复。

然而，首任新广州市长叶剑英却决然提出，要尽快将被国民党军队炸毁的桥梁修复，给反动分子一个有力的回击，给广州人民一个满意的答复。

1950年，叶剑英在广州

1950年初，广州市人民政府遂将修复海珠桥当作首要的建设任务来抓。在当时的条件之下，修复海珠桥并非易事，困难颇大：一是符合修桥的钢材十分匮乏；二是打捞沉江钢梁工程巨大；三是没有大型起重设备，大量的重型沉物只能依靠两艘大浮驳船和8台100吨的“千斤顶”进行作业。由于材料奇缺，设备简陋，修复工作困难重重。据当年参与修建海珠桥的人士回忆说：

修复海珠桥比建一座新桥要困难得多。在修理钢梁时，工人们要先将损毁的钢材切割掉，然后在钢梁的顶端钻上几十个洞，再用铆钉将其与新的钢梁固定好。整个工程下来，单是在钢梁上钻的孔就达几十万个之多。钢梁的种类繁多，尺寸不一，在拼配时，要将拆下来、修整过的钢梁拼接在一起，就像拼图一样，需要极大的耐心和细心……

从上述的回忆当中，我们可以看到当年修建海珠桥的困难境况。当时，有人曾建议先修一座便桥，临时使用，而叶剑英不赞成："这像什么话，既然要修就要修好。"他还明确指出，共产党没有办不到的事。尽管人民政权刚刚建立，各方面都很困难。但困难多，解决困难的办法也会更多。我们可以依靠工人，依靠技术人员，依靠人民群众，困难定能克服。

在叶剑英市长的领导下，修复海珠桥的战斗打响了。在修桥施工期间，叶剑英还亲自出面为工程施工解决各种难题。当时修桥的特殊器材比较缺乏，特别是水下切割用的炭精棒，是从香港进口的稀有器材，而帝国主义却拒绝供应，故意刁难。叶剑英闻悉后，立即打电话通知省、市各部门，派人分头

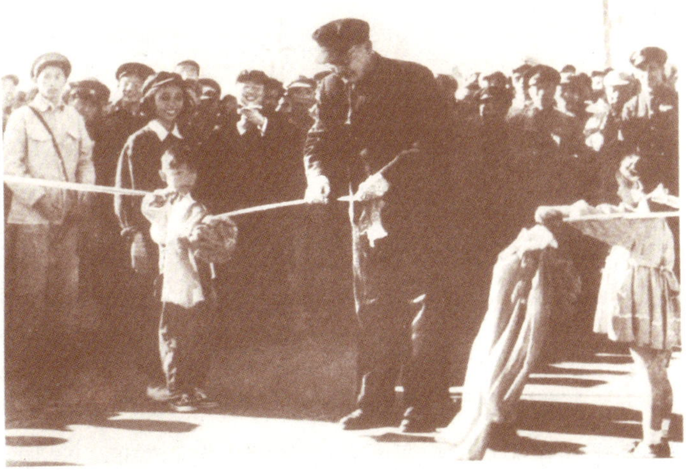

1950年11月7日，叶剑英为广州海珠桥修复通车剪彩

到各工厂、企业、仓库、商行里搜集炭精棒，支援海珠桥工地急用；还有焊补钢梁的钢料，国内供应也有困难，叶剑英亲自批准修桥工程队派人到香港买了一座旧楼房，拆掉并取出楼房内的钢柱、钢梁，将其运回广州使用；没有大型起重机，修桥工程队按照叶剑英市长的指示，发挥群众智慧，集思广益，群策群力，土法上马，利用珠江水涨潮浮力这一自然的“千斤顶”，采取“浮吊法”，硬是把断卧在江中的粗大钢梁起出水面。修桥工人和技术人员披星戴月、日夜奋战、不畏艰苦、忘我劳动，终于克服了重重困难，将海珠桥修复起来了。

从1950年7月修桥施工队入场施工算起，到同年11月7日胜利通车，仅用了110多天就竣工了。反动分子曾扬言共产党人三年之内不可能办到的事，仅在广州解放一年之后，人民政府就将海珠桥修复通车了。

一座新的海珠桥，又傲然飞架于珠江两岸！

1950年11月7日，也就是苏联十月革命胜利33周年纪念日。这一天，风和日丽，晴空万里。在海珠桥两岸的桥头和桥面上，彩旗招展，鼓乐喧天。广州市人民政府正在海珠桥北岸桥头举行隆重的通车典礼仪式。广州市长叶剑英亲临通车仪式现场，发表了热情洋溢的讲话，并亲自向承建海珠桥工程的铁道部桥梁队的英雄们颁授奖旗。尔后，叶剑英又在喧天的鼓乐声中为海珠桥通车剪彩。

红色的彩带剪开了！叶剑英坐上小轿车，带领着长龙般的车队，稳稳当当地通过了海珠桥桥面……

通车典礼的当天晚上，叶剑英还偕同其他领导人一起，在广东迎宾馆举行庆功宴会，对修桥的工人、技术人员和干部代表表示慰问，并听取了桥梁队修桥的情况汇报。参加宴会的除了华南分局和省、市有关领导，铁路分局领导以及桥梁队全体干部之外，还有修桥工人的各工班长、工班代表、先进班组代表和先进个人等共数十人。大家欢聚一堂，气氛热烈。

宴会中，为了感谢修桥工人的辛勤努力，也为了助兴，叶剑英市长还特意安排每人一杯纯正的蛇胆酒，向桥梁队全体同志祝酒慰问。参加宴会的工人同志过去从未喝过这种酒，因此，有的同志要求服务员再添这种酒。负责宴会的同志不敢做主，向叶剑英汇报请示。叶剑英听了后笑着回答，只要有就给他们喝。当时，桥梁队队长卓观培就坐在叶剑英市长的一桌，知道这件事的来龙去脉。事后，他将当时叶剑英市长所说的这些话，告知给参加宴会的工人们，大家听后都很激动。①

强者胜利了！此时此刻，人们原先存留着“共产党三年之内能否修复好海珠桥”的问号，被拉直了，变成了巨大的惊叹号！

广州海珠桥的迅速修复，雄辩地证明了共产党人治理城市的智慧与能力！

当年曾经目睹海珠桥修复通车的广州人，其情其景，仍在脑海中经常闪现。时至今日，解放之初叶剑英市长领导修复海珠桥的往事，仍然是老广州人茶余饭后的美谈佳话。

市政建设

市政建设工作，与市民的日常生活息息相关。它既是关系到市民们饮水、用电、住房、市内交通等民生大事，也是叶剑英担任广州市长期间的一项重要工作。广州解放初期，叶剑英在主持城市接管工作完成之后，立即组织人力迅速投入到广州城区的市政建设中去，竭力恢复市区的市政设施，解决与市民生活密切相关的实际问题，深受市民称颂。

广州解放前夕，国民党军队在撤退溃逃时，曾经企图对广州城市实行大破坏，以便瘫痪广州城市的一切公用设施。但是，由于南下解放大军进军迅速，加上市区地下党组织积极发动工人、学生等行动起来，开展护厂、护校等

① 卓观培：《海珠桥修复记》，载《广州文史资料》（第49辑），广东人民出版社，1996年版。

斗争，使得当时国民党军队在溃退之前未能来得及实施其全部大爆破的计划，因而广州城市遭受的破坏不是很严重，许多重要的公共设施都能够得以保存下来。如邮政电讯可以照常营业；市内的水电设施照常使用；市内交通车辆照常行驶。但市区的海珠桥在广州解放前夕被敌人炸毁后，河南地区（珠江南岸）供电受到影响，曾一度停顿，后在全体电力工人的努力抢修之下，也很快恢复了供电。由于水电供应较为正常，许多公营工厂也大多陆续复工，恢复生产，市民们的生活也基本上恢复了正常状态。

然而，广州市的水电设施虽未遭到重大破坏，但设备陈旧，电线、水管老化，管理也不合理，亟须维修和改善。为了增加城市居民的用电量，市政府拨出资金修理抗战时期被破坏的西村电厂发电机，还拟建南石头发电所。并且组织人力检修机器，分区分期整理市内线路，改进输电系统和网络，降低成本，减少市民水电费用，减轻市民经济负担。与此同时，检查全市的水管线路，订出修理计划，分区分期修缮街道水喉及其他工程，并完成了增埗水厂冬季机械维修、水池清洗等施工。为了加强全市的用水管理，市政府有关部门还整理全市的用水户籍，做到心中有数，计划用水，以满足用水户之需要。

整顿公用事业，也是市政建设的一项重要内容。广州解放之后，广州市人民政府加强公共汽车的管理，做好车辆行驶线路的规划，添设站牌，整饰车容。在码头轮渡方面也加强了管理，对公私码头进行登记，对码头主与承租人分别订立公约进行约束，改善公用服务作风，并对过江轮渡也加强了监管，保持珠江南北两岸交通的畅通。同时，还对公用事业单位清查旧账，整顿机构，调整人事，简化各项手续，废除和改革各种不合理的制度，建立和健全各种新的规章制度，调动职工的工作积极性，提高工作效率，同时实行正确的成本核算，厉行节约，减低成本，彻底改变霸王作风与习气。此外，还贯彻公私兼顾的方针，建立企业化的经营方式，加强对企业职工的教育与管理。

解放之初，广州市的民众对医治战争创伤，积极性是很高的。他们响应广州市政府的号召，加班加点，勤奋工作，出色地完成各种抢险维修任务。首届广州市劳动模范、1956年入党的广州市公用事业局离休干部陈宜平，于2002年曾有这样一段忆述文字：

接管广州的过程惊心动魄。当时，国民党负隅顽抗，企图动用飞机轰炸，毁灭广州，广州机场陷入一片黑暗。而当时广州机场的跑道不能降喷气式战斗机，情况万分紧急。对此，时任广州市市长的叶剑英下狠命令：要求务必在24小时内将机场的供电设施修好，为跑道施工提供照明。接到命令时，我正在吃晚饭，局长找到我，说叶市长下了命令，务必在次日晚上通电。那时什么工具都没有，只好把电影院备用的发电机拿来发电照明，并用三根竹竿支成一个架子，作为电线杆用。一路看过去，路边支的都是竹竿。在我与同事们的积极抢修下，次日晚上7点，广州机场准时恢复供电，全场欢呼。叶剑英市长闻悉这一消息，非常高兴。他特地奖励我们每人一个月的津贴——4600分。因时值抗美援朝战争期间，我就把奖励的津贴捐给了抗美援朝的前方将士……

在解放初期广州市的市政建设当中，最令人难忘的，是当年叶剑英市长号召市民修建越秀山运动场的劳动场景。

据当年参加修建越秀山运动场的同志回忆：如今位于越秀山麓的运动场是在广州首任市长叶剑英号召之下修建起来的。1949年11月，新民主主义青年团广州市工作委员会为了庆祝广州解放，巩固群众的爱国热情，丰富群众的文化生活，准备组织一次大型文艺表演会，以推动群众文化事业的发展。但是，要搞大型演出，需要一个可容纳数以万计观众的演出场地。团市工委宣传部了解到越秀山有一块南北约有70多米宽，东西约有100多米长的破旧场地，其三面环山，在南、北、西三面山坡上，可以就座众多的观众，宜作大型文体表演时，便于11月下旬在那里组织大型文艺表演会。结果演出相当成功，与会观众很多，场面热闹，盛况空前。

1950年元旦，广州市政府决定在越秀山的这块旧场地上举行庆祝1950年元旦体育表演会。市长叶剑英和其他领导人均欣然出席，同广州市民一起欢度广州解放后的第一个元旦。这一天，整个会场人山人海，气氛热烈，群情激昂。场地虽然刚刚稍为平整过，但还是容纳不了到会的群众，以致在周围斜坡、山头上都站满了人。叶剑英见到此情景，又看到越秀山这块坡地位置好，是一块修建体育运动场的理想用地，就对在场的朱光副市长和青年团广州市工委负责人说："能不能组织全市青年进行义务劳动，挖土方扩建场地？市政府再拨点钱，在场地四周修建看台，这里就成为一座名副其实的体育场了！"朱光等人表示赞同。于是，在表演会发表讲话时，叶剑英就号召全市青年参加义务劳动，用自己的双手建设越秀山运动场，为广州拓辟一个供以开展体育竞技比赛和群众集会的场所。

叶剑英市长的号召，得到了全市广大青年的热烈响应。越秀山运动场修建工程开始动工后，成千上万的青年学生踊跃前来参加义务劳动。中山大学、南方大学、军大以及广州市各中学、专科学校均派人开山填土。接着，机关干部、工厂企业职工也来参加。有的还是自带工具参加挖土、运土、平整等工作。工地上，红旗招展，歌声震天，群众劳动场面热气腾腾，如火如荼。

就在运动场施工期间，叶剑英市长也经常放下繁忙的公务，亲临工地视察，了解工地施工情况，协调和解决施工中出现的各种困难。

当年修建越秀山运动场，时值春季，寒风凛冽，春雨绵绵。青年们穿着雨衣劳动，挑着泥沙在烂泥中来往行走，十分吃力，也有诸多不便。虽然大家干劲冲天，情绪高涨，不被困难所压倒，但是靠人工在冷雨中挖土、运土、填土，工效甚低，施工进度很慢。叶剑英听了施工现场指挥人员的汇报之后，第二天，他根据运动场施工的需要，调来了华南军区机械筑路队来支援，帮助运动场施工。这样，机械化的工具，使挖土、推土、填土的速度大大加快。在场参加劳动的青年学生看到部队赶来帮忙，深受鼓舞，干劲倍增，干得更欢了。

不久，在运动场西、北面的土坡地段，开挖出了大片石方，又硬又难挖。由于青年们的锄头发挥不了作用，十字镐也弄坏了不少，工程进展缓慢。叶剑英市长闻悉这一情况后，又派来了工程兵部队。他们熟练地使用钢钎、风镐打洞，放置炸药，爆炸石岩，又一次搬掉了石岩这一拦路虎。

在叶剑英市长的关心和支持下，1950年10月，越秀山运动场第一期工程完成，并命名为越秀山运动场。庆祝广州解放一周年的第一届市运动会，如期在越秀山运动场举行。接着，又举行了1951年元旦体育联欢大会，欢迎世界青年代表团及苏联红旗歌舞团演出。不久，第二、三期工程相继完成，终于建成了一个可容五六万人的全市最大的体育运动场所。

如今，当人们坐在越秀山运动场里，观看一场精彩的足球比赛的时候，总免不了会想起当年新广州首任市长叶剑英，也总免不了想起当年参加修建运动场义务劳动的情景……

叶剑英关心和重视体育事业、关心和重视市政建设的光辉业绩，永远铭记在广州人民心里。

人们都说，医治战争创伤，是一件十分艰难的事情。但是，功夫不负有心人，在叶剑英和他的战友们的努力工作和精心治理之下，历尽沧桑的南粤古城广州，开始露出了崭新的容颜，焕发出了勃勃生机。

恢复交通运输

交通是经济发展的基础。广州解放初期，叶剑英对广州市周边的公路、河道、铁路的交通运输极为重视，因为这对于一个拥有几百万人口的大城市来说，至关重要，忽略不得。叶剑英对此心里十分清楚。

广州解放之初，城内存粮本来就不多，柴煤燃料也十分匮乏。大批军队和接管干部云集，使得粮食、燃料的供应压力更大。新生的人民政权和留守部队曾派出征粮队，到惠州、市桥、石岐、东莞等地催征粮食，但由于沿途公路、桥梁被毁，一时难以修复，东、西、北三江，因治安不靖，航运也尚未完全畅通，这就造成广州与四乡的交通无法恢复运输。加上各地土匪活动嚣张，匪患猖獗，政府的运粮船屡遭劫掠，各地征收的粮食运不进来，造成了广州市区粮食、燃料供应面临极大的困难，居民的生活保障受到了严重威胁。为此，叶剑英反复强调在抓紧剿匪、整治社会治安的同时，要尽快修路、修桥，尽快恢复交通运输，以确保城乡之间的物资交流。

1950年10月，叶剑英在广东省第一届人民代表大会上，就提出要大力恢复和发展交通运输业，“要使水陆、城乡内外之间的交通运输，恢复正常，使瘫痪的经济重新活跃”。1951年1月21日，叶剑英在广东省十一县土改会议上的讲话提纲中，也指出了恢复和发展交通运输事业的重要性：对于陆路交通工作，我们“都是用战争观点来布置的，各地必须把桥梁修筑好，把交通管制起来”。因为这“不单是军事上需要这样，就在经济上也需要完整的、有系统的交通”。在他主政华南期间，大力整修广州市与四乡的公路，整治河道，抢修铁路，取得了可喜的成效。

铁路是交通大动脉。叶剑英恢复铁路运输更为重视。解放广州时，由于国民党反动派的破坏，主要铁路干线粤汉铁路广东路段的滃江、曲江、新岩下等铁路桥梁均被炸毁，致使广东境内铁路支离破碎，几乎陷于瘫痪。当时，中共中央华南分局第三书记方方，曾将这一景况戏喻为“柔肠寸断”，称之为是战争留给我们的创伤惨象。

铁路不通，物资运不进来，广州几百万人口的供应就成大问题。1949年10月29日，也就是叶剑英进驻广州的第9天，就主持召开了华南分局常委会议，专门讨论铁路交通问题。会上成立了由雷铁鸣、高云波、刘传书等人组成的铁路临时管理委员会，专门负责铁路交通的有关事宜。会后，叶剑英还特地找来广州市交通管理委员会负责人雷铁鸣，反复叮嘱：要组织最大力量，尽快将铁路修通。要说“当务之急”的话，修通铁路就是“当务之急”！他还说：铁路通不了车，反动派幸灾乐祸，帝国主义者笑我们无能，这倒是小事；而我们在军事上、经济上遭受的实际损失，却是个大事。粤汉铁路这一大动脉长期不通，火车不能进省，也不能出省，人民群众也是不会满意的……

作为交通管理委员会的负责人，铁路不通，雷铁鸣心里也感到愧疚和不安。他听了叶剑英市长这番话，更是坐不住了。他深入到粤汉铁路沿线，将叶剑英的指示向铁路员工们作了传达，铁路沿线各地立即全面加快了抢修进度。铁路工人、技术人员、人民解放军铁道兵部队指战员们，更加斗志昂扬地忘我奋战，不分昼夜，积极抢修，终于在1949年底将浥江、曲江、新岩下等四座铁路桥完全修复，使粤汉铁路全线恢复了通车。

1949年12月29日，广东省人民政府在广州市白云路火车东站，隆重举行了庆祝粤汉铁路全线通车典礼大会。叶剑英身着戎装，英姿焕发，以广东省人民政府主席的身份莅会，并发表了热情洋溢的讲话。随后，叶剑英亲自为从广州至武昌的第一列北上列车剪彩。

在欢腾的鼓乐和鞭炮声中，列车从广州东站徐徐开出，载着一车欢歌，一串祝福，一片希望，一路向北呼啸奔驰而去……

眼看着渐渐隐去的列车，叶剑英心里十分激动。因为他知道，粤汉铁路的修复原计划需要半年时间，由于修路工人夜以继日、风雨无阻地连续抢修，仅用了一个多月就使这条连通我国南北的交通大动脉，又重新复活、运转畅通起来。他盛赞中国的技术人员、解放军铁道兵指战员和铁路工人通力协作，发扬了艰苦奋斗的精神，称粤汉线的提前修复和通车，“是中国人民同美帝国主义在交通战线上打了一个大胜仗”。

1950年2月16日，是广州解放后的第一个春节。这一天，广州的街巷宅院，鞭炮齐鸣，酒肉飘香，全市居民都沉浸在浓烈的节日气氛之中。许多人都在精心准备除夕团圆饭，等候全家人一起团聚，欢度春节。

俗话说：“三十夜的火，元宵夜的灯”。除夕三十之夜，广州城区家家户户红灯高挂，炉火通红。就在市民们全吃团圆饭庆祝新春佳节来临之际，广州市长叶剑英则冒着严寒，兴致勃勃地来到了广州铁路工人之间。

在广州市东山波楼里，灯火通明，一片欢声笑语，其乐融融。叶剑英正在给接管铁路部门的干部职工拜年，并参加他们举行的联欢晚会，与大家一起欢度这一不平凡的除夕之夜……

路通车通，煤足粮丰。火车汽笛响，有煤又有粮。这些话一点也不虚。解放初期，广东交通运输的迅速恢复，既缓解了广州物资供应的困难状况，又为巩固国防创造了有利条件，也为广东经济的发展打下了良好的基础。

为官一任，造福一方。看到广东城乡物资交流日趋正常，看到广州市民的生活有了初步的保障，作为地方父母官的叶剑英心情也逐渐舒展宽松起来。

十 货币争夺战

广州解放之初，一些不法商人乘着新旧政权交替之机，大搞非法金融投机买卖，操纵金融行市，广州金融市场遭受了极大冲击，就在新生的人民政权面临着又一次严重考验之际，在叶剑英市长的领导和部署下，迅即在全城掀起了一场颇具规模的争夺货币阵地的金融大战。

慎重的决策

广东由于毗邻港澳的地缘环境和其他历史原因，经济上与港澳的联系非常密切。因此，广东的货币市场情况错综复杂，斗争尖锐激烈。尤其是在广州，更是成为港币的主要流通地，成为解放之初人民政权与不法商人及敌对势力争夺货币阵地的角逐场。

在国民党统治期间，外币尤其是港币占领了整个广东市场。特别是在国民党政权崩溃前的几年，民穷财尽，国库枯竭，经济凋敝，国民党政府的货币金圆券、银元券大量贬值。人民对于国内纸币完全失去了信心，人心都趋向于相对稳定的港币。叶剑英于1949年11月20日向中央的报告中，就提到了港币在广东的流通情况："港币在广东已不仅是合法，而且是唯一的通货，流通额估计在二亿五千万至三亿之间。市场计价支付皆以港币为单位。"①由此可见，港币在广东地区市场的流通状况是极为严重的。

广州解放之初，人民政府也发行人民券在市场上流通，但是，效果很不理想。由于人民政权刚刚建立，社会秩序尚未稳定，市场上港币、美钞、银元、银元券和人民券一起流通使用，港币仍然是充斥流通市场的主要货币，市场几为港币所控制，金融秩序十分混乱。一些不法商人趁机炒卖外币，哄抬物价，囤积居奇，买空卖空，致使通货膨胀，物价飞涨。当时，广州城区钱庄林立，一大批买办豪商以广州市十三行一带为基地，大肆进行金融投机，走私贩私，炒卖金银、外汇。他们与帝国主义、资本主义买办互相勾结，兴风作浪，操纵物价，扰乱金融市场；同时，又与土匪、流氓、地痞、黑社会组织等沆瀣

① 《关于广州接收工作和治安、金融、供应等问题的报告》，1949年11月20日。

一气，朋比为奸，在十三行开设地下钱庄，并在城区街边遍设“剃刀门楣”。这“剃刀门楣”，是广州市民对街边非法兑换外币钱档的形象比喻，其意谓这些钱档无论货币卖出或换进，光顾的人都要像剃头那样“挨刮一刀”，眼睁睁地让档主从中“宰”了（赚取）一笔钱，故称为“剃刀门楣”。这种“剃刀门楣”，常常与地下钱庄遥相呼应，互相勾结，利用人民券与港币币值的变动，秘密印发行情单进行货币炒卖交易，从中盘剥，牟取暴利。他们还排斥解放区南方人民银行发行的人民券，称人民券为杂币，非法贬低人民券的信用，不依人民银行牌价进行兑换交易，故意压低人民券的币值，使广大市民群众蒙受损失。特务分子还乘机印发假人民券，以借此破坏社会秩序和经济秩序，并且四处散播谣言，蛊惑人心，造谣说解放军滥发票子，说每一团解放军配印票机一架，说支前司令部大批抛出票子抢购物资等，妄图嫁祸于人民解放军和新生的人民政权……

这一切，一方面致使人民币很难在广东流通，也很难建立起以人民币为本位币的金融体系；另一方面由于黑市泛滥，投机炒卖活动猖獗，又进一步加剧了金融市场的动荡，人民群众深受其害。

稳定的经济环境，是生产顺利恢复的重要保证。为了初步稳定金融秩序，整顿金融市场，平抑物价，维护广大民众的利益，以叶剑英为首的中共中央华南分局和广州市人民政府根据广大人民群众的要求，发动了一场规模浩大的整治金融市场、维护人民币本位币地位的“货币之战”。

这是一场复杂激烈的货币阵地争夺战，也是一场关系到巩固新生人民政权的特殊较量！

这场货币阵地的争夺战，首先就从“驱逐港币”拉开了序幕。

1949年11月20日，叶剑英对广州接管、治安、金融、供应等问题，向毛泽东作书面汇报，其中谈到广东金融问题时，认为最突出的仍是对港币政策问题。在叶剑英看来，广州刚解放，港币炒买炒卖现象猖獗，大量港币的流通严重扰乱了金融市场，给社会稳定和经济恢复带来了极大的影响，必须尽快禁用港币，让人民币占领流通市场。但是，要立即禁止港币的流通，条件尚未成熟，港币应暂时准许流通，俟准备条件成熟时再行禁绝。这里所提到的“条件尚未成熟”，就是指新生的人民政权刚刚建立，金融管理尚未走上正轨，最重要的是尚未有足够的可供兑换的人民币，也没有足够的物资储备。加上港币在华南地区流通的历史悠久，渗透面广，流通的数量大，尽管禁止港币流通是迟早的事，但要彻底根绝、肃清，还需要有一个过程。因此，叶剑英主张“暂时准许港币流通”，“俟准备成熟时再行禁绝”①。

正由于港币的处理问题比较复杂，叶剑英还专门主持召开华南分局会议进行认真的研究。会上，与会同志都一致主张要禁用港币，但是在如何禁用的办法上却看法不一，尚有争议。主要有三种意见：

第一种意见，主张马上禁用港币。持有此种意见的同志看到广州市面上港币流行，人民币流通受阻，无法占据流通市场，心情十分焦急。他们认为，这是货币阵地的争夺战，又是一个反帝国主义经济侵略的战斗，如果不迅速禁止，则人民币势难占领市场，一切都要受港币的操纵和排挤，不但财经税收受到影响，而且将来港币必然贬值，使持有港币的民众受到严重的损失。所以，禁用港币，时不我待，刻不容缓。

第二种意见，主张“限期禁止”。持此种意见的同志认为，要马上禁止港币使用是不现实的。因为新生的人民政权目前钱款不够，物资缺乏，许多必需的配合机构，如对外贸易处、银行还未真正建立起来，一切条件都还没有成熟，所以马上停止港币使用是不可能的，必须有时间去准备。但也不能“就这样让港币使用下去”，所以，必须做出严正的声明。“定期禁止港币使用”，且“定期不应过长，最长也不能超过一个月，但也不要太短，最短也要在半个月以上”，就在半个月至一个月之间的限期之内“限期禁止”。

第三种意见，坚决禁用港币。但方法和策略上主张“暂时允许港币使用，也不宣布什么时间禁止，一俟时机成熟，何时需要禁止就立即禁止，完全操控着主动权。持此种意见的同志认为，城乡关系还未搞好，相关的管理机构尚未

① 《关于广州接管工作和治安、金融、供应等问题的报告》，1949年11月20日。

建立，而且港币在华南地区的流通历史悠久，要一下子迅速禁用港币是不可能办到的事情，应有时间去做好准备工作，创造禁用港币的条件。但何时才能使条件成熟呢？这又很难有准确的预见和估计，因而宣布定期禁止港币也是不妥的。最好还是暂时允许使用，不宣布什么时候禁止，一俟时机成熟，何时需要禁止都行。这样，既主动，又灵活，而且比较稳妥。

叶剑英经过权衡利弊，思忖再三，表示赞成第三种意见。他在会上还就“如何禁用港币问题”进行了一番非常精辟的分析。他说：

> 我们要坚决禁用港币，使人民币占领市场，那是毫无疑问的，我们应该这样做。但目前我们的条件还没有成熟：（1）头寸①不够，物资准备不够，配合机构没有建立。（2）特别成问题的是，珠江三角洲我们还没有很好的控制，我们要禁止港币或禁止物资出口，那完全是不可能的。就像一个漏斗，什么东西都可以流出去。我们如果宣布什么时候禁止港币，那就马上港币、物资都向外逃。（3）你说定期禁止，但什么时候条件才能成熟，我们很难准确估计，延期是可以的，但延期不能比原定的时间长，更不能一延再延，这反使敌人窥破我们的弱点，给其更多造谣破坏的机会。（4）目前，我们许多物资要争取从香港进口，保持两者间的平静关系，不要搞得太紧张，于我们是有利的。因此，我觉得暂时准许港币流通，加紧准备条件，不定期限，条件一成熟，要禁就禁，主动权完全操在自己的手上是对的。其次，我觉得应该首先从广州的外围搞起，因为广州是敌人最后的中心据点，我们不要首先搞中心阵地，而先搞他的外围，在外围成立支行，肃清港币，外围搞好了，中心阵地就易于控制。实在说，外围搞不好，中心阵地也决难搞好，因此今天应该从广州出发，干部下乡，掌握物资，肃清港币，然后再从外围打进来，和港币作战，是一个非

① 指银行、钱庄等所拥有的款项。

常重要的事。我们不能只慷慨激昂地去做，而要操必胜的把握，所以就要小心谨慎。[①]

经过叶剑英一番深入透彻的分析之后，与会同志又进行了认真而热烈的讨论，会议最后决定采纳第三种意见所提出的办法，并在时机成熟时通过广州市军事管制委员会发出布告，实行禁用港币。

扫荡“剃刀门楣”

在确定方针之后，以叶剑英为第一书记的中共中央华南分局有计划、有步骤、有策略地打响了驱逐港币之战，决定对投机炒卖、扰乱金融的不法商人给予坚决的打击，并采取三项紧急措施：一是取缔和查封非法地下钱庄和街边钱币兑换摊档“剃刀门楣”；二是向商人进行支前借款，以紧缩银根，减少票子在社会流通中的数量；三是动员工人、学生进行广泛深入的拥护人民币、拒用港币的宣传活动，以提高人民币的信用。

解放之初，广州十三行一带是金融投机商的大本营。这里私营钱庄林立，“剃刀门楣”的外币兑换摊档随地可见，金融秘密投机交易活动盛行。说起来，这“剃刀门楣”摊档开张的家当非常简单：一张书桌大小的木桌，下面有两个抽屉，各放不同的币种，桌面上摆着一个算盘，再加上一张矮凳子，这就是当时十三行一带标准的“剃刀门楣”行头。摆卖人员坐在木桌后面的凳子上，若有人光顾，算盘哗啦一响，主客钱币交付两清，其生意就算做成了。这

① 《财经问题讨论纪要》，1949年11月15日至16日。

种黑市炒卖的恶行劣迹，广大民众深受其害。

在实施取缔和查封非法地下钱庄和街边钱币兑换摊档“剃刀门楣”之前，叶剑英要求广州市公安局组织人力，对全市的地下钱庄和“剃刀门楣”摊档进行调查摸底，在工人、学生的配合下，通过各种关系和途径，秘密弄清目标，了解全市地下钱庄和“剃刀门楣”摊档的名称、位置、街道、门牌、主管人、营业情况，收集他们炒卖外币的行情单、假票等证据。经过10多天的秘密调查，终于确定当时广州金融黑市的中心是在十三行一带，以分布于同兴路、故衣街、抗日东路、桨栏路、仁安街、光复南路等15条街道的200余家地下钱庄为主要据点，还有散布在全市各区主要街道的“剃刀门楣”摊档500余档。他们配备有秘密电台、直通电话等通讯工具，利用秘密电台及经纪200余人经营黑市投机，做货币炒卖活动，大发不义之财，造成港币黑市价格暴涨，影响甚坏。

1949年11月27日，广州市第一届各界人民代表会议召开，与会代表提出了取缔地下钱庄和“剃刀门楣”的强烈要求。为了整顿金融市场秩序，加强对银钱业的管制，稳定物价，维护广大市民的利益，人民政府对金融投机分子“言出法随”，针锋相对，决定对地下钱庄和街边钱币兑换摊档予以重拳打击。

一场卷残扫孽的金融战役正在酝酿之中……

1949年12月4日，华南分局做出决定：于12月5日下午对广州市金融投机的不法商人采取打击行动。其行动部署是：“由公安局派队，全部捕捉地下钱庄，通过法庭审判的手段，分别轻重，给予适当处罚（罚款为主）。”“由各公安分局与区公所，全部捕捉‘剃刀门楣’，依上述原则处理。”[①]就这样，一切筹划就绪，各方面都积极做好了打击行动的准备。

战争的硝烟刚刚逝去，没有硝烟的战争却又开始打响了。12月5日，在以叶剑英为主任的广州市军事管制委员会的统一领导下，以公安部门为主力，组织了解放军、公安部队以及工人纠察队、青年学生等共约2000多人，在中山纪

① 《华南分局关于请示对投机商采取行动给中央的报告》，1949年12月4日。

念堂召开秘密大会，对打击金融投机行动进行了部署。是日下午2时，在广州市公安局正、副局长的直接指挥下，各路人马2000余人分头行动，解放军、公安部队负责扫荡地下钱庄，全市各公安分局的人员、工人纠察队、青年学生负责扫荡街边非法兑换摊档，每一摊档派三人（即公安人员、工人、学生各一人），先监视其活动，听到统一抓捕的警报汽笛声响就动手。行动人员按照部署，查封地下钱庄时，将地下钱庄的经理、主管和账册、交易行情单等物件带走，财物则查存不动，留下武装人员与原店人员共同看守。至当天晚上9时，抓捕任务胜利完成，打击行动全面告捷。

这次行动，全广州市共查获地下钱庄170家，兑换钱档498档，捕获违法人员1016名（内经纪人21人）①，并缴获了不法商人黑市买卖的账册、号码簿、图章等大量的证物。被抓获的违法人员，当晚全部送入北较场第一监狱关押，以便做进一步调查处理。

金融战役，呈现威力，显见成效。执法清查队伍查封了兑换钱档的黑窝网点，沉重打击了不法投机分子炒卖外币的活动，依法惩处了一批操控外币炒卖的首恶分子，混乱的金融市场得到了初步的整治。

一石激起千重浪。广州扫荡地下钱庄和“剃刀门楣”的行动，引起了敌对分子的忌恨和恐慌，他们恼羞成怒，大放厥词，恶毒攻击新生的人民政权。当年香港的反动报纸对此事大肆渲染，鼓噪喧哗，大造骇人听闻的败坏人民政权声誉的反动舆论。他们摇唇鼓舌，曲意诽谤，编造了“叶剑英洗劫广州十三行”的“特大新闻”，借以蛊惑人心，混淆视听，引起社会混乱。

然而，民心是杆秤。广大老百姓对此交口称赞，拍手叫好。许多广州市民甚至跷起大拇指，啧啧称赞说：共产党真有办法，几千人同时行动，事先一点消息都没走漏，解决问题既迅速又干脆，真是了不起！

---

① 《穗市扫荡地下钱庄及兑换钱档（剃刀门楣）工作总结》，1949年12月。

禁用港币

为了紧缩银根，回笼货币，叶剑英还主持制定了“向商人临时借款”的政策。借款负担额的分配，坚持合理负担，钱多者多借，钱少者少借，无钱者免借的原则，规定所借款项数额“各行业不能平均分配，应按行业大小好坏及性质的不同而有所区别”。即只向商户借，工业户不借；赢利多者多借，赢利少者少借；投机性商业多借，必需品商业少借。负担方法是先分派各公会，再由各公会评议各商店负担。各行业平均借款的比例，只限于10%，但有些行业可超过10%，有些行业可少于10%。支前借款的政策和原则制定之后，有关部门迅即贯彻实施，其具体做法是：先由全市行商推出总评议委员会，按照行业性质分摊借款数额，再由各行业民主评议，将各行业分摊的借款数额具体分摊到各商家。经批准后，由广州市工商局发出通知书，限期到银行交款。

也就在扫荡地下钱庄和“剃刀门楣”行动的同一天（12月5日），广州市人民政府召开全市143个行业的商人和商会代表会议，动员支前借款。会上，向商人提出借人民币150万元的任务，并讲明借款是因为政府要支援前线，税收不足，开支大，散兵游勇要安置，大部旧职员还要维持生活，财政困难。同时保证借钱还钱，有借有还。政府还明确表示，这次政府向各行业商人借款，是一个爱国行动的号召，希望各商家借这一机会多贡献点力量。因此，借款一事进展还算顺利。尽管有的大商人态度消极、多方逃避，甚至有个别商人还大发雷霆，出言不逊，但中小商人还是响应人民政府的号召，表现积极、踊跃配合。还有一些从事金银业的商人，以人民政府公布金银管制办法为由宣布停业，不交所应承担的借款，造成交款数额未能达到原定的借款额，最后，政府总共才借到74万余元。尽管如此，在政府财政拮据、金融秩序混乱的情况之下，能够向商人借到这些钱款，已经是不小的胜利。它既缓解了新生人民政权资金短缺的困难，又为缩紧银根、稳定物价进一步创造了条件。从1950年2月13日至3月7日，广州市人民政府分三期将上述借款全部清还。人民政府兑现承诺、说到做到的实际行动，令原来对人民政府不太信任的商人深受教育，看到了人民政府的信誉，从而逐渐消除了对人民政府的疑虑和不信任。

从12月6日起，在以叶剑英为市长的广州市人民政府的组织下，全市学生、工人2万余人开展了声势浩大的拥护人民币、拒用港币的宣传活动。他们采用了花车巡游、扭秧歌、街头演说等形式，揭露地下钱庄、“剃刀门楣”的违法害民恶行劣迹，盛赞人民政府严厉打击金融投机分子和不法商人的整治行动，宣传使用人民币利国利民的好处，号召广大市民积极行动起来，遵守人民政府颁布的法令法规，自觉地抵制帝国主义的经济侵略，不用外币，拒用港币，使用人民币，以保证经济环境的稳定，促进生产的恢复和发展。在开展宣传期间，广州市人民政府还组织专门抽检商人账目的人员，查检商人是否以人民币为本币计算记账，如发现有用外币记账者，即进行教育，要其立即承认错误，保证改正；若有重犯，一经发现，必将重罚。

叶剑英亲自部署的这一场广州市“金融战役”，计划周详，组织严密，指挥有方，行动迅速，取得了显著效果。“人民币于宣布行动后半小时即上涨。第二天黑市与牌价看齐，全市人民欢腾”。[①]经过了这一次的大扫荡行动，使非法炒卖外币之风得到了遏制，混乱的金融市场得到了初步整治，人民币本币地位也得到了巩固，甚得民心，博得了全市称赞。

1950年2月1日，叶剑英主持召开华南分局有关部门负责人会议，讨论“禁用港币、调整牌价”的问题。会议认为，经过打击地下钱庄、取缔黑市后，市场已日趋走上正轨；金融机构也已经建立并开展了相当时间的工作；平抑物价的物资也已有了准备；税收工作已经开始进行，人民币大批回笼；交通恢复，物资交流顺畅；金融物价相当稳定等。这些都说明当前已经具备禁用港币的条

① 《广州市人民政府对金融斗争的总结报告》，1949年12月25日。

件。因此，会议提出可以公开宣布禁用港币。叶剑英在会上做总结时指出：禁用港币，“这在人民生活上是一大变革，要布置扩大宣传解释，政府方面要开会与民主人士协商，正式通过，各机关团体开会宣布传达，将政策贯彻到下面去”“在物价上我们要尽量减少跳动，以免太刺激老百姓”。[①] 会上，叶剑英还要求对宣布禁用港币这一事情必须慎重，要等准备工作成熟了才能宣布实行。既然现在已经具备了条件，就决定于1950年2月3日“用军管会名义引用中央指示”，公开宣布“禁止使用港币”。

2月3日，广州市军事管制委员会以主任叶剑英、副主任赖传珠联名发出布告（金字第二号），明令宣布：从布告发布之日起，限7天之内禁绝港币在广州市内流通使用。布告指出：“查港币在本市流通，严重损害我国主权，破坏人民经济生活。本市解放后，本应即时禁止其流通使用，但以其在国民党统治期间，流通甚广，兑换为人民币尚需时日，为照顾市场交易起见，暂准其按人民银行牌价使用。现我华南金融贸易已经次第建立，禁用条件业已成熟……特明令宣布，自即日起，禁止港币及一切外币在辖区内市场流通使用及私相买卖。但为照顾人民利益，准予向中国人民银行各分支行兑换人民币使用，至2月10日后如仍有使用或私相买卖外币者，一律以破坏金融论处。”[②]

就在广州市军管会限期禁绝港币流通使用期间，为了配合市军管会禁止港币流通法令，中国人民银行广州分行除了敞开大门，欢迎广大市民上门兑换港币或做外币存款之外，还派出流动兑换卡车，巡游于广州大街小巷，以方便市民兑换港币和进行禁用港币的宣传，加大了回收港币的行动力度。

据当年的统计，自广州市军事管制委员会发出布告之日（2月3日）起，至明令禁绝港币流通使用之日（2月10日）止，这一段时间内，全市“一共兑换港币9502977.29元，其中原币存款6813651.39元，兑换2689165.50元”。[③]从此，港币从广州市的流通市场退出，人民币很快地占领了市场。到1950年底，广州市人民

① 《关于“禁用港币调整牌价”会议记录》，1950年2月1日。
② 《广州市军事管制委员会布告》（金字第二号），1950年2月3日。
③ 《禁止港币流通工作初步总结》，1950年。

政府根据中央的统一规划和部署，建立起新的货币制度，全市金融形势大为好转，金融秩序井然，币值稳定，物价回落。

叶剑英在广州领导的这场金融斗争，是当时全国金融斗争的重要组成部分。它的胜利，是解放初期中国共产党在经济战线上的第一个重大胜利。它稳定了金融市场，稳定了物价，为顺利实现以城市领导农村的革命重心的转变，提供了良好的经济环境。它用看得见的事实，雄辩地证明了共产党人治国理政的能力，提高了共产党的威望，扩大了共产党的影响，也赢得了人民群众对新生人民政权的信赖和支持。毛泽东曾称赞新中国经济战线上的这一胜利，其意义不下于“淮海战役”。

十一 利剑出鞘

广州解放之初，治安未靖，社会不宁，是严重困扰和威胁新生人民政权的突出问题之一。广州是国民党反动政府从大陆最后撤离的一个大城市，他们在军队撤退时有计划地潜伏了一批匪特分子。由于新生的人民政权刚刚成立，社会尚处于新旧政权交替的特殊时期，社会动荡，局势混乱，以致潜伏下来的敌特、反动党团分子、旧社会的残渣余孽，都较深地沉淀下来，因而广州城内藏污纳垢，三教九流，鱼龙混杂。这些被潜伏下来的匪特分子，为了夺回其失去的天堂，继续与人民为敌，负隅顽抗，垂死挣扎，进行公开或秘密的破坏活动。他们或策动土匪小偷抢劫盗窃，寻衅滋事；或串通流氓地痞包设烟赌，欺行霸市；或制造假钞扰乱金融，暗中破坏；或冒充中国人民解放军机关团体人员肆意敲诈勒索，破坏人民军队的信誉；甚至肆无忌惮地枪击中国人民解放军哨兵，暗杀共产党干部，谋炸城区水电及重要工厂设施等等，真可谓无恶不作，恶行罄竹难书。

重拳出击

当年，叶剑英在向毛泽东的报告中，就曾提到："广州治安，由于敌人早就准备撤退，事先有计划地招抚千余流氓土匪，鼓动散兵游勇，准备在真空期内，糜烂广州。"[①]因解放大军进军神速，"广州真空时间，只隔四小时"，敌人在短促的时间内来不及大动作，除破坏横跨珠江两岸的海珠桥、天河机场和石井兵工厂少数仓库外，其他各公用事业和公营企业的设备、物资，大部分保留下来。但是，国民党是有计划地溃逃，潜伏了大批特务和招抚了众多匪徒，故人民解放军进城之后，面临的治安问题非常严重，如特务、土匪的活动，多集中于由西关经上下九甫、西濠口、长堤至海珠桥一带，尤以一德路、长寿路、太平南、龙津西、黄沙车站、上下九甫最严重。因特务多搞破坏、谋杀，制造混乱，给新生的人民政权带来了严重的威胁；而土匪则多为抢劫，盗掠钱财货物，街区商家和居民深受其害。加上广州警备部队仅有一个师，不仅兵力不足，而且部队指战员多是外省人，初来乍到，情况不熟，语言不通，与基层民众联系较为困难，这也造成了打击犯罪分子的障碍。于是，广州市区的治安曾一度控制不住，抢、偷、赌、谣言散播等时有发生。

叶剑英进驻广州仅20天时间，就已明显感觉到治安问题是广州解放之初最突出的问题之一。1949年11月10日，叶剑英在中共中央华南分局常委会议上的发言中曾经这样说："进城以后，摆在我们面前的有三个问题：一是治安问题；二是组织生产问题；三是发动群众的问题。现在最突出的是治安问题。根据大家的反映，这个问题不解决，我们的许多工作都无法前进。所以我们要集

---

① 叶剑英：《关于广东解放初期社会情况向毛主席的报告》，1950年1月21日。

中力量迅速地来解决这个问题。”在这一发言中，叶剑英将“治安问题”置于广州解放之初所遇到的三大最突出问题之首，可见，当时广州的治安形势是非常严峻的。

时隔10天以后（即11月20日），叶剑英在《关于广州接收工作等向毛主席并华中局的报告》中，也将“治安问题”列于“广州最突出与最表面化的问题”的几个问题之首。他在该《报告》中说：

> 广东历来即多土匪、流氓、捞家[①]。解放以后，一方面因为敌人有计划的布置，另一方面因为我们的工作还未走上正轨，外来部队对情况、地理、语言均不谙熟，旧警察多已停止职务，故土匪、扒手、特务活动甚为猖獗，公开聚赌，市面抢劫盗窃案多者每天数十起。粤汉、广九铁路都受过袭击，尤以内河航线受威胁最甚……

从叶剑英上述报告中所说的“市面抢劫盗窃案多者每天数十起”的犯罪率，广州解放之初治安问题的严峻性，可想而知。

发动群众、依靠群众，是中国共产党一贯的工作作风。在整肃社会治安的问题上，叶剑英也强调发动群众，依靠群众的力量来应对。他认为：“要搞好治安问题，首先要掀起一个群众运动。”他同华南分局和广州市其他领导人一起，先后分头召开工人、学生、教师、工商业界代表座谈会，讲解党的城市政策，发动群众协助人民政府搞好社会治安。

1949年11月10日，叶剑英主持召开中共中央华南分局会议，讨论广州市治安问题，并提出了治理治安的可行措施。在会上，叶剑英说：“要搞好治安问题，首先要掀起一个群众运动，请大家考虑是否可以在最近由市委领导召集一个临时的各界人民代表会议，由我们提出一个治安计划方案，征求他们的意见，发动人民来搞这件事。仅仅停留在公家人的圈子里头，工作是无法搞好

① 广州方言，指不择手段捞钱的人。

的。”叶剑英还介绍了接管北平时开展治安工作的经验“北平经验，市一级干部深入到区，区干部深入到街，颇能加强下层工作，可参考。”会议一致同意叶剑英关于在近期召开广州市各界人民代表会议的建议。

1949年11月27日，即广州解放仅有45天，叶剑英主持召开了广州市第一届各界人民代表会议。到会代表包括各民主党派、工人、学生、郊区农民、人民解放军，以及文化界、教育界、工商界、宗教界等方面的代表。叶剑英在会议开幕词中说：“国民党的反动武装，在广东地区的绝大部分已被我们彻底打垮了，百余年来帝国主义与封建地主、官僚资本家互相勾结、互相依存的罪恶统治，被我们推翻了。但是，他们并没有就此放下屠刀，就此回心向善，他们仍在我们背后，在地下、在各个黑暗角落，对我们进行各种破坏。”“我们的会议就是要求大家同心协力，争取尽可能迅速地肃清他们。”这次会议共开了5天，至12月1日结束。叶剑英在会议的闭幕词中满怀信心地说：至于治安问题，我们一定负责把广州的匪特肃清，巩固广州的治安……对于潜伏在这里的匪特，要像理发一样采取“推、剪、刮”三个步骤，把他们剃光。

会后，以叶剑英为主任的广州市军事管制委员会采取“便衣侦察，化装捕捉，武装巡逻，商人自卫，沿江封锁，水陆联防”等措施，开展声势浩大的整治社会治安行动，同时也开展了以下有针对性的工作：

一是充分发动群众，群防群治。在叶剑英的重视之下，广州市人民政府组织市民纠察队5200多人，市总工会组织工人纠察队1500多人，共青团广州市工委组织学生纠察队250余人，密切配合广州市警备司令部和公安机关一起行动。同时，动员和抽调各机关干部到区、街道去，到工厂、学校去，深入基层，了解情况，密切联系群众，并发动积极分子组织情报小组，协助了解情况，建立街坊治安小组，从各个方面协助人民政府肃清匪特，如报告匪情，检举匪特，瓦解匪众，对匪特的亲属进行规劝，争取其子弟亲友改邪归正，立功自新。

二是以军事与政治相结合，加强城区面上的警戒巡逻，对公开抢劫的盗匪、武装特务予以严厉打击。同时，召开政治攻势，宣传“首恶必办，胁从不问，立功受奖”的政策，对于那些作恶多端、死不悔改的首恶分子予以坚决的镇压，而对于那些胁从者则予以自新机会，对于立功的自新分子则予以宽大待遇，以瓦解匪众，孤立首恶，挽救失足者。

三是收容散兵游勇，收缴非法枪支武器。1949年10月26日，广州市警备司令部公布了治安条例，明确规定：“一切残余匪军、散兵游勇，特务武装，立即自动向本市公安局或就近驻军，缴械投诚，本军当即宽大处理。倘有潜伏不报，滋扰生事者，定予严惩。”至同年11月25日，短短的一个月时间，仅广州市公安局就收容了8000多名散兵游勇，其中送市警备司令部处理者6000多人，送医院疗治者2000多人，收缴或代管枪支1500余支，极大地消弭了治安隐患。

四是加强户口管理，严格检查码头、车站、饭馆、茶楼、旅馆、客艇、妓馆和各种娱乐场所，码头、车站尤须特别注意，使匪特无法藏匿和活动。同时，管制铸造、印刷、刻字等特殊行业。

五是取消旧保甲，迅速建立城市街道基层组织，建立市民自治的基层小组组织，以控制街道，便于政府政令能以下达和贯彻到基层，做到下情上通，上情下达，管道通畅，令行禁止，促进政府各项工作的顺利开展。

以上措施实行后，广州市的治安状况有了明显的好转。

为了解决维护社会治安警备兵力不足的问题，叶剑英还提出：“再把兵力铺铺看，对车站的警备要加强。”倘若警备兵力不够，可以“调曾天节的团入城，我们派政委、派干部进去，让曾（天节）当公安总队长兼公安局副局长”；“要广泛吸收对治安工作有经验的人参加治安会议，或给以正式工作，如莫雄、陆满等人都可吸收……”①

上述应对措施是十分正确的。像莫雄这样曾经帮助过共产党，为共产党做过好事，且对搞好社会治安颇有经验的旧人员，在解放初期有人还不敢让他参加工作。但是，叶剑英却用其所长，让他为社会、为人民做贡献。后来，在剿匪斗争中，叶剑英鉴于北江地区匪患严重，又提议莫雄担任北江治安委员会

① 《华南分局常委关于广州治安及治理治安措施的会议纪要》，1949年11月10日。

主任委员。莫雄到任后，四处张贴以他的名义发布的招抚土匪的布告。同时，配合解放军部队加紧对土匪的包围、清剿。那些土匪大多都是认识莫雄的，见了布告，又看到解放军的包围圈越来越小，知道大势已去，回天乏力，颓局难挽，纷纷缴械投降。少数负隅顽抗、拒不投降的，便被解放军剿匪部队消灭。就这样，前后不到一年时间，整个北江地区基本上肃清了反动武装及匪患。对于此事，莫雄自己也有过这样的回忆：

> 1949年11月，中共中央华南分局正式任命我为北江治安委员会（主任）委员，黄桐华、何俊才、林名勋等同志都是这个委员会的委员。粤赣湘边区总指挥尹林平同志派了一排解放军战士护送我到北江。成立“治委会”后，剿匪工作马上开始，四处张贴了以我名义招抚北江各处土匪的布告，并派了通讯员持这些布告上山通知土匪要审时度势，相信共产党的招抚政策，接受解放军的招抚。当时在北江的解放军也将各处土匪包围了。这些土匪，多是国民党溃逃时留下的残余武装，多数匪首认识我，他们见是以我名义出的布告，更兼见大势已去，慑于我中国人民解放军的威名，绝大部分土匪都下山投降了。拒不投降的，悉数被解放军消灭……①

通过上述有力措施，经过一番努力，广州的社会治安有了根本性的好转。盗匪、抢劫团伙的猖狂活动和嚣张气焰被压了下去，现行的破坏案件大为下降。社会秩序日趋安定，广大市民拍手称快。

① 莫雄（口述）/莫栋梁（记录）：《莫雄回忆录》，广东人民出版社，1991年版，第142—143页。

清匪肃特

在新中国刚刚建立之际，国民党反动派不断派遣飞机对沿海重要城市进行轰炸，企图破坏新中国的经济建设，阻碍中国人民解放军解放沿海岛屿的进程，以达到他们龟缩台湾苟延残喘的目的。广州就是他们轰炸的目标之一。1949年12月，国民党的飞机猖狂窜入广州上空袭扰、撒传单、侦察、扫射、狂轰滥炸，造成了广州市区楼房倒塌，房舍焚毁，市民被炸死炸伤者无数，生命财产损失巨大。据统计，至1950年3月，前后几个月里国民党的飞机空袭广州就达80多次，每批次两三架到10多架不等。这些飞机多梯次轮番进入广州市区，对天河、西村、中山纪念堂、五仙门发电厂等重要目标，进行侦察、扫射、投弹。特别是在3月3日这一天，国民党飞机针对西村自来水厂、电厂、黄沙车站、码头等地进行了疯狂的大轰炸，飞机上的偏斜弹投向了丛桂路、龙津西路一带居民区，炸死炸伤市民600多人，还有几百条小艇和大量房屋被炸毁，酿成了广州“三·三”大轰炸血案，房坍人亡，触目惊心，令人发指。

“三·三”血案，不仅使广州人民蒙受了巨大的生命财产损失，而且也使广州人民的生活和心理情绪受到极大的影响。人们在愤怒声讨国民党反动派的飞机轰炸所犯下的滔天罪行之外，也十分憎恨那些潜伏下来的敌特分子为国民党飞机指引目标的卑劣行径。在国民党飞机袭扰的日子里，特别是在夜幕降临的黑夜，每有敌机临空，隐藏在广州城区内的敌特分子就四处出动，发信号弹、或放烟花火箭，给飞机指引地上目标。有的匪特分子还乘隙向巡逻的解放军战士打黑枪，有时是机枪扫射进行骚扰，其活动十分猖獗。他们到处散布“反攻大陆”的言论，蛊惑民心，制造混乱，甚至公开叫嚣“大天下是共产党的，小天下是我们的”，反动气焰极为嚣张……

"三·三"大轰炸后，叶剑英立即在广州市人民政府召集广州市党、政、军负责同志开会，布置抢修、抢救和各种应急措施，要求部队加强对空监视，加强防空预警，并动员全市人民积极行动起来，团结一致，投入反轰炸、反封锁、反匪特的斗争中去。

为了应对国民党飞机的袭扰，在叶剑英的重视之下，广州市军管会成立了防空委员会和广州市防空司令部，并从第四野战军调来高炮三团进入市区进行反敌空袭。当时，防空设备和武器较为简陋，防空压力比较大。防空司令部值班人员，要面对19部电话和一幅大的广州市远郊县图，每日坐班10多个小时。由于设备落后，全市就靠防空哨、电话传报空袭警讯。广东军区和广州警备部队在广州市区组建了对空监视哨，加强广州地区的对空监视系统。市区远郊的防空哨设在从化，一旦"从化闻机声"，就要马上用电话通知广州市区爱群大厦的值班人员，拉响警报，以便广大市民迅速转移躲避。由于高炮部队的进入和加强了防空监视，较大程度上减少了敌机轰炸所造成的伤亡和损失。

败退台湾的国民党蒋介石集团不甘心失败，除了派遣飞机对广州进行狂轰滥炸之外，还不断派遣特务潜入大陆，进行爆炸、袭击等阴谋破坏活动，并采取各种极其卑劣的手段谋杀新中国党政军领导干部。当时，中南军政委员会副主席、华南分局第一书记、广东省人民政府主席兼广州市市长、广东军区司令员兼政治委员的叶剑英，就曾被特务列为重点谋杀的主要对象之一。我们可以看看下面敌特分子的一些罪恶记录：

1950年5月31日晚，位于中华北路的广州市军事管制委员会（今解放北路迎宾馆）里，叶剑英与华南分局、广东军区的其他负责同志正在出席欢迎第四野战军第四十、四十三军解放海南岛凯旋的宴会。突然，院子里响起"轰"的一声猛烈爆炸声，庆功宴会顿时被迫打断。经查明，原来是国民党潜伏特务从围墙外将一枚自制的罐头炸弹扔进院子里爆炸了；

6月20日晚，特务分子又故伎重演，在广东省人民政府围墙内引爆了一个自制罐头炸弹；

还有一次，叶剑英只带一名司机和一名警卫员外出开会，驱车返回东山住所。当车子行至农林路的一个岔道口时，遭到前面一辆卡车上的特务分子开枪射击。由于司机机智躲避，警卫员反应敏捷，及时开枪还击，特务分子仓皇地转向岔路口加速逃跑了。叶剑英虽然安然无恙，但座车被特务击中，有惊无险……

事后，叶剑英若无其事，谈笑风生。他指着车上的弹洞风趣地说："大家看嘛，就凭这枪法，还想杀我呢！应该通知他们（毛人凤），下次派特务来行刺，要带上一门美式榴弹炮才行。"

然而，这次发生在广州的特务策划的刺杀事件，却惊动了中共中央最高领导层。当时远在北京的毛泽东闻悉此消息，立即致电叶剑英：要注意安全，不要在公开场合露面……

面对国民党特务的阴谋行刺，叶剑英毫无畏惧，泰然处之，仍然一如既往、积极努力开展工作。他深信，邪不压正，人民的力量是无敌的，敌人的一切阴谋必定要失败。他更加坚定地领导人民群众开展肃特清匪的斗争。

饱受土匪和敌特分子之害的广州人民，翘首以待，也热切期盼新生的人民政权和人民解放军能够早日对敌特分子予以应有的惩罚。

一次刺杀行动失手后，国民党特务又策划着新的谋杀阴谋。

时隔不久，广州市公安部门获悉国民党特务当局在香港成立行动小组，训练特务，伺机潜入广州刺杀叶剑英的情报，立即向华南分局和党中央作了汇报。

面对着盗风炽盛，抢掠猖獗，敌对分子反动气焰嚣张的局面，叶剑英明确提出把"剿匪肃特，巩固治安"作为主要工作之一。他在抓好城市接管工作的基础上，一方面布置军队加紧剿匪，一方面则积极发动和组织群众，集中精力抓社会治安的整治工作。特别是下大力气，挖掘深藏在黑暗角落中的潜伏特务分子，为新生的人民政权解除肌体中的毒瘤隐患。

人民政权指向匪特分子的利剑出鞘了！一场大张旗鼓的"肃清匪特，巩固治安"的行动，在广州城区迅速展开——

上述两起爆炸案和一次刺杀事件，一而再、再而三的接连发生后，立即引起了叶剑英的高度重视。他要求广州市公安部门立即组织力量广泛侦查，迅速破案。经过一番细致的调查摸底，终于发现了匪特的踪迹，证实两起爆炸案件都是台湾特务机关潜伏在广州的特务组织“华南办事处”杨山站第四组组长兼“广东三角洲反共救国军自卫军第九独立大队”上校队长陈正（化名戴天仇）一伙干的。6月23日，广州市公安局一举破获了这一特务组织，抓捕了主犯陈正、队副吴棠（又名吴福荫）等匪特分子23名，缴获电台1部，长短枪和自制炸弹一批。后陈正、吴棠、冯启凌等首恶分子受到了严惩。

针对国民党飞机轰炸广州期间特务制造的爆炸、刺杀事件的嚣张活动，叶剑英指示广州市公安部门和驻穗警备部队，加强侦缉，严密布控，全力深挖和打击暗藏潜伏的敌特分子。经过公安、警备部队和广大人民群众的共同努力，仅在两个月内，全市就破获特务破坏案件97起，挖出暗藏潜伏的特务189人。广州的清匪肃特工作取得了明显成效。

荡污涤垢

广州地处祖国南大门，毗邻港澳，解放时间又晚，故社会情况错综复杂。在国民党统治时期，广州市内烟馆林立，随处可见，人民深受其害。据1949年5月统计，广州市有烟馆1300多间，故有“烟馆多过米铺”之称。赌局、赌档也遍布城区的大街小巷，妓院和各种色情场所也充斥其间。这些藏污纳垢的秽浊、肮脏场所，实际上已成为反革命分子和盗匪的藏身落脚之地，严重地影响了广州市的社会治安和社会稳定。为此，广州解放后，在叶剑英的领导下，市人民政府开展了禁毒、禁娼、禁赌等荡涤城市污泥浊水的大治理行动。

禁毒方面。广州在解放前是我国烟毒进出口的重要口岸，加之反动军阀官僚们强迫种植、包庇制造和运输贩卖，故人民受烟毒之害，至深至巨。损身废业者、倾家荡产者，不可胜数。众多烟民，不事正业，终日沉迷醉品，吞云吐雾，晨昏不分，神魂颠倒，形体枯槁，甚至道德沦丧，为吸毒而不惜倾尽家产，卖儿鬻女，进而铤而走险，或沦为盗匪，四处抢劫；或沦为娼妓，卖身为生。可见，烟毒为祸之烈，令人触目惊心！因此，新中国成立之后，党和人民政府都十分重视禁毒工作，把禁毒作为当时社会改革的一项重要内容来抓。

1950年2月24日，中央人民政府（政务院）向全国发布了《严禁鸦片毒品的通令》。《通令》规定："在军事已完全结束地区，从1950年春起应禁绝种烟；在军事尚未完全结束地区，军事一经结束，立即禁绝种烟"；"从本禁令颁布之日起，全国各地不许再有贩运制造及售卖烟土毒品情事，犯者不论何人，除没收其烟土毒品外，还须从严治罪"；"散存于民间之烟土毒品，应限期令其缴出"；"如逾期不缴出者，除查出没收外，并应按其情节轻重分别治罪"；"吸食烟毒的人限期登记，并定期戒除"。遵照中共中央和政务院的有关指示，广州市人民政府充分发动群众，在全市范围内开展了一场大规模的查禁烟毒的斗争。

1950年10月1日，广州市禁烟禁毒委员会成立，具体负责全市禁烟禁毒事宜。1951年5月，广州市人民政府连续发布《通知》和"政府令"，要求全市各单位将缴获的烟毒、烟具，"不论公私，数量多少"，均应开列清册，送交广州市禁烟禁毒委员会属下的禁烟所，以便集中当众焚毁。6月3日，广州市人民政府在越秀山体育场召开了有1万多人参加的群众大会，公开宣判一批烟毒犯，并将缴获的烟土19508两，海洛因267两，红丸80多两，罂粟壳27806两，烟灯1.3万多盏，烟枪1.25万多支，烟秤1244把等，当众焚毁。一时越秀山焚烟地，烈焰冲天，全场掌声雷动，场面甚为壮观！

"六·三"焚烟大会，人民政府的实际行动给广大市民很大的教育。广大市民进一步认识到烟毒的危害，同时也感受到人民政府禁毒的决心，更加激发起市民查禁烟毒的积极性，使全市的禁烟禁毒工作很快成为群众性运动。至1951年底，广州市已破获烟毒案3857宗，拘捕烟毒案犯2113名。

此后，广州市人民政府毫不松懈，继续乘胜追击，先后召开各种类型的大小会议，向广大市民进行宣传，提高市民的思想认识。同时，市公安部门也组织精干力量，开展多次清查行动，抓捕了一批屡教不改的主犯、惯犯、大犯，并召开全市性的宣判大会，公开判处一批贩毒犯，罪大恶极的还判处死刑，从而在声势上震慑了那些制毒贩毒的毒犯，广州市制造、贩卖烟毒的活动被禁绝。至1952年底，广州市的禁烟禁毒运动基本结束。

肆虐中国百年的烟毒，在广州解放后短短的三年间，终于被中国共产党人彻底禁绝了。中国共产党人在自己执政史的开篇，就创造了禁烟禁毒的举世瞩目的奇迹，既净化了社会风气，又振奋了民族精神。

禁娼方面。娼妓制度是剥削阶级社会的产物。解放前，广州市虽然没有像其他大城市如北京、上海、天津等有公开妓院，但开设私寨和公开拉客以及变相卖淫的暗娼也不少。据统计，广州刚解放时，娼妓人数就达2万人。新中国成立后，全国都进行严令禁娼，广州市也同全国各地一样，开展了查禁卖淫嫖娼行动，明令禁止娼妓制度。

1951年，华南分局根据中央劳动就业会议精神，结合本地区的实际，明确指示：“全区各地务必在1951年内采取措施，取缔所有公开活动的娼妓，并将其统统收容集中教育改造。”遵照华南分局的指示精神，广州市开始了严禁卖淫，取缔妓院、娼妓的行动。在市区就收容妓女3000多名，其中包括珠江河的花艇、大艇上的水上妓女460多名，并对她们进行了妥善处理：对一般因生活困难，以卖身维持生活且不公开的暗娼，劝导其改邪归正从事正当职业；对于公开拉客扰乱社会治安秩序，以卖身为专门职业且屡劝不改者，依法取缔，进行收容，集中教育改造；对于那些妓院的鸨母、老板，则根据其罪行轻重，予以逮捕管制，严加惩处。

1953年1月15日，广州市成立取缔妓女改造委员会，并设立7间妇女教养所。除了将全市收容的妓女进行登记之外，还组织她们到教养所集中学习，由政府专门派人负责进行教育改造工作。经过教育和劳动改造后的妓女，有的被送回原籍，与家人团聚；有的自由恋爱，择偶结婚，重新开始新的生活；有的通过学习获得一技之能，转就新的正当职业。她们都彻底摆脱了过去的非人生活，获得了新生，成为自食其力的劳动者。

对于查处色情淫秽书刊问题，广州解放后，市政府就组织便衣队，没收广州街头售卖的淫书、淫画。1949年11、12月，广州市又曾两次组织全市性统一行动，对色情行业和场所进行大清查，扫荡淫书、淫画，没收反动色情刊物。叶剑英在华南分局常委会议上，曾介绍了接管北平期间打击贩卖色情书画的经验："对售卖淫书的，可由便衣没收，给条子，叫到公安局领钱，给回只值成本一成至二成的价钱，使他亏本不敢卖；给价太高，有利可图，他又卖了，无法禁绝。"[①]有关部门和执行人员遵照叶剑英介绍的这一办法去做，果然显见成效。售卖淫书、淫画的人，看到不仅无利可图，而且要被没收亏本，甚至还要进公安局受罚、倒贴钱，也就再也不做这蚀本生意了。这样，市面上售卖淫书、淫画的现象也就销声匿迹了。

禁赌方面。赌博是旧社会遗留下来的恶习陋俗，民众沉迷其中，深受其害。为此，在禁烟禁毒之同时，广州市人民政府也向广大市民反复宣讲赌博对身心、家庭、社会、国家的危害，大力开展捣毁赌局、没收赌具，惩戒赌徒的行动，明令严禁赌博活动，违者依法惩处。

1949年10月30日，以广州市军管会主任叶剑英、副主任赖传珠联名签署发布了《广州市军管会关于禁止赌博的布告》（安字第三号）。布告称：赌博危害极大，流毒极深，"因此而荒时废业者有之，倾家荡产者有之，偷盗抢劫者有之，更有借赌来掩护和组织特务活动，借赌抽头来支持反革命经费。此种破坏社会秩序、扰乱社会治安行为，应予严厉禁止"。如仍执迷不悟，不听劝阻，"利用一部分市民之恶习，大倡赌博，啸群聚众，街头小巷，处处设赌"，则"由警备机关与公安机关依法缉拿究办"。该布告还郑重承诺：为巩固革命秩序，维护人民利益，改正社会之不良风尚计，"言出法随，决不宽宥"。

---

① 《华南分局常委关于广州治安及治理治安措施的会议纪要》，1949年11月10日。

1950年3月，广州市公安机关在人民群众的配合下，对赌局、赌档进行了大规模的取缔行动，封闭和捣毁赌档618家，没收赌资，并拘留审查一批聚赌人员。对其为首分子予以逮捕法办，对一般沉迷赌博的参赌者，则本着“惩罚与教育相结合”的原则，按情节轻重，分别进行处理。此后，公开聚赌的活动曾一度有所收敛，但暗中聚赌仍然存在。至1953年7月2日，中共中央华南分局再发出《关于制止各地赌博现象的通报》，广州市又再次大张旗鼓地开展查禁赌博、封闭赌场的行动，查处赌博案件246宗，处理赌徒970名。经过几番反复查处，广州市公开聚赌的现象基本绝迹。这样，不仅社会不良风气得到整治，而且也消除了社会不稳定的因素。

新中国成立初期，由叶剑英领导的中共广州市委和广州市人民政府，遵照中央的部署，开展了大规模的禁毒、禁娼、禁赌斗争，受到全市各界人民群众的热烈拥护和普遍好评。这些曾在旧中国屡禁不绝、在西方国家也视为不治之症的社会顽疾，在党和人民政府的领导下，历经短短的两三年时间就被基本禁绝，这是了不起的业绩，受到世人的称颂。

十二 初绘治穗蓝图

长期以来，人们对叶剑英在军事、统战方面的巨大贡献了解甚多。其实，叶剑英能文能武，多才多艺，他在理政方面也是行家里手，颇有建树。他在出任新北平市长期间，在接管城市、治理城市、恢复和发展城市生产的过程中，就显现出非凡的智慧和才华。他在主政华南、接管广州期间，也治理有方，新招迭现，成效显著。他于1950年就以战略家的眼光，高瞻远瞩，统观全局，提出了一系列真知灼见的“治粤政略”，其中就有切合实际的治理广州、建设广州，充分发挥广州中心城市功能，以推进广东现代化进程的举措和思路，为广州后来的社会经济发展初绘了蓝图。

经营珠江三角洲

广州是祖国的南大门，毗邻港澳，依托富饶的珠江三角洲以及华南广袤的腹地，是珠江三角洲及华南地区的中心城市。根据广州市的区域地位和特点，叶剑英在主政华南期间就选择了这样的治粤方略和发展思路：立足广州，重点经营珠江三角洲经济区，面向港澳，面向海洋，面向世界，以带动和推进整个广东地区的发展。为此，解放之初，叶剑英就提出，要治理好广州，必须管控好珠江三角洲，经营好珠江三角洲。珠江三角洲管控好了，对治理广州和发展广州的经济均具有非常重要的意义。

叶剑英在主政华南、治理广州期间，之所以密切关注和重视珠江三角洲，主要基于如下几个方面的因素：

（一）为了维护广州城市社会治安的需要。叶剑英认为，珠江三角洲是"拱卫广州"的门户，有"广州南天门"之称。该地区濒临南海，毗邻港澳，而且珠江出海口岛屿众多，地形复杂。在历史上，这里是土匪活动猖獗、海盗为害甚烈的地区之一。广州刚解放时，土匪、海盗经常利用港澳之便，"潜匿逃捕，肆虐于珠江三角洲"。逃遁于香港、澳门的国民党残余势力也经常派遣特务分子，经过珠江三角洲潜入广州市区进行破坏活动，严重威胁着广州人民的安全。所以，叶剑英指出，"广州的治安，是和珠江三角洲密切联系着的"，珠江三角洲"这个地区向来是广东土匪的逃逋薮"。"因此，解决珠江三角洲的治安，是巩固广州秩序的先决条件。只有坚决肃清珠江三角洲的匪患，才能沟通东、西、北三江和珠江与广州的联系，巩固广州的治安"。

（二）为了反走私、防止广州物资流失的需要。新中国成立以前，珠江三角洲走私猖獗，内地的许多物资多从该地偷运出口。为此，在叶剑英看来，珠江三角洲如果没有管控好，许多不法分子就会通过该地区走私物资进入广州，或是从广州走私物资出去。在广州解放之初驱逐港币、禁用港币期间，叶剑英就曾经说到："珠江三角洲如果没有很好控制，我们要禁止港币或禁止物资出口，那完全是不可能的。"因为珠江三角洲就像一个大漏斗，什么东西都可以流出去。我们如果宣布什么时候禁止港币，那港币、物资就马上都向外逃。因此，叶剑英认为，要禁用港币、根绝走私物资，应从广州的外围搞起，将珠江三角洲控制好。

（三）为了利于广州经济建设发展的需要。珠江三角洲位于广州的外围，是由东江、西江、北江三江会合冲积而成的一大片平原地区。其区域范围包括广州市和南海、番禺、中山、顺德、东莞、三水、新会等几个市县。该地是广东省境内土地最为肥沃的地区之一，宜种粮食和各种经济作物，地力好，产量高，出产丰盛，是"广东的谷仓"。发展珠江三角洲的农业生产，管控好该地区的粮食和其他农副产品，就可以解决包括广州市在内的全省人民的生活问题。而且珠江三角洲也是发展多种经营、发展经济作物和土特产品理想之地，该地区的多种经营和经济作物搞好了，也可以为广州的工业生产提供原料。因此，叶剑英认为，珠江三角洲无论在当今的城市物资供应方面，还是在将来工业生产和经济发展方面，都处于一个极其重要的位置。经营好珠江三角洲，可以带动整个区域经济的发展，对广州市经济建设的发展大有裨益。所以，叶剑英要求，在接管广州工作开始的时候，就要重视它、研究它、开发它，充分发挥其作用。

上述三个因素，促使叶剑英将建设广州与经营珠江三角洲挂起钩来。在叶剑英的"治穗方略"中，就有"重点经营珠江三角洲"的重要内容，甚至将"重点经营珠江三角洲"列为治理广州、建设广州的先决条件。

早在广州解放前夕的1949年9月16日，叶剑英在赣州召开的中共中央华南分局第二次会议的报告中，就已经谈到他正在密切关注着珠江三角洲。这时候，他已经考虑到南下大军解放广州的粮食供应和军需补给的问题。他在报告中说：广东的粮食，主要产地是东江和珠江三角洲，珠江三角洲尤其是最大宗，敌人现在正从香港向该地大量搜购。这一异常的举动，不外有两种可能：

一个是想借此从粮食方面来打击我们；一个是一般商人为了赚钱而进行收购。他已注意到了珠江三角洲这些方面的动态，“已令香港筹组贸易公司，并拨出大量资金到该地收购（粮食），准备广州解放后供应广州”。①

10月14日，广州解放。29日，叶剑英主持华南分局召开珠江三角洲问题讨论会。会上讨论了“珠江三角洲的重要性与特点”等问题，他指出，位于广州外围的珠江三角洲，“无论在今天的支前工作上，或在将来工业与农业的建设中，它都处在一个极其重要的位置。它又是拱卫广州的门户，掌握了广州对外交通的脉络，所以又有‘广州南天门’之称”。鉴于该地区的重要地位，会议决定在该区组织统一领导机构，成立作战指挥部，由曾生任司令员，林平任政委，王作尧任副司令员，刘向东任副政委。同时，还成立中共珠江三角洲地委，由刘向东任书记，黄佳、林若水任副书记，以加强对珠江三角洲地区的领导。

11月1日，叶剑英在题为《广东社会情况和1950年几个重要部门的工作任务》的报告中说：“珠江三角洲是目前广东的中心地区，要搞好广东和广州的工作，必须首先搞好珠江三角洲的工作。”因此，叶剑英在该报告中提出1950年的工作：应该完成的中心任务——解放海南岛，解放全广东；应该进行的中心工作——发动群众，组织群众；应该抓紧的中心地区——珠江三角洲。

此后，随着沿海岛屿的相继解放和剿匪工作的胜利完成，珠江三角洲治安问题基本上得到了解决之后，叶剑英又考虑到如何落实经营和管控珠江三角洲的问题。为了控制华南门户，维护广州的安定环境，叶剑英认为，在珠江三角洲地区，解放了沿海岛屿，完成了剿匪工作仍然不够，还要把全部水上人家（包括疍民、渔民、船户等）发动起来，组织起来，否则，也仅是“关上大门，开了小门”，对整个治安和缉私问题，都无法做好。为此，叶剑英向毛泽东提出建议，在广东省人民政府中设立海岛管理局，专事负责沿海疍民、渔民、船户及东、西、南沙等群岛之工作，以加强对海岛的管理和建设。②

---

① 广东叶剑英研究会、中共广东省委党史研究室编：《叶剑英在广东》，中央文献出版社1996年版，第59页。

② 叶剑英：《给毛泽东的综合报告》，1950年5月22日。

与此同时，叶剑英一方面大力宣传经略珠江三角洲的重要性，另一方面想方设法采取措施进行落实。为了弄清珠江三角洲地区的实际情况，叶剑英提出先由华南分局政策研究室组织调查组，对珠江三角洲地区进行专题调查和区情摸底，做到了如指掌，心中有数，以便在此基础上拟定经营珠江三角洲的发展思路，绘制广州经济建设的发展蓝图。在新中国成立初期，由于贯彻党中央的方针政策，叶剑英提出的经营珠江三角洲的发展战略收到了明显的成效，不仅该地区的匪患较快肃清，社会秩序安定，南大门得以巩固，而且该地区的工农业生产、商业和对外贸易等都得到了很大的发展。

几度风雨，几度春秋。经过多年的努力经营，珠江三角洲终于在中国改革开放的大潮中重新焕发出了活力，放射出了异彩。如今的珠江三角洲，已经成为当今世界经济发展较快的地区之一，成为当前中国投资环境最为理想的区域，世界瞩目的投资热土。当年叶剑英对经营珠江三角洲的战略定位，已经得到了充分的显现。

实践证明，叶剑英当年所提出的“重点经营珠江三角洲”的战略方针和发展思路，是富有前瞻性的。它对于广州乃至广东的发展起着积极的促进作用，也是符合客观实际和社会经济发展需要的。

建设黄埔港

广东濒临南海，海岸线长，海疆辽阔，海岛星罗棋布，海上交通运输十分便捷。尤其是广州位于珠江三角洲中部，上承西江、北江、流溪河，东接东江，南经狮子洋、伶仃洋通南中国海，处于河海交汇处，内外交通便捷，自秦汉以来就与外国交往频繁，正因为这样有利的地理条件，造就了广州2000多年历久不衰的对外交往历史。主政华南的叶剑英根据广东、广州这一地理特点，早在新中国成立之初就提出了“面向海洋”的思想。他说：在其他省“分城市、农村两部分就够了”，“在广东就必须加上海岛”。因此，他认为，地处南海的广东，应该顾及到利用滨海的有利条件，利用和开发好海洋资源，大力发展海洋渔业生产、海外贸易和海上运输等海洋经济问题。而广州是华南地区的中心城市，在“面向海洋”的经济发展战略当中，更具有举足轻重的地位。

有话道：市因港立，港因城兴。为了发挥广东“海洋大省”的优势和作用，发展内外贸易和城乡交流，叶剑英还极力强调搞好广州黄埔港的建设，并将此作为建设新广州的一项重要举措来实施。

广州黄埔港地理环境优越，得天独厚。南方多大风，但其地周围有山，是一个可以避风的港口，这在华南地区是极为难得的。而且该港水深不冻，一万吨左右的轮船都可以停泊，四季都可以通航船运。而且，该港腹地很大，对外辐射力亦强。广州黄埔港与周邻省份各地的水陆路交通四通八达，西可抵广西、云南，东可达江西、福建、浙江，是南中国一个少有的天然良港。

关于建设黄埔港的问题，早在孙中山先生的《建国方略》中就已经被提了出来。《建国方略》的“第三计划”中，孙中山提出规划之要点，是“建设一南方大港”，并明确指出“吾人之南方大港，当然为广州”。他还对“改良广州为一世界港”作了具体描绘，详细规划了广州的港口建设，包括筑堤、整治水道、修坝等措施。“改良广州城以为世界商港”，乃《实业计划》中最诱人的蓝图。然而，由于战事频仍，政局动荡，这些蓝图在当时落为一腔夙愿，实为憾事。

在国民党统治时期，黄埔建港问题又曾被提出，并已起草了“黄埔港计划书”。但因港英政府的屡次阻挠，黄埔建港的计划未能如愿实施。仅在20世纪30年代，国民党广东省政府花了3500多万银元，建造了一个400米的码头，实际上仅完成原来计划的三十分之一。

抗战期间，广州为日军侵占，黄埔港也成为日本人用来运输军火扩大侵略的港口，同时也成为日军抢掠华南地区物资的输出港口。日军为了转运战争物资或抢运从中国劫掠来的物产资源，将黄埔港作为华南地区的重要集散地。

抗战胜利后，港口改隶国民政府交通部管辖，国民政府交通部曾在广州设立黄埔工程局，拟对黄埔港进行开发建设，但也是雷声大，雨点小，未见实际效果。宋子文来穗任职后，也曾成立黄埔星夜公司，并向民国中央银行透支港币400万元拟用于建造仓库，但因当时内战爆发，战事紧张，该工程尚未动工就已迫于流产……

广州解放后，主政华南的叶剑英在治理好广州这一中心城市的基础上，开始将精力转到市政建设和发展经济方面来。当时，百废待兴，百业待举，他深知发展经济，交通先行，于是，建设黄埔港也就成为国民经济发展的迫切要求。对此，叶剑英有着自己的想法。他认为黄埔开港，是开展对外贸易的关键。因为“黄埔建港以后，中国大陆对外的联系可以不经过香港而直接通到海外”，这就可以“冲破帝国主义的封锁，管制好我们的大门，独立自主地开展对外贸易关系”。因此，他对黄埔建港工作极为重视，于1950年8月17日主持召开华南分局常委扩大会议，专门讨论建设黄埔港问题。会上，叶剑英指出：建设广州黄埔港对于坚持反对帝国主义的斗争和开展内外贸易关系，是非常重要的。黄埔开港，在今天可以打通对外贸易关系，在明天则成为我们解决港澳问题的有利条件。对于广州城市本身的经济建设来说，“黄埔港的建立，乃是一个重要的关键”。与会专家也在会上相继发言。专家们畅所欲言，各抒己见，发言热烈，一致拥护建设黄埔港。表示黄埔港如果开港，对中国的经济影响很大，既可以争取外汇，又可以解决海港工人的失业问题。对于广州的建设与发展，也有极大的促进作用。

在专家论证提出修建意见的基础上，华南分局批准了广州黄埔港修建工程立项上马，还成立了黄埔建港管理局，专门负责黄埔港整修事宜。同时，决定首先争取1950年能够开港，3000吨的轮船可以进来，明年（1951年）再研究计划使3000吨以上的船只能够入港。8月24日，华南分局讨论并通过了黄埔建港筹备委员会及黄埔建港管理局负责人选的决定。

1951年8月17日，华南分局作出了《黄埔建港的决定》，争取在当年10月

15日开港通航，使内地目前大量粮食和土产不经香港能直接出口换取必需工业品入口，改变以往出口必经香港受制于港英政府的状况。

在此之后黄埔建港的过程中，叶剑英还多次亲自主持召开有关黄埔港建设的会议，协调各部门、各方面的关系，商讨具体可行办法，解决有关黄埔港修建过程中所遇到的实际问题。

当年担任中共中央华南分局宣传部副部长的曾彦修，曾有过这样的忆述：

> 在叶帅的心目中是不曾有过“闭关锁国”想法的，他真心实意地要搞内外交流。在主政华南期间，他在华南分局常委扩大会议上讲了要准备继续修建黄埔港，以便在珠江三角洲直接进行对外贸易。他还亲自带领有关人员乘坐小艇视察黄埔港区，并向大家介绍了黄埔建港的历史和附近水域的情况……

经过改建、扩建，1952年黄埔港开始进行营运，较好地发挥了广州海上门户的重要作用。黄埔港的整修，大大增强了广东航运方面的吞吐能力，扩大了国内外的海上往来，为广东经济的恢复、发展和外贸事业的振兴作出了贡献。

建设黄埔港，是叶剑英提出的“面向海洋”战略的一项重要内容，也是发展我国对外经贸事业的一项重要举措。这对于刚刚取得政权的中国共产党人来说，能有这样的战略眼光是难能可贵的。时隔半个多世纪之后，“面向海洋”，利用海洋，开发海洋，仍然是包括广州在内的广东不断拓展的主要生产领域之一，也是包括广州在内的广东经济发展的一个重要增长点。叶剑英当年提出的“面向海洋”的发展广东经济新思路，至今仍激励着广东人民向海洋进军，大力发展海洋经济，为建设“海上广东”而不懈努力。

“墟镇理论”效应

中共七届二中全会以后，党的工作重心开始从农村转向城市，城市工作的地位与作用迅即凸显了出来。作为共产党人当中较早进驻城市、接管城市的叶剑英，对于城市工作的地位和作用更有深刻的认识。他强调在新中国成立初期，城市工作应当摆在党的中心工作的地位，提出城市工作需要建立一个领导体系。以广东来说，叶剑英认为“广州是头，脚在乡村”，要发挥广州大城市的龙头作用，全省应以广州为中心，领导几个较大的城市；地委又以较大城市为中心，领导大县城；而县城则领导属下的乡镇。这样，通过大城市，推动中小城市，并通过抓墟镇，联系和领导广大的农村。

墟镇是城市与农村沟通的中转站，也是介于城市与农村之间承上启下的连结点。墟镇一方面紧贴农村，掌握农村，一方面又联络着城市。在城乡关系看来，墟镇是联结城乡的纽带，其位置极为重要。叶剑英在主政华南开展城市工作期间，根据广东墟镇众多、商业发达的客观实际，以战略的眼光将墟镇工作提高到非常重要的地位，提出了切实可行的著名的“墟镇理论”。即主张通过抓好介于城市与乡村之间的墟镇工作，让墟镇发挥“中转站”和“集散地”的作用，从而达到城市领导乡村的目的。

叶剑英认为，“墟镇是农村经济、政治、文化的集中点，是城市系统的基层组织，是商业网的底层。它把周围四面八方几十里农村所要的东西从那里买进”，将农村的农产品向墟镇集中，又将城市的工业品由墟镇来消散，就形同于头发集中起来的辫子，就等于掌握了墟镇周围的农村。当年，叶剑英就是通过抓住了墟镇这“集拢了头发的辫子”，来管束和带动农村这“飘散的头发”，实现了城市领导农村，密切了城乡互助和物资交流，巩固了工农联盟，也带动和促进了墟镇周边农村社会经济的发展。“辫子”一动，万“发”俱动。

墟镇与农村的关系，转换成了“辫子”与“头发”的关系。叶剑英的这一形象而贴切的比喻，将墟镇与农村彼此双方颇为深奥的内在联系，作了深入浅白的解读，使人们茅塞顿开，深受启迪，教益深刻。

半个多世纪过去了，包括广州人在内的粤籍人士，至今还能津津乐道当年叶剑英所提出的“墟镇理论”，仍在将叶剑英有关“头发与辫子”的有趣比喻，作为茶余饭后的美谈佳话。

然而，作为华南中心城市的广州，自身的发展又该向何处去？解放以前，广州的消费城市色彩很浓，灯红酒绿，醉生梦死。加上历来为中国对外贸易的口岸，日常生活用品大多依赖进口，市场上流行的多是洋火、洋车、洋油、洋布等舶来品。广州原来的工业基础相当薄弱，多是一些设备简陋的轻工产业，城市生产和经济建设能力甚差，到1949年，全市有工厂3143家，但规模都较小，拥有100名以上工人的工厂只有74家，工业总产值仅有23940万元（按1952年不变价）。广州解放后，叶剑英在主持接管城市的同时，关注民生，迅速恢复生产和发展经济，力促广州由消费城市向生产城市转变。叶剑英曾经说过：城市市政工作的基本任务，是发展生产，也就是把一个消费的城市改变为生产的城市。发展生产，不是一句空话，需要各方面的工作切实配合。1949年9月，叶剑英在江西赣州主持召开的华南分局扩大会议上，就提到了进入城市后要抓住的重点工作就是发展生产。他说：“我们一进入城市，便要紧紧抓住城市的生产建设工作。因为这是城市的中心工作，不能放弃了这一项工作，而去忙于其他工作。相反的，其他一切工作都是要为了达到恢复与发展生产的目的。”

如何促使广州从消费城市变成生产城市？叶剑英在抓紧恢复城市生产的同时，强调要重视墟镇工作，发挥介于城市与农村之间的墟镇作用。因为广州城市要发展工业生产，就要有工业生产原料，而大量的工业生产原料则分布于广大的农村，于是要通过墟镇将这些分散的生产原料收购并集聚起来，然后送往广州城市各工厂企业。同样，广州城市工厂企业生产出来的各种工业产品，要销售往农村这一庞大的市场，也要仰赖墟镇来进行推销。这种“农产品向那里集，工业品由那里散”的墟镇功能，在城乡物资交流当中作用明显。只有通过墟镇的集散、中转、吞吐等功能，才能更有效地沟通城乡物资交流，密切城乡互助关系，繁荣城乡社会经济。

实践证明，时至今日，叶剑英当年所提出的墟镇建设理论与思想仍未过时。在中国已经进入改革开放的今天，小城镇建设在区域社会经济发展中仍然显示出其不可替代的作用。非常明显，积极发展小城镇的路子是符合中国国情的，也是切实可行的。它是加速中国农村工业化、城市化进程的重要途径，也是走中国特色的农村城市化道路、消灭城乡差别的最佳选择。

从叶剑英的“治穗方略”中，人们都深为佩服他的前瞻意识和创新思维。在广州解放之初，当共产党人刚从农村进驻城市，对城市工作和经济建设还感到十分陌生之际，叶剑英却凭着他对广东省情、广州市情的深刻了解，凭着他的睿智和过人的洞察力，预见到了珠江三角洲得天独厚的自然条件和蕴藏的巨大潜力；并能够从小墟镇看出其大功能；还能够充分利用广州这一沿江滨海城市的优势，力倡修建广州黄埔港，大力发展海外贸易和海洋经济，为广州日后的城市建设和经济发展提供了可资借鉴的新的思路。这些思路和方略，即使是在几十年后的今天，仍然具有重大的指导意义。

十三 舞活『龙头』

叶剑英曾经形象地将广东省比作一条“龙”，把中心城市广州喻为“龙头”。他说：抓住了“龙头”，就可以带动“龙身”“龙尾”。“龙头”活，全身皆活。因此，他致力于抓好广州城市工作，舞活了“龙头”，初步打开了广东工作的局面……

恢复城市生产

恢复和发展生产，是新中国成立初始阶段中国共产党城市工作的总方针。叶剑英一进驻广州，就常常要求广州市各级领导同志，要发挥广州中心城市的作用，就要依靠人民群众整治好社会治安，尽快发展生产，要将恢复城市生产作为城市工作的第一要务。

广州一解放，迅速恢复城市生产，稳定人民生活秩序，遂成了亟待解决的突出问题。对于这一点，有着接管北平经验的叶剑英早就有了思想准备，也向随军南下接管广州的干部作了明确的交代和部署。早在赣州会议上，叶剑英就明确提出："管理城市的总任务，是安定秩序，团结人民，进行恢复与发展生产建设。""这是城市工作的中心，不能放弃了这一工作，而去忙其他工作。相反的，其他一切工作都是为了达到恢复与发展生产的目的"。①进驻广州以后，叶剑英结合广州城市工作的实际，努力领导广州人民掀起恢复城市工业生产、发展经济的热潮，迅速改变了解放初期的瘫痪混乱状况。

广州解放伊始，工厂、企业大部分停产或半停产，尤以私营工厂、企业为甚。许多私营工厂和企业资本家、企业主在解放前夕就已变卖设备，关闭工厂，携资出逃。有的将资金、设备转移到香港、澳门，甚至还转移到国外去，致使不少工厂倒闭，店铺关门停业；有的是因为水陆交通尚未恢复，城乡交流受阻，产品滞销、积压或材料短缺，工厂生产难以为继；还有些工厂、店铺的资本家和企业主对党的政策不了解，心有疑惧，思想抵触，因而也制造借口，故意托词，延宕开业开工，缓滞恢复生产，或者是讨价还价，暗中作梗，与人

① 叶剑英：《叶剑英选集》，人民出版社1996年版，第201—202页。

民政府较量，不愿尽快恢复生产。由于工厂企业停工停产，既阻碍了生产的恢复和发展，也直接影响了工人们的生活。工厂不开工，工人没活干，也就没有工薪养家糊口，生活面临困难，还造成了社会的不稳定因素。

面对上述情况，叶剑英主持召开各种会议，商讨对策。他提出，要恢复和发展生产，重点要抓城市交通和解决燃料问题。当时，广州市的汽车很少，主要还是靠水上运输。为了尽快解决这个难题，叶剑英作出决策，一方面组织工人的生产自救工作，发动群众挖煤，组织运力运煤，解决生产用煤和群众生活燃料；另一方面则整顿打击码头的恶霸歹徒，控制码头，疏通滞运物资。在进行这项工作的过程中，叶剑英十分注意策略和掌握党的政策。他经常告诫各级领导干部：这项工作与清理黑社会组织不同，要注意斗争策略，打击的只是少数把头、恶霸，大多数还是我们的依靠力量。如果不是依靠他们，谁来给我们驶船啊。

叶剑英在抓公营企业恢复生产的同时，一方面组织干部四出串连群众，宣传党的政策，消除顾虑，安定人心，动员资方积极恢复生产，开工开业。同时，贯彻党的“劳资两利”政策，让资方获得利益，免其亏折，不致工厂、企业倒闭，使之愿意经营工业生产；另一方面从当时的客观实际出发，组织私营企业的工人生产自救。为了解决工厂开工资金不足的困难，叶剑英市长提出要多做工作，争取民族资产阶级将资金留住，并转用到工业生产中来。同时，动员工人踊跃集资，积少成多，集腋成裘，攒集散资、游资，用以发展生产。政府也适当地给予部分生产贷款，以让各工厂、企业解燃眉之急。

在工厂的管理问题上，叶剑英提出公营工厂企业可以组织工厂或企业管理委员会，推举工人代表参加管理。私营工厂企业则可组织以工人为主的生产委员会，吸纳资本家和工厂主参加，实施民主管理，以调动劳资双方的积极性。企业主出逃的私营企业，由工人自筹资金，自选厂长、经理，自己管理，自己生产。此外，还在充实原料、减低成本、改良产品、提高质量、增加产量等方面，建立起切实可行的制度，以保证工业生产的正常进行。这样，既让资方投入资金，获得合理的利润回报，又让工人有了活干，领到薪金，贴补家用。这样，工人们通过生产自救，又参与工厂企业的生产经营管理，初步尝到了当家做主的甜头，生产积极性大为提高，工厂企业的面貌也大为改观。

经过一番努力，至1950年10月，广州市的工商业情况开始好转。主要表现在：全市工业生产方面开工、开业的比例增加；商业方面购销交易也有起色；金融业也因工商业的起色而好转。工厂、商店关门停业的现象已大大减少。资本家、企业主逃匿现象已停止，甚至以前逃往香港、澳门的资本家和企业主，也多已陆续返回。过去投机性的商业资本已有些转入工业生产。航运已经恢复，城乡交通也畅通无阻，并保证了粮食、燃料的供应。

工厂冒烟了，商店营业了，满目疮痍的广州从战争的灾难中复活了过来。全市40余间公营工厂，除了一些因设备损坏严重等原因难以及时开工之外，其余的水电、制钢、水泥、炼油、制药等大部分工厂和企业，均全部或局部恢复了生产。私营工厂企业也有相当部分开了工，店铺也开门纳客，广州市的生产恢复工作终于在艰难中起步。

生产的恢复，开始给广州带来了生机和活力。然而，在生产恢复的过程中，也出现了一些新的情况、新的问题。有部分私营企业主存在着严重的“以公养私”思想，一切仰赖政府，吃“等、靠、要”的现成饭。凡事向政府伸手，把亏折的包袱转嫁给政府。没有原料，要求政府供给；没有销路，要求政府收购成品；没有资金，要求政府给予贷款……有的资本家损公济私，唯利是图，不顾国家的整体计划和利益，看到哪方面有油水、有赚头，就向哪方面转产转业。如当时第四野战军军需局在广州定做一批军服、军鞋，许多私营工厂主看到有利可图，都纷纷转产制作军服、军鞋。结果，出现了盲目转产的无政府状态，一窝蜂争饭吃，破坏了国家整体计划的协调性，造成了生产方面的失衡……

对于出现的不正常现象，叶剑英耐心地向各私营工商业主摆情况，讲道理，说明缘由，指陈利弊。他还列举了北平解放初期施行政府收购成品的做法而陷入“公私交困”的例子，进行说服教育。叶剑英说：我从北京来，北平解放初期也有类似情况，工商业主要求政府收购成品，我们贸易公司应诺收购，收了一大批针织品、袜子、毛巾、内衣，但卖不出去。钱用光了，还要收购，只能压低价钱，厂家也降低利润卖，我们就硬着头皮收，结果陷入了困境。政府没钱收购了，滞销的货物也将公营贸易公司压垮了，而私营厂家也收不到钱，公私双方陷入交困，彼此皆损，两败俱伤。后来，政府组织了工业展销会，动员企业主和政府一起想办法，还组织了参观团与张家口、东北、西北等地的工商界签订合同，才解决了一部分问题。叶剑英以亲历事例为据，说明单靠政府包揽成品的做法，对公私双方都不利，也行不通。因为政府也没有充裕的资金来全部收购成品，就是有钱全收购下来，也同样销不出去。

前车之覆，后车之鉴。叶剑英要求企业主改变奢望，与政府合理分担，同舟共济，休戚与共，共同拓辟产品销售市场。此后，大家想方设法，共谋出路，问题就解决了。为了避免再出现盲目转产的现象，做到公私企业之间合理地分工合作，叶剑英还决定成立广州市生产指导委员会，吸纳公营企业的代表人和财经、劳动、工会等部门的人员参加，使之有计划地及时调剂和指导工业生产，以克服盲目转产的无政府状态，收到显著成效。

解放之初，在工人内部也出现了过分强调本阶级利益的倾向，如有些工人群众盲目要求改善劳动条件、无限制提高工资等。叶剑英得悉这一情况，就寓情于理，谆谆善诱，耐心地向工人们进行诱导教育。1949年12月16日，叶剑英在广州市召开的首次工人代表大会上，对与会工人代表们说：“在工人阶级领导政权的初期，生活难免仍然很困难，只有恢复生产、发展生产，全体人民的生活改善了，以后工人的生活才能逐步改善起来。”他还说，“三座大山”统治了广州几十年，“弄得工商凋零，经济破产，要立刻生活得好，显然是过高要求，工人们既要照顾自己的阶级利益，同时也要顾及其他阶级的利益。如果不了解这一点，发展生产就受到障碍，这是必须让各工厂内的工人们知道的”。由于叶剑英比较注意妥善处理劳资之间的纠纷，尽量发挥各方面的积极因素，因而促进了广州工业生产的恢复与发展。

广州城市生产的迅速恢复，缓解了物资供应和工人就业的困难，产品产销数量和商业贸易额逐渐增加，生产形势日趋好转。据统计，1950年广州市国民生产总值为3.35亿元（以新人民币计算，下同），社会总产值6.14亿元，国民收入3.14亿元，工业总产值2.92亿元。至1952年，广州市的国民生产总值就增加到5.39亿元，社会总产值9.63亿元，国民收入4.79亿元，工业总产值4.96亿元，分别比1950年增长60%、57%、53.6%和70%。[①]这些成绩的取得，无不凝聚着时任广州市市长叶剑英的心血，也饱含着广州市工人们的艰辛劳动。

发挥工会作用

中国共产党领导下的工会组织，是中国共产党联系工人阶级的纽带和桥梁。叶剑英在主持广州城市工作期间，对工会工作极为重视。他依靠城市的工人阶级，充分发挥工会的作用，从而使广州的城市工作迅速又卓有成效地开展起来。

早在广州解放前夕召开的赣州会议上，叶剑英就已经指出："我们进城以后，不必忙于去搞党，要把群众工作放在第一位"，即"首先要组织工会"。[②]1949年10月24日，中共广州市委成立之后，兼任广州市委书记的叶剑英就举荐富有工运工作经验的市委副书记廖似光负责筹建广州市总工会。叶剑英经常出席广州市总工会筹备会召开的各种大型会议，并发表讲话。他结合当时的形势和客观实际，有针对性地对广州市的工会工作发布指示，进行指导。

1950年4月，叶剑英主持召开了华南市镇、工会、财经工作联合会议。会议讨论了工会工作问题，将工会工作列为城市工作的主要内容之一。叶剑英在

---

① 广东叶剑英研究会编：《叶剑英在广东的实践与理论》，广东高等教育出版社1997年版，第137页。

② 叶剑英：《关于解放广东的若干问题》，1949年9月23日。

这次会议的总结报告中说：“城市工作中主要就是工会工作和财经工作，要把工会工作系统地建立起来。”还说：“在新解放的地区和城市，主要是先打好建党的基础，组织群众，而其中最主要的就是工会工作。”①在叶剑英看来，组织工会，可以将它作为新民主主义教育的学校，一方面以此提高工人们的政治觉悟，另一方面又以此保障工人阶级的利益。工会工作开展起来了，城市的其他工作才能迅速有效地开展起来。

广州刚解放时，社会秩序一时未能建立起来，一些旧工会中的反动分子和潜伏下来的特务就兴风作浪，散布谣言，蛊惑人心。过去长期生活在国民党统治区受尽蒙蔽的工人们，因未明真相，往往受其影响，疑信参半。有些甚至心有疑惧，顾虑重重，组织新工会的积极性未能被真正调动起来。针对这种情况，叶剑英指示具体搞筹建工会的同志，深入到各系统、各行业的工人群众中去，开展细致的宣传发动工作。除了利用宣传媒介和舆论工具阐释党的方针政策，澄清谣诼，甄别真伪，辨明是非之外，还采取了如下方式对工人们进行宣传，提高其政治觉悟：

一是以召开座谈会、报告会的形式，与工人代表进行交流，介绍形势，宣传政策，消除心理障碍，让工人们真正体验到当家作主的光荣感、责任感和使命感，消除疑虑，放下包袱，轻装上阵，一心一意做好本职工作。

二是通过上大课、小课的形式，大力宣传中国共产党和中国人民解放军的丰功伟绩，宣传新中国成立后工人阶级社会地位的变化和生活的改善，号召工人们以主人翁的姿态，积极行动起来管理新广州，建设新广州。

三是派出工作组分赴各工厂、企业，广泛发动工人，摧毁旧工会，成立新工会，大力发展新会员，充分发挥工厂、企业中新工会的作用。

四是注意关心工人们的生活，真心实意地为工人群众解决实际困难，尤其是着重开展救济失业工人和创办工人福利事业方面的工作。当时，广州市各行业的工会工作普遍开展，急需一大批熟悉业务、热爱本职工作的专职干部。

---

① 广东叶剑英研究会、中共广东省委党史研究室编：《叶剑英在广东》，中央文献出版社1996年版，第145—153页。

叶剑英十分重视工会干部的培养。广州一解放，他就指示有关部门从工人中挑选一批积极分子，分别送往全国总工会干部学校和中南总工会干部学校进行学习培训。同时，在他兼任校长的南方大学开设一个专门培训工会干部的专修班（当时称为“第五部”），学习期限为3个月，期满后分配到各工会去工作。仅广州市就选送了300多名工会干部和优秀工人到该部学习，然后又被遣派到各工厂、企业去工作，极大地缓解了工会干部的需求，有力地促进了工会工作的开展。

解放初期，在广州市生产恢复和社会改造运动中，工会是起了很大作用的。这也是同叶剑英市长的支持重视和指导分不开的。叶剑英极力强调，工会应该关心生产，协助管理和领导生产。他指出：“工会工作是否做得好，就是要看这个工会能否领导生产，是否关心生产，这是工会工作的头等任务。”①各级工会也遵照叶剑英市长的指示，提出了“组织起来，面向生产”的口号，关心生产，协助领导生产。1950年夏秋间，广州市总工会筹备会还组织各工厂企业开展了生产竞赛，参加的单位有58个（其中私营有37个），共16000人。通过开展生产竞赛，既涌现出一批劳动模范，又改善了劳资关系，一方面争取和团结了资方，推动资方改善经营方法，加强了经营信心；另一方面也激发了工人们的劳动热情，树立起新的劳动态度，并积极地提出合理化的建议，群策群力、集思广益，促进生产的发展。这样，劳资双方都调动了生产积极性，都为了完成生产任务，组织了生产自救，共同渡过难关。

当时，叶剑英还要求工会干部必须掌握好顾及“四面八方”（指公私、劳资、城乡、内外四对关系、八个方面）政策，即要求各工厂或企业必须按照中央的指示，做到“公私兼顾，劳资两利，城乡互助，内外交流”，以达到“发展生产、繁荣经济”的目的，使多种经济成分协调并存，各得其所。

在“公私兼顾”的问题上，叶剑英指出：“我们要恢复生产，必须具体实行劳资两利、公私兼顾的政策。”即在普遍恢复生产的过程中，按照“公私兼

① 叶剑英：《在广东省首届工代会上的讲话》，载《南方日报》1950年9月22日。

顾”的原则，除必须着重加强公营企业外，必须注意指导与帮助私营企业。同时，在调整工商业，调整劳资、公私关系中，对个人经济利益与资方、公方利益应适当相互兼顾。叶剑英还要求各有关部门和工会应把握好政策，做到调整有度，不能偏颇。他尤其强调在私营企业中，在困难时期，说服工人主动向资方让步是对的，但不分各行各业的赔赚情况，一律号召减薪轮班，或当业务好转时仍机械执行原议，是错误的。在公营企业中，强调面向生产，改革机构，裁减冗员，努力节约，减低成本是对的，但不问企业情况，一律降低工人待遇，降低工资，取消工人原有的福利，则是错误的。

在“劳资关系”的问题上，叶剑英要求工会向工人进行宣传教育，使工人对民族资产阶级的革命性要有正确的认识。他认为：“从抗日战争爆发以后，民族资产阶级除了少数跟汪精卫做汉奸外，大多数是站在人民方面的。在反美反蒋的革命斗争中，事实证明绝大多数的民族资本家，也是站在人民的阵线上……因此，艰苦时候能和人民一起共同反帝反蒋的民族资产阶级，今后也必能和我们一道建设新中国。”他还说：“民族资产阶级握有生产工具，过去压迫和剥削工人是不合理的，今后应该逐步改善。我们也要告诉工人们，现在是工人当了家，我们对国家的建设要负责任。所以，应该按照‘劳资两利’的原则，改善劳资关系，不应把民族资本家当地主看待，以至进行清算斗争。如果这样，那么我们就不能团结，就要犯错误。”①

叶剑英不仅在广州市的干部、工人中积极宣传“四面八方”政策，而且在全省乃至中央召开的各种会议上，也发表了对此问题的独到见解和看法。1950年6月，中共中央召开七届三中全会，制定进一步调整工商业的政策。叶剑英在这次会上结合广州的情况作了发言：“在公私、劳资关系问题的许多工作上，“应该采取调整的办法，达到共存共荣，和平转变。”“在这一个时期，政权制度是新民主主义的。生产建设的武器就是调整，也就是限制。依靠调整、限制，达到公私兼顾、劳资两利、城乡互助、内外交流，也就是达到了

① 叶剑英：《在广州市第一届各界人民代表会议上的开幕词》，1949年11月27日。

恢复和发展生产、繁荣经济的目的。”“现在的政权是共产党领导的政权，是大家都承认和拥护的，生产手段也是社会主义的，所以我想是可以搞好调整的。要以调整的方法来克服生产之间所发生的毛病，不要使这些毛病发展成激烈的对抗，要互助互利，达到各得其所。这是有利于恢复发展生产的，也是有利于人民的。”当时，在座的毛泽东听了叶剑英的上述发言，十分赞赏，连声赞扬说：“讲得好！讲得好！”“有些是我们要自己限制，要把尾巴夹紧一点。”①

由于叶剑英的重视和积极引导，“四面八方”政策在广州的贯彻实施取得了较好的成效。据当年的历史文献记载，广州解放后，每当发生劳资纠纷或争议时，广州市人民政府总是本着发展生产、繁荣经济的方针，依据“劳资两利”的原则进行调处。如有些资方只顾私利，不考虑工人的利益，致使工人的工资没有保障，引发了工人与工商业主的纠纷。市政府和市总工会就分别召开资方座谈会和劳资协商会议，帮助解决。对于某些工人的过高要求，市政府和市总工会也进行说服工作，减轻资方的压力。同时，对于的确经营有困难必须紧缩转产转业的工厂企业，政府也按照正当手续给予办理。据统计，从1950年1月至3月15日止，仅两个多月的时间，市政府和市总工会就已调处劳资争议的事件共有72件，基本上解决了纺织、橡胶、卷烟、饮食、三轮车、运输、衣车、电筒、石器等行业所发生的劳资纠纷，使劳资纠纷得到了合理的解决。

在广州城市民主改革运动期间，叶剑英也注意充分发挥工会的重要作用。他提出了“党委领导，行政号召，工会响应”的原则，要求各公营、私营工厂企业均响应依靠工会开展民主改革工作，不要把工会的旗掩藏起来，而应该注意这些事业中的工会工作，充分发挥工会的重要作用。如在公营工厂企业中，可通过工会组织工人与行政部门合作，成立工厂管理委员会，搞好民主管理。当时广州市的水厂、电厂、汽车修理厂、士敏土（水泥）厂等公营工厂企业，在工会的作用之下，都已经成立了管理委员会；在私营工厂企业中，也可由工

① 《叶剑英传》编写组：《叶剑英传》，当代中国出版社1995年版，第464页。

会出面，通过劳资协商会议来开展民主改革工作。当时广州市的一中烟厂、洞天酒家、电机织布业、榨油业、粮食加工业、振中烟厂、国光烟厂等，在工会的协调下都已组织了劳资协商会议，开展民主改革工作。这场民主改革运动，扫除了妨碍生产发展的封建势力，改革了不合理的制度，从而发挥了工人群众的生产积极性，促进了广州社会经济的迅速发展。

统一财经

解放之初，广州在开展“金融战役”以后，曾经使金融秩序日趋正常，市场物价也逐渐趋于回落。但是，因财政收支没有统一的制度，随意性大且缺乏监督，市场物价仍然控制不住，处于时涨时落、时高时低的不稳定状态。1950年初，广州的市场物价又宛如脱缰的野马，突然急剧飞涨，使广大市民心绪不安。可见，要从根本上稳定物价，遏止通货膨胀，还需要国家财政收支平衡和市场物资供求的基本平衡。再说，新中国成立初期，物资又严重不足，要集中必要的财力、物力来解决一些重大问题，就不能采取“撒胡椒面、遍地开花”的办法，而只能将有限的资金重点使用。这也需要国家财政统一收支、统一物资调配。实践证明，稳定市场物价，需要财经统一；恢复和发展经济，也需要财经统一。因此，为适应国家经济发展形势的需要，统一全国财经工作势在必行。

1950年3月3日，中央人民政府（政务院）发出了《关于统一国家财政经济工作的决定》，决定将全国财经工作从分散经营，过渡到基本上实行统一管理。为了贯彻落实政务院的《决定》精神，华南财经委员会于3月26日至4月10日在广州召开了华南经济工作会议。广州市和全省各地财政、税收、金融、贸易、海关等部门负责人出席了会议。广东省人民政府主席兼华南财经委员会主任叶剑英主持会议并讲了话。叶剑英在讲话中指出：我们虽然夺取了政权，治国执政，但我们经济工作经验缺乏，因此要虚心学习，才能把工作搞好，要求与会者把中央统一财经工作的决定贯彻到各项工作中去。会上，制订了华南地区实行统一财政经济工作的具体办法，如克服财政经济工作上的制度混乱和游击主义作风；保证国家收入全部归库，不经上级支付命令，不得动支擅用；按照编制实行整编和厉行节约等，建立和健全了财政经济制度，整顿了财政经济纪律。

根据中央人民政府（政务院）的《决定》和中南、华南财经工作会议精神，针对广州市财经工作方面存在的一些问题，在叶剑英的重视和支持下，中共广州市委、广州市人民政府采取了如下的贯彻措施：

一是加强对关系民生物资的掌控和管理。从1949年11月起，广州市先后成立了中国粮食公司广州市公司、中国百货公司广州分公司、中国信托公司广州市公司等机构，做好粮食和民生日用品等重要物资的管理和供应工作。如担负着调剂市场物价，密切城乡内外交流、保障民众对物资需求的供给等，实行严格的市场管理、调控和稳定物价，搞好城乡物资流通，活跃市场。

二是制定各项财经管理制度，统一财经管理。1950年3月，广州市开始建立金库，统一收入报解，以便稳定金融秩序，密切注意货币的回笼与投放，维持支付平衡。随后，又建立了会计制度、审计制度和各项财经管理制度等。7月，成立了广州市财经委员会，统一领导全市的财经管理工作。

三是推行税制改革，简化纳税手续。早在1949年11月广州市财政局接管工作结束后，就已经着手整理全市有产业户的审查，重订旧批合约，建立财政收支系统和审核制度，整理过去田赋册籍和拟订开征公粮的办法等。尔后，又对1951年所得税进行了全面的复查调整："为了照顾实际困难的工商业者，对每月营业额在200万以上者分别缓征；资金周转有困难者，允许分期缴款；全月营业额不满90万元者，免缴营业税。"[①]这样，既使税负更趋于合理，促进了

① 朱光：《广州市人民政府一年来的工作情况和1953年工作纲要》，1952年12月27日。

城乡物资交流，又保证了国家财政收入。与此同时，为了便利市民，广州市人民政府还简化税款征收手续。即可以到就近的银行缴款，经该行或各办事处、各分理处签章收讫后，即作完税凭证，不需再到税局加盖印章。

四是整饬财经纪律，加强财政监督。即加强财务管理和基本建设监督。规定所有党、政、民、机关财务一律如实上报。必须根据中央财委规定，实行统一监督，以便必要时听命调配。

由于广州市统一财经管理措施的逐步落实，1952年广州市财政经济状况迅速好转，财政收入不断增加，支出相对减少。至同年10月底止，全市营业额大幅增加，10月份比1月份增加43%，其中私营方面更是增加了80%。由于财政经济工作的统一，也使得国家有可能在全国范围内调运重要物资进行重点建设，互相调剂，互通有无，从而保证了广州市的市场供应和物价稳定。国家可以从宏观上对各种物资进行调控，可以满足广州市民生产和生活的需要。全市人民的生活水平有了明显提高。

为了充分发挥外币的作用，广州解放初期，叶剑英还亲自召见了居住香港的爱国金融贸易界人士庄世平等人，鼓励他们设法将内地的外币存放在香港，同各友好国家开展金融贸易活动。庄世平等遵照叶剑英的嘱托，在香港积极参与和配合收集、转运、储存外币的工作。当时，国家将外币集中到广州，然后分期分批送到深圳文锦渡边卡，由庄世平等人从香港预先申请汽车到文锦渡去，将外钞运往庄世平担任董事长的香港南洋商业银行特别租用的香港汇丰银行库房妥为存放，并按照国家需要合理使用，让其为新中国经济建设服务。

与此同时，叶剑英还根据广东华侨众多、侨汇数量大的特点，主持研究制定了《华南区侨批业管理暂行办法》《侨汇优待暂行办法》等有关侨汇、外汇的政策法规。这些政策法规，从广东的实际情况出发，既注意照顾广大侨胞的利益，又考虑到利用侨资为广东经济建设服务的问题，对于争取侨资、疏畅侨汇，起到积极的作用。

民主建政

民主建政是新中国政治建设的重要内容，也是城市管理的主要途径。对此，叶剑英深刻认识到，要进行广州城市民主建政，就必须首先召开广州市各界人民代表会议，开展民主改革，使广大人民群众彻底冲破封建主义的羁绊和束缚，以主人翁的姿态治理和建设新广州。

正因为有这样的认识，在叶剑英的领导下，1949年11月27日，也就是广州解放仅一个多月，就成功地召开了广州市第一届各界人民代表会议，让各界人民代表“民主地提出问题，民主地讨论问题，民主集中地少数服从多数地决定问题”。这种施政效率是非常高的。所以，叶剑英说：“广州解放后的第四十三天，我们召开了盛大的各界代表会议，在广州历史上是前所未有的。”他还说：“让我来代表大家讲一句不算骄傲的老话吧！‘天下大事定矣。吾人好自为之。’我们的人民，就是国家的主人。主人翁们！让我们亲密地团结起来，亲密地合作起来，克服一切的困难，战胜内外的敌人，建设我们的新广州。”①

在召开广州市各界人民代表会议的同时，还开展了城市民主改革运动。广东既是帝国主义较早入侵的地方，又地处于毗邻港澳的特殊位置，对敌斗争异常尖锐，在解放初期情况极为复杂。长期以来，广州城市中的封建势力与帝国主义、官僚资本主义相互勾结，串通一气，其关系盘根错节，根深蒂固。新中国成立之后，尽管人民政府在广州城市中的一些单位进行了某些改革，封建势力受到了一定程度的打击，但有着深厚社会基础的封建残余势力不可能在短时

① 叶剑英：《在广州市第一届各界人民代表会议上的开幕词》，1949年11月27日。

间内一蹴而就，“毕其功于一役”，将其彻底消除；潜伏着的反革命分子依附封建势力仍在从中作祟，继续进行破坏生产、剥削工人等活动。工人劳动积极性备受压抑，未能充分发挥出来，生产仍受到诸多的障碍和桎梏。在这种情况之下，叶剑英根据中共中央指示，领导了广州市的民主改革运动，为广州市的社会稳定、生产恢复和经济发展扫除了障碍。

1951年8月1日，中南局根据中央部署，发出了《关于放手发动工人群众开展民主改革运动的指示》后，华南分局也于8月5日作出了《关于在城市发动工人群众开展民主改革的决定》，要求城市工厂企业从思想上、组织上发动工人群众，开展民主改革运动，为民主建政扫清障碍，为进一步发展生产和建设城市拓宽道路。广州市随之开始了民主改革运动。叶剑英对此极为重视，将其作为城市工作的重要环节来抓。他一再强调城市民主改革工作是“当前工人运动的中心”，要求各城市尤其是广州市抓紧抓好。

叶剑英指出：城市民主改革的目的，旨在发动工人群众扫除妨碍生产的不合理的各种制度，使之摆脱各种残酷的封建剥削，以获得正当的劳动权益，从而发挥其生产积极性，形成新的劳动态度与劳动纪律，促进工业生产的进一步发展。他还将城市的民主改革同发展生产、巩固政权联系起来，“如果不能彻底肃清封建残余势力、反革命势力，同时也就不能搞好生产。生产搞不好，城市的根本问题便不能解决，政权便不能巩固”[①]。为了抓好这一工作，叶剑英强调，要依靠和发动工人阶级，因为民主改革是群众性的运动，不能由行政包办，必须是工人们起来对把头、恶霸等封建残余势力及反革命分子，进行面对面的斗争，并从斗争中提高自己的政治觉悟，激发起生产的积极性，建立新的生产管理制度和方法。

新中国成立初期，国民经济正处于恢复阶段。城市民主改革运动能否正确对待资本家和私营企业主，将会影响到私营企业生产的恢复和发展。在这一点上，有些人往往未能正确对待，错将资本家和企业主列为打击对象，严重地

① 叶剑英：《在广州市第四届第二次各界人民代表会议上的总结报告》，载《广州政报》第21期。

伤害了资方的利益。而叶剑英却始终保持着清醒的头脑，认为在私营工厂企业进行民主改革，其打击对象应该是封建势力，而不是资本家和企业主。尽管工人在私营企业中也受到资本家的剥削，但为了服从发展生产这个中心，对于资本主义性质的工业生产，是国家目前阶段建设所必需的，应该允许其存在并加以保护。因此，必须遵守团结资本家的政策，本着“发展生产，劳资两利”这一主旨，“凡属于资本家与工人间的劳资关系问题，一律以劳资协商直至政府仲裁办法处理，不能采用民主改革的办法，这一点应该确实坚持，不可逾越”①。

土地革命时期的叶剑英

在广东城市民主改革运动开展初始，有些地方将“城市民主改革”视为“类似农村土地改革”，产生了试图模仿农村土改的做法，在城市普遍进行“城改”的思想。有些地委提出要在所有市镇“遍地开花”，开展民主改革运动，甚至还提出以“支援农村土改”，作出了“开辟土地改革的第二战场”的决定。叶剑英立即及时纠正了这一错误倾向。他认为，小市镇的民主改革，目前尚缺乏经验，加上干部少，不能操之过急，因而决定先在广州及广东、广西两省11个省属城市有重点地进行，其他小市镇暂缓开展。叶剑英还明确提出城市民主改革必须在生产系统中进行，即主要以公营工厂企业、码头搬运事业、内河航运事业和私营工厂企业等，“作为城市民主改革的中心”。因为“城市生产的主要方面，工人阶级聚集最多的，正是上述四个方面”，而且“这些部门是决定目前城市经济的关键，是从

① 叶剑英：《在广东省第二届各界人民代表大会上的总结报告》，载《南方日报》1951年9月22日。

生产到运输分配的一条链锁，从这些部门进行改革，城市的民主改革便基本解决了”。①

对于内河航运的民主改革，鉴于该行业公认流动性大，住居分散，现有力量难以全面发动，工作较难开展的情况，叶剑英与华南分局其他领导同志商讨研究，决定先以西江内河航线的航运业为试点，即由广州——肇庆——梧州——贵县一线着手，在取得有关方面的民主改革经验之后，再在其他各条内河航线上全面铺开。这些都充分反映了叶剑英脚踏实地、实事求是、一切从实际出发的审慎稳健的工作方法和求真务实的工作作风。

诚然，城市民主改革对叶剑英来说，是个陌生的课题。他深知这是一项新的复杂的工作，又是关系生产很大的问题。但是，他善于学习，勤于实践，勇于探索，制订了一系列正确的政策和措施，保证了城市民主改革工作的顺利进行。在具体做法上，他要求城市民主改革必须做到“有力”“有证”“有底”“有理”和“有法”。“有力”，就是要求配备得力的干部，组织好强有力的领导核心；“有证”，就是对封建反动分子的斗争，要充分掌握材料，重于证据；“有底”，就是要事先有计划，明确目标，做到心中有数，心里有底；“有理”，就是对封建反动分子进行说理斗争，以理服人，达到教育群众之目的；“有法”，就是以法律为准绳，依据国家法律惩治反革命分子。叶剑英认为，城市民主改革的打击对象仅限于封建残余，而且是政治打击，不是经济清算，两者不可混淆，更不能等同。否则，将会误入歧途，铸成大错。

经过两年多时间的努力，至1953年底广州的城市民主改革运动结束。运动从国营企业、公私合营企业、私营企业等行业和街道全面展开，按“民主斗争”“民主团结”“民主建设”三个步骤进行，取得了明显成效。经过城市民主改革之后，基本肃清了阻碍生产发展的封建残余势力，废除了旧社会遗留下来的不合理的管理制度和人事制度，调整了生产关系，调动了工人群众的生产积极性，提高了劳动生产率，广州的工业生产得到了迅速恢复和发展。在三年

① 中共中央华南分局：《城工会议情况报告》，1951年8月30日。

经济恢复期间，广州市的工农业总产值平均每年递增15.4%。[①]

总而言之，在广州解放初期新旧政权交替之际，主政华南的叶剑英能够克服重重困难，紧紧抓住了以广州为“龙头”的城市工作，努力恢复生产，发展经济，使广州的工业生产走出了困境，从而打开了新广州经济建设的大好局面。

“龙头”活了，“龙身”“龙尾”皆活。广州的经济发展，带动了广东乃至华南地区各项工作的顺利开展，既摸索了经验，又锻炼了干部，同时也为广东全省经济的恢复和发展奠定了良好的基础，可谓是一举多得。

治理城市，对于叶剑英来说虽然是一个全新的课题，但叶剑英和他的战友们勤学善思，敢于探索，勇于实践，终于挺了过来，渡过了这一大难关。

三年巩固，三年恢复，广州终于走过了建国初期的艰难岁月，迎来了社会安定，经济恢复，人民生活日益改善的崭新局面。当年一些帝国主义者和敌对分子们曾经预言：共产党能得到城市，但不可能管好城市。叶剑英同他的战友们以惊人的魄力和过人的智慧，用骄人的实践业绩，给这些人以有力的回答。

毛泽东曾经将共产党人从农村进入城市比作“赶考”。而在共产党人进城“赶考”的检验中，叶剑英和他的战友们交上了一份令人满意的答卷。

此时此刻，一句久藏在叶剑英脑海里萦回不去的老话，终于从他的口中喊了出来——“天下事大定矣，吾人好自为之。”

广州恢复国民经济任务的胜利完成，为日后进行工业化建设，逐步向社会主义过渡打下了基础。

---

① 《前进中的广东——1949—1988年广东社会经济发展情况》，第46页。

十四 兴学重教

有话说：搞经济建设，关键在于人才；而人才的培养，则在于教育。当年主政华南、治理广州的叶剑英认为这话十分在理。他莅任伊始，就注意抓教育，为人民的教育事业倾注了心血，做出了不懈的努力……

引荐大学校长

解放初期，主政华南、治理广州的叶剑英对教育事业是极为重视的。在接管和接办各种公立、私立的学校之后，旋即对各类学校有步骤地进行改造工作，如对旧教育的培养目标、教学内容和教学方式等进行改革。贯彻教育为社会主义革命和社会主义建设服务的方针，学校向工农开门，建立人民助学金制度，采取优先录取工农子女入学等办法，努力增加学生中的工农子弟比例，取缔学校里的反动党团组织，确立共产党对学校的绝对领导，建立思想政治工作制度，开设时事政策和马克思主义理论课程等。同时，还帮助广大教师进行爱国主义和为人民服务思想的教育，开展思想改造运动，树立起为人民服务思想。经过一番艰苦细致的工作，使得广州地区的半殖民地半封建的旧教育，开始向社会主义新教育转向，逐步建立起新的教育制度，为后来广州地区教育的发展奠定了基础。

广州刚解放不久，由于新旧政权交替，高校领导人选调配一时没有解决，影响了学校教学工作的正常开展。叶剑英闻悉后，十分关心。他尽管日理万机，政务纷繁，但对影响教育之事及时过问，并出面引荐落实。当时，中山大学校长人选未定，曾一度影响了该校的校务和教学工作。叶剑英亲自出面请求中央解决。他除了当面请示之外，还致电或致函中央领导同志，尽快委派得力人选到中山大学。

1950年7月23日，叶剑英就曾致电政务院总理周恩来，请求委派许崇清、冯乃超担任中山大学正副校长。其电文如下：

周恩来同志：

广东中山大学，因校长问题久悬未决，半年来校政颇形混乱，员生俱感不安。目下暑假已届，亟应乘时整顿，前在京承面示决派许崇清、冯乃超分充正副校长，请速明令发表并着冯即行南来。

至盼。

叶剑英

七月二十三日①

在叶剑英的关心之下，许崇清、冯乃超两位同志终于很快莅任，中山大学的校务和教学工作迅即恢复正常。全校师生员工无不拍手称善。

在此之后，叶剑英还积极推荐柯麟同志担任中山大学医院院长及医学院副院长职务。这件事也曾一时传为佳话。广州解放时，柯麟尚在澳门工作。当时，澳门匪特活动十分猖獗，叶剑英担心柯麟的人身安全，拟调柯回广州担任新职。1950年10月29日，叶剑英致电政务院总理周恩来，提出要求调任柯麟同志为中央医院（现广东省人民医院）院长兼中山大学医院院长及医学院副院长等职务。其电文如下：

周总理：

我们拟任柯麟医生为中央医院院长兼中山大学医院院长及医学院副院长，因此医院在华南起领导作用，现无适当人选，这样还可以兼顾澳门方面工作，是否同意，请速示。

叶剑英

十月二十九日

恰逢此时，中央卫生部因抽调一批医疗业务干部赴东北工作，人手缺乏，

① 《叶剑英请示中山大学校长委派事》，1950年7月23日。

拟调柯麟同志到北京担任卫生部办公厅主任，卫生部方面也有公函送给周恩来总理。于是，周恩来总理于11月7日电复叶剑英：

> 10月29日电关于柯麟工作问题，因中央卫生部最近即调一批干部去东北，人力缺乏，他们要求速调柯麟来京任办公厅主任。总之柯麟如尚须留澳门，则两处均可不调，否则仍成京粤相争不决的问题。①

最后，还是由柯麟自己致电周总理，“表示接受”叶剑英和华南分局的意见，愿意回广州，一方面负责中央医院事务，另一方面可以“就近处理澳门工作”②，两者都可以得到兼顾。这样，事情才得以妥善解决。

柯麟的任职经中央确定后，举家迁返广州，旋即主持中央医院和中山大学医学院的工作，业绩卓著，深受好评。

主持创办“南大”

翻开1985年3月26日的《广州日报》，赫然入目的有这样一首诗：

南天战火一硝烟，
换代改朝建国篇。
叶帅胸怀兴大学，

① 《周恩来致剑英同志电》，1950年11月7日。
② 《柯麟致周总理电》，1950年11月14日。

青年立志考才全。
武装思想千秋夏，
培训科技不计年。
奋发图强为四化，
想方设法育英贤。①

这是老红军、原广东省政协副主席廖似光大姐于1985年3月25日为纪念南方大学创办35周年而写的《喜赋》诗。诗中赞扬了叶剑英在主政华南期间，兴学重教、为主持创办南方大学倾注心血培育英贤的业绩与贡献。

廖似光，广东惠阳人。1929年参加革命，参加过二万五千里长征。在中央苏区时她就认识了叶剑英。抗战期间，廖似光在武汉中共中央长江局从事工人运动，而叶剑英是驻武汉的中共代表团和中共中央长江局领导成员之一，他们接触更多了。以后在重庆南方局，廖似光又在叶剑英的领导下工作。因此，廖似光对叶剑英有了较多的了解。1949年9月，叶剑英从北平南下途经武汉，在武汉遇见了廖似光。在叶剑英的动员下，廖似光与一批广东籍干部，跟随叶剑英一起到赣州，然后又打回广东。广州解放后，廖似光被任命为中共广州市委副书记兼广州市总工会筹备处主任。南方大学创办后，校长叶剑英提议在南大开办工人干部培训班，专门从工人中抽调骨干进行培训，由廖似光兼任班主任。由于这种关系，廖似光对叶剑英创办南方大学所作的贡献倍加赞赏。本来不善于吟诗赋词的她，也情不自禁地写出诗篇，以表达自己对叶帅的敬佩之情。

鉴于广东地区解放比较晚，干部比较缺乏这一状况，叶剑英在北平奉命南下之前，就曾向毛泽东提出多抽调一些干部支援华南的请求。当时，毛泽东指示中央组织部，尽可能从北平、山东、华北军大及一些大学生中，挑选一批干部陆续输送到华南地区工作。然而，由于解放战争形势的变化，各地区都急需干部，尽管作了很大努力，仍未能满足华南地区的需求。因此，毛泽东特别叮

① 此诗原载《广州日报》1985年3月26日。

嘱叶剑英：华南地区有一股“泉水”，这就是一大批经受革命斗争锻炼和考验的地方干部，希望叶剑英到华南工作后，要注意充分发挥地方干部的作用，同时也要加紧对干部和专业人才的培养，自力更生解决干部不足的问题。毛泽东还面示叶剑英：要在南方办一所大学，可取名为“南方大学”，并亲笔题写了“南方大学”四个大字，交给叶剑英。

离开北平南下时，叶剑英又通过中组部抽调了哲学家、教育家陈唯实，以及在华北大学等校从事教学、行政工作的李又华、秦思平、梁未闻、林如彤、杨友吾等10多人随军南下，参加筹办南方大学的工作。1949年10月14日，广州解放后，罗明、李曼辉、张明生、罗克汀、卓炯等一批领导干部和专家教授，也陆续抵达广州。这些筹办南方大学的干部和教学骨干在广州市光孝寺设立了办事处，着手进行紧张的筹建工作。由叶剑英兼任校长，陈唯实、罗明任副校长。

为了办好南方大学，中共中央华南分局还专门成立了以叶剑英为主任的南方大学委员会，以加强对南大的领导。在南大筹办的过程中，叶剑英同其他南大委员会的成员一起，制订了办学方针、培养目标、招生任务、建校规划、教学内容等重大原则问题。当时，尽管诸事纷繁，资金缺乏，条件困难，但叶剑英想方设法，腾出人力、物力和财力来办好南方大学，以便尽快招生开学。

1949年11月底，南大校址已修建完毕，准备工作亦告就绪。12月1日，《南方日报》发布了由校长叶剑英签署的《南方大学第一期招生简章》，开始了招考录取学员的工作。经过初试和笔试，第一期招收学生4300余人，分别来自全国19个省市和香港、澳门以及东南亚地区的华侨青年。

1950年元旦，学生开始上课。2月1日，南方大学举行隆重的成立典礼。这一天，在广州石牌南大校园里，全校师生兴高采烈，喜气洋洋，沉浸在一片喜庆欢乐的气氛之中。典礼大会会场两边贴挂着一副对联：左联是“树立马列主义毛泽东思想的旗帜”；右联是“培养忠诚老实为工农服务的干部”；横批是“实事求是”。对联内容开门见山，含意浅白明了，南方大学立校的宗旨、目标、学风，尽在其中，一览无遗。在典礼大会上，校长叶剑英发表了重要讲话："广东解放以后，需要大批的人才来进行建设。现在我们招收了4000多个学生，有高中的，有大学的，以及很多在旧社会做过事的青年来学习，就是为了应付这个巨大的建设任务。看起来我们对这个学校，似乎是希望很大、要求很急的样子，因为我们一到广州，很多事都还没有做，这件事就先做了。的确，我们对同学们的希望是很大的，要求是很急的。"①叶剑英还将南方大学喻为"革命的大熔炉"，企盼同学们"经过革命熔炉好好地锻炼一番"，是可以淬打成器的，可以"成为人民所需的合格干部"的。最后，他勖勉同学们刻苦学习，掌握技术，做一个革命者，诚心诚意为人民服务。

在这庆典的日子里，叶剑英还饶有兴趣地挥毫题词："大家同心协力，为办好一个南方大学而奋斗！培养干部，扩大影响。"这题词，寥寥20余字，语重心长，含义深刻，寄托着一个老共产党员对南大师生的希冀和期望，也凝聚着南粤几千万民众的共同心愿。题词含有两层意思：一是要求全校师生员工团结一致，同心同德，共同办好南方大学；二是寄望南方大学在培养革命干部和专业人才方面做出成绩，享有盛誉，扩大社会影响。

南方大学创办之初，条件比较艰苦。叶剑英同全体师生员工坚持和发扬艰苦奋斗的优良传统与作风，克服各种困难，保证了教学秩序的正常运转。没有课室，他们自力更生。制泥砖，搬木料，自己动手，盖起了10多栋平房，还因陋就简，临时用竹、木、葵叶、茅草搭盖起一座可容纳几千人的大草棚作为礼堂，以供学员上课、开大会之用。学生每人一张小木凳，上课、听报告自带当坐凳，天下大雨时，草棚漏雨，还得打伞挡雨。课余时间，学员们自己参加挖井、开荒、修建马路等劳动，还养猪、养鸡、种菜，管理水果园……

艰苦的环境，更加磨炼人。南方大学师生不为这些困难而畏葸不前，打退堂鼓，反而更加信心百倍地刻苦学习，追求革命真理，探索人生真谛，吸吮知识的乳汁。为此，有位当年的南大学生，在纪念南大建校和叶剑英校长以及老师的辛勤培育时，曾经写下了这样的诗句：

---

① 叶剑英：《在南方大学成立典礼大会上的讲话》，载《南大熔炉》第1卷第1期。

草棚传马列，
熔炉炼真金；
当年沐春风，
难忘引路人！

诗句文字浅白，寓意深刻。学子的思念，师生的情怀，跃然纸上！

这就是当年叶剑英主持创办的南方大学！

这就是叶剑英主持创办的南方大学师生的精神风貌！

南方大学办学期间，叶剑英虽然公务缠身，工作繁忙，但他还是经常抽空到南大视察，接见师生，了解情况，倾听师生们的呼声和意见，解决办学过程中存在的问题。尤其是对学校的教学工作，叶剑英抓得非常紧。他要求主管教学的副校长陈唯实，每月书面向他汇报教学情况一次，其中包括教学活动开展情况、取得的成绩、存在的问题和解决之办法等，以便熟悉情况，有针对性地做出新的决策与批示。当时，南大附近没有电影院，为了配合教学，需要购置一部电影放映机，放映一些革命影片，但因经费欠缺，一直未能如愿。当叶剑英从送阅的报告中得悉这一情况后，立即同华南分局第三书记方方商量，设法解决。最后，由一位爱国港商捐赠了一部，才解决了这一难题。

平时，叶剑英除了经常莅校给师生作专题报告外，还亲自出面邀请华南分局和广东省、广州市的领导同志到校讲授政治理论和时事政策课。其中由方方讲《中国共产党历史》和《总政策与总路线》；肖向荣讲《国际形势与国内形势》；古大存讲《共同纲领》；朱光讲《人民民主专政》；饶彰风讲《统一战线问题》；曾彦修讲《中国近代革命史》；易秀湘讲《财政经济政策》；李坚真讲《土地改革政策》等。当时，苏联来华讲学的著名学者、哲学家尤金，也曾到南大讲演。这些专题和讲座，理论联系实际，且与现实关系密切，学员们听后耳目一新，既拓宽了视野，增长了见识，又可以学以致用，直接指导实践，效果显著。

对于南大所取得的成绩，叶剑英甚感满意。1950年7月，叶剑英在对南大第一期毕业生所作的《关于毕业后工作问题》的报告中说：“我认为学校七个月来对同学的教育是得到很大成绩的。华南分局和广东省人民政府对学校的教育成绩表示满意。”他还亲笔题写了“坚持真理，修正错误”八个大字，作为给南大第一期毕业生们的赠言。

对于叶剑英主持创办南方大学的业绩和贡献，至今仍为人们所称颂。1985年1月，曾经与叶剑英共事并亲耳聆听过叶剑英教诲的李坚真大姐，也写了《致贺南方大学建校35周年》诗一首。诗曰：

硝烟未散设讲台，
革命学府出人才；
三十余年弹指过，
幼木尽成栋梁材。
华夏腾飞谱新史，
校友欢聚心花开；
愿与南山共高寿，
携手同登凯歌台。

李坚真大姐也是广东客家人，擅于唱客家山歌。她的诗虽然带有客家山歌的印迹，但是诗中盛赞了叶剑英主持创办的南方大学的办学业绩，字里行间流露着她对叶剑英元帅的无比敬佩之情。

以叶剑英为校长的南方大学，自1949年11月开办，至1952年10月广东省高等院校院系调整停办为止，先后招收了四届学生近2万名学员，为社会培养了一批干部和专门人才。

“冒着批评的炮火前进”

“冒着批评的炮火前进！”这是解放初期叶剑英在广州地区高等院校教师思想改造运动动员大会上高呼的口号。时至60多年后的今天，许多老教育工作者看到这一句震撼心弦的口号，都会想起叶剑英当年领导广州地区高校教师开展思想改造学习运动的情景。

1949年10月23日，也就是叶剑英率领华南分局机关进驻广州的第三天，就在广州爱群大厦接见了华南分局青委和妇委的负责人黄焕秋、余慧等，要求青委、妇委发动广大青年学生支持党和政府的中心工作，稳定学校秩序，宣传党的方针政策，并对学校师生逐步开展马列主义、毛泽东思想的启蒙教育。

1951年9月，中共中央决定在知识分子中开展思想改造运动。运动首先在北京、天津两市高校教师中展开，学习方式为听报告、读文件、联系本人思想和学校状况开展批评与自我批评等。11月30日，中共中央发出《关于在学校中进行思想改造和组织清理工作的指示》，要求在所有大中小学学校教职员和高中以上学生中，普遍进行初步思想改造工作。

12月8日，叶剑英主持召开华南分局常委会议。会上，华南分局宣传部副部长李凡夫汇报了有关高校教师思想改造问题。汇报中，李凡夫提到周恩来总理对此事极为重视，北京、天津两地高校教师的思想改造学习运动已经铺开，广州地区高校也要及时做好准备。经过讨论之后，叶剑英做出决定：成立一个领导广州地区高校教师思想改造学习运动的委员会，其成员有古大存、区梦觉、李凡夫、饶彰风、冯乃超、曾彦修、黄焕秋等，按照中央的部署，做好调查研究，为进一步开展高校教师思想改造学习运动做准备。

经过一段时间的深入调研，1952年5月，广州地区高校教师思想改造学习运动终于正式提上了议事日程。5月中旬，叶剑英主持召开会议，专门研究部署开展这一运动的问题。会上，叶剑英认真听取了广州地区高校教师思想改造学习运动委员会的汇报，并提出了指导性意见：（一）强调高校教师思想改造学习的重要性，指出这一运动是广州地区高校进行改革的一个根本措施，是为下一步进行院校调整做好思想准备，必须认真对待，抓紧抓好。（二）要做好深入细致的调查研究工作，热情积极地帮助高校教师了解党的知识分子政策，解除思想顾虑，增进教师的团结，增强教师对党的向心力和凝聚力。（三）对高校教师要爱护他们，关心他们，激发他们的责任感和光荣感，转变思想和作风，诚心诚意为人民服务。要让他们明白教育者必须先受教育的道理，使其能自觉地参加思想改造学习运动。在此基础上，结合群众帮助，掌握好批评与自我批评的武器，教学相长，建立起新型的教师与教师、教师与学生之间的关系。（四）要模范执行党的方针、政策，注意工作方式、方法，及时总结经验，采取典型带动，表扬新人新事。会上讨论决定：广州地区高校教师思想改造学习运动先从中山大学开始，以取得经验后再全面铺开。同时，决定派华南分局宣传部副部长李凡夫，到中山大学协助主持教师的思想改造工作，以加强党对运动的领导。华南分局统战部、广东省文教厅、华南团委、广州市团委等部门，也抽调干部到中山大学各学院参与开展工作。

5月31日，华南分局在广东省人民政府大礼堂召开广州地区高校教师思想改造学习运动大会，与会者有广州地区各高校教师1000多人。叶剑英在会上作了动员报告，他号召全体高校教师积极投身到思想改造学习运动中去，改造思想，转变作风，与反动的错误思想决裂，将自己改造成为真正的人民教师。在结束报告时，叶剑英还振臂高呼："团结一心，冒着批评的炮火前进！"

"冒着批评的炮火前进！"这一句正确对待批评的带有硝烟火药味的口号，不仅极大地激励着高校教师投身于思想改造学习运动，而且也将叶剑英那军人爽直的性格表露无遗。在对待知识分子的问题上，叶剑英以其宽容大度的胸襟，以其真挚坦诚的态度，以其火一般的炽热感情，深深地打动了广大教师的心弦。叶剑英的动员报告刚一结束，台下顿时响起了雷鸣般的掌声……

6月初，中山大学教师思想改造学习运动正式展开，运动历时近两个月，至7月下旬结束。8月18日，岭南大学教师思想改造学习运动接着开始。为使该校的运动顺利地开展，叶剑英还通过中央有关部门从北京派来了袁永熙、彭佩云、胡世华、侯仁之等10多位干部和教授，到岭南大学协助开展工作。结果，运动取得显著效果。此后，中山医科学院、光华医院、法商学院、文理学院和华南联大等高校，也都相继开展了教师思想改造学习运动。

当年，参加广州地区高校教师思想改造学习运动的老教师，每念及此，都十分亲切怀念叶剑英同志。是他带领和鼓励广大教师转变思想，更新观念，放下包袱，轻装上阵，“冒着批评的炮火前进”，终于闯过了思想改造这一大关，在自己的人生履痕中，留下了一段清晰的印记……

十五 肝胆相照

提起叶剑英元帅，人们总会谈起他当年身为“参座”，供职军界，在最高统帅部运筹帷幄、决胜千里的文韬武略。然而，在他60多年的革命生涯中，也致力于党的统一战线方面的工作，并且取得了十分显著的成效，被誉为“统一战线上的行家里手”。他在中共内部，虽身居要职，但对爱国民主人士却非常尊重，坦诚相见，以礼相待，关系融洽。他经常告诫从事党的统战工作的干部，一定要谦虚谨慎，戒骄戒躁，要真正把爱国民主人士当作自己人，政治上信任他们，生活上关心他们，才能与他们同舟共济，共建大业。在这方面，叶剑英率先垂范，言传身教，为各级党组织从事统战工作的干部做出了榜样，受到爱国民主人士的交口称赞。

坦诚相待

在革命战争年代，戎马一生的叶剑英曾经在国统区、东北军和十七路军中从事过多年的统战工作，深知统战工作对革命事业的极端重要性。因此，新中国成立以后，他对党的统战工作十分重视。就在广东解放前夕，叶剑英正率领解放大军南下广东的途中时，就想到了广东的统战工作，想到了要物色胜任这一工作的人选问题。于是，广东还未解放，他就曾问熟悉广东干部情况的连贯："广东的统战工作让谁搞？"连贯毫不迟疑地推荐饶彰风，说："饶彰风是个颇为合适的人选。"就这样，广州一解放，饶彰风就被委任为中共中央华南分局统战部副部长，而统战部部长则由叶剑英自己兼任。

饶彰风，原名饶高评，又名蒲特，广东大埔人。1936年加入中国共产党，长期在粤港地区开展统战工作，也曾到过南洋，在华侨中开展革命宣传活动，是一位很有统战工作经验的领导干部。胡愈之曾称饶彰风"是做统战工作的能手"①。饶彰风上任后，叶剑英大胆放手，饶也尽力尽责，故广东的统战工作开展得很好。当时，汇集在广州的上层民主人士有李章达、陈汝棠、丘哲、张文、邓文钊、李朗如、陈其尤、李伯球、李民欣、肖隽英、吴奇伟、官文森、蚁美厚、黄长水、郭翘然、肖文、李洁之、曾天节等几十位。他们都是在民主革命时期同共产党亲密合作，为人民做过好事的朋友。有的是解放战争年代揭竿起义、投奔人民阵营的国民党高级将领。广州解放后，他们迅即分别从海外、港澳或国统区来到广州，参加城市接管和建立人民政权的工作。对于这些民主人士朋友，叶剑英指示华南分局统战部：凡是历史上同我党合作，帮过我

① 胡愈之：《饶彰风是统战工作的能手》，载《回忆饶彰风》，三联书店（香港）有限公司1989年版。

们，有过联系、做过好事，或者在社会上有影响的人物，都要给予妥善安排，使他们各司其职，各得其所，以便充分发挥他们在革命和建设事业中的作用。在叶剑英的关心和重视之下，均给予了他们妥善安排，有的还安排了重要领导岗位。

新中国成立初期，驻居广州的叶剑英，为了保持和增进与民主党派人士的交流和接触，经常邀请各民主党派人士和知名无党派人士举行各种类型的座谈会、茶话会，同他们开诚布公地交流思想，倾听他们对政府工作的意见和建议，以便沟通感情，联络乡谊，改进工作，使他们更好地了解中国共产党的路线、方针和政策，更加积极地拥护和支持我们的革命事业。

1949年11月2日，中共中央华南分局举行招待各界民主人士大会，莅会者有各民主党派的代表，有起义的国民党陆空军将领，以及各部门的科技工作者等四五十人。叶剑英出席了大会，并代表华南分局在会上发表了热情洋溢的讲话。在讲话中，他希望各民主党派人士与广大人民一道，团结一致，共同努力，为建设新华南、新广东而贡献力量。当时，许多民主人士都发表了意见，也提出了各种要求，叶剑英均一一作答。

当参加会议的魏鉴贤、曾天节、肖文等起义部队人员提出“如何改造自己的队伍”的问题时，叶剑英回答说：“重要的，是教育他们学习政策，使他们了解自己为什么人服务，以原来的技术，加上人民的政治，就行了。等到一个段落，再改编。”[①]张显歧、林君�、李汉冲、陈郁萍等在会上向叶剑英提出了要求：希望在分配工作之前，能有个学习的机会，加油充电，武装头脑，以便使自己能够适应形势迅速发展的需要。叶剑英听后，表示欢迎。他尤其强调要加强政策方面的学习：“我们无论做哪一门工作，都要用思想，都需要了解政策……过去大家在白区没有机会去学习，今天有了这方面的条件，要好好利用，武装自己，改造自己。”同时，叶剑英也勉励他们在为人民服务的岗位上，可以一边工作，一边学习。后来，张显歧、李汉冲、陈郁萍等一批起义人员，被选送到武昌中原大学政治班，学习马列主义、土地改革及时事政策等。

① 《叶剑英、方方同志与民主人士会谈记录》，1949年11月2日。

在政治学习班的领导下，他们还参加了大别山浠水县的土地改革工作，在实践中经受了锻炼。

就在华南分局举行各界民主人士大会的当天晚上，叶剑英还设宴招待了出席会议的各民主党派人士。席间，叶剑英频频举杯，向大家敬酒，并恳挚地说："我们以最大的热情，欢迎我们的战友们，团结合作，建设新广东。"[①]出席宴会的民主党派人士和无党派人士都深为感动。

在这一次各界民主人士大会上，郭翘然（农工民主党）、李子诵（民革）、章导（民盟）、方少逸（民联）、谭明昭（民促）等也向叶剑英报告各民主党派在广州的人数，以及组织方面的情况。广州解放之初，各民主党派成员人数大约为：农工党50人，民革100人，民盟100人，民联30人，民促100人。叶剑英要求各民主党派，可以先整顿和巩固组织，解决办公和活动的地点，然后再图发展。这种敞开心扉进行沟通交流的会议，征询了各民主党派人士的意见，使叶剑英更加了解各界民主党派人士的心思与想法，拉近了双方的距离，关系也更加融洽了。

关于发展民主党派组织和尽快恢复其组织活动的问题，叶剑英主持的中共中央华南分局和广东省人民政府决定：（一）帮助发展，帮助整理内部，以积极、进步分子为领导骨干，批判内部落后思想；（二）协助解决各民主党派内部困难，如学习问题、经费问题、安排各民主党派人士工作问题等。其中对于各民主党派干部的安排使用问题，叶剑英指示"由蒲特（即饶彰风——引者注）同志会同李章达先生研究，提出名单"，并要求所提出之名单，"须包括省、市两级工作"。[②]同时，希望与各民主党派人士一起协商，各民主党派首先自己决定地点，以后有什么事，大家商量，最好由各民主党派中央打电话来，指定负责人。经过短时间的认真筹划和准备工作，广东八个民主党派省级组织绝大多数很快就相继在广州建立起来。

---

① 稚人：《团结、合作、建设新广东——中共中央华南分局招待民主人士大会小记》，1949年11月2日。

② 《省、市政问题讨论纪要》，1949年11月2日。

"双周座谈会"

广州解放之初，中共中央华南分局、中共广州市委的统战工作十分注重实效，活动方式多以小型、多样、实用为主。在华南分局第一书记兼广州市委书记叶剑英的领导启发下，当时的统战工作创造了一些适合时代环境要求的方式和方法，如定期召开一些小型的党外人士座谈会、茶话会、谈心会等，让党员干部多些与党外人士接触交流，广泛听取党外人士的意见和建议，使党委和政府的工作更加贴近民意，更加富有成效。

每有重大会议召开，叶剑英也是注意发挥民主党派人士的参政议政作用，广泛征求他们对人民政府施政的意见。在1949年11月召开的广州市第一届各界人民代表会议期间，叶剑英就恳切要求民主党派人士对广州市人民政府的施政报告进行审议，要求他们"知无不言，言无不尽"，对于广州市人民政府今后的工作，何者应兴，何者尽革，希望能提出建设性的意见和建议。与会的各民主党派人士都怀着极大的政治热情，认真地阅读广州市人民政府的施政报告，并围绕着自己熟悉的领域或社会关注的热点问题，提出自己的看法和建议。有许多意见和建议还被广州市人民政府或有关部门所采纳。

为了能够定期同党外人士接触交流，叶剑英还指示中共中央华南分局统战部：每两周举行一次座谈会，就经济建设、文教卫生、社会秩序、群众生活、华侨事务和港澳工作等问题进行座谈，并形成经常性的制度，后来称为"双周座谈会"。在召开每一次座谈会之前，规定侧重座谈的某一方面的内容，或分析形势、叙谈工作；或谈论经济、畅言建设；或围绕民情，建言民生等等，让大家事先做好调查，收集材料和数据，做好充分的准备，然后在会上发表意见。这样，可以做到论题集中，有的放矢，座谈问题也有深度，颇受欢迎。

在座谈会上，广开言路，与会者畅所欲言，各抒己见，集思广益。叶剑英提倡的这种“双周座谈会”，类别多样，形式不拘，气氛轻松，场面热烈，效果也很好。有时是大会，大家围坐在一起，通传情况，交流信息，征询意见；有时是小会，三两人会面，相对而坐，清茶一杯，促膝谈心。这种“双周座谈会”，大家可以敞开心扉，无拘无束，是一种极好的交流方式。

参加“双周座谈会”的多是各民主党派负责人和知名无党派民主人士，有时也按座谈的不同内容，邀请政府有关部门的负责人参加，让他们有机会直接倾听党外人士的意见。“双周座谈会”多由叶剑英亲自主持，他经常当面回答与会者提出的各种问题。对于与会者提出的一些实际问题和合理化建议，他都尽可能及时地做出回应。有的当场拍板，即刻责成有关部门办理实施；有的一时难以办到的，他也认真地记下来，并耐心地向大家解释，申明情况，以求得大家的谅解，等到时机成熟再作处理。

“双周座谈会”虽属于小型的聚首会、茶话会，规模不大，人数不多，时间不长，二至三个小时，但“小会大效果”，针对性强，有内容，效率高。座谈之事，议而有决，决而有行，行而有果。党外各界人士都颇感满意。他们对座谈会、茶话会都极为重视，逢会必欣然出席，并认真准备发言意见，从而充分调动了他们参政议政的积极性。

据当年参加过具体操办叶剑英倡导的“双周座谈会”的老同志说：自从解放之初实行“双周座谈会”制度之后，中共广东省委统战部门把这种工作活动方式一直继承下来，除了“文化大革命”十年内乱期间被迫停止之外，基本上没有停顿过。由此既可以看到叶剑英所倡导的“双周座谈会”深受欢迎的程度，同时也体现了叶剑英求真务实、注重实效的工作作风。

融洽共事

在革命战争年代，叶剑英曾经多年在国民党统治区从事党的统一战线工作，结交了许多民主党派爱国人士。在平时交往的过程中，叶剑英总是推心置腹，坦诚相见，与他们建立了挚友般的情谊。

叶剑英与李章达，在广东解放以后，曾一度在一起共事，是一对关系很好的搭档。他们早在20世纪20年代初期就已认识，也曾一起在孙中山身边任过职，彼此相互都很了解。

广东解放初期，叶剑英与李章达又走到了一起，共同主持广东省和广州市的政务。当时，一个是广东省人民政府主席，一个是副主席；一个是广州市市长，一个是副市长。他们并肩共事，彼此尊重，和谐相处，关系融洽。

广东解放前夕，中共中央于1949年10月7日就电示叶剑英、方方及华中局：让爱国民主人士李章达、张醁村、吴奇伟三人参加广州市军事管制委员会。并说，在拟定广东省人民政府成员名单时，应注意吸收党外人士。而就在中共中央来电的时候，叶剑英还在跟随进军华南的解放军向广州挺进的途中，李章达人还在香港。

1949年10月14日，广州解放。10月21日，叶剑英率领中共中央华南分局机关和1000余名南下干部进驻广州。李章达也于10月17日偕同饶彰风、郭翘然等从香港启程，经沙鱼涌、坪山、淡水，然后从淡水坐船到惠州，再从惠州赶往广州，于10月下旬抵达广州。

10月21日，中国人民解放军广州市军事管制委员会成立，由叶剑英担任主任，赖传珠为副主任，方方、邓华、肖向荣、洪学智、曾生、林平、朱光、李章达、吴奇伟、张醁村任军管会委员。广州市军事管制委员会为军管时期的最高权力机关，统一管制全市的军事、政治、经济、文化等事宜。军管会成立后，迅即进行接管国民党广州市政府、市警察局、报社、工厂、银行等机构的工作。

11月6日，广东省人民政府颁布以主席叶剑英，副主席方方、古大存、李章达联名签署的《广东省人民政府布告》（广字第1号），宣告了广东省人民政府正式成立，并宣示广东省人民政府主席、副主席和各委员“即日到职视事”。从此，叶剑英和李章达一起共事，并肩理政。自此以后，在治理广东政事的过程中，叶剑英紧密团结省政府各位领导成员，群策群力，将新广东的各项工作做好。特别是注意发挥各民主人士的作用，每有关系到各民主党派方面的事情，兼任华南分局统战部长的叶剑英总是认真听取李章达等民主人士的意见，在工作上大胆放手，在生活上关心照顾。

叶剑英（右二）、方方（左一）、赖传珠（右一）、朱光（左二）在广州

1950年4月11日，叶剑英主持召开中共中央华南分局扩大会议，讨论1950年广东工作任务的落实问题。叶剑英和李章达均在会上讲了话。叶剑英在会上除了强调要认真落实抓好1950年全省的中心工作之外，还特地谈到“与非党人士合作”的问题。叶剑英说：“中央最近号召我们学习与党外人士合作，就是因为今天我们对这个问题的认识还很模糊，很不够。”因此，“必须加强我们统一战线的教育”。[①]在叶剑英的重视下，华南分局和广东省、广州市的统一战线工作都做得比较好，妥当地安排了一批民主党派人士在广东省、广州市政府部门中任职，有的还在政府部门担任正职，充分发挥了各民主党派人士的作用。

叶剑英对李章达这位享有崇高威望的民主革命先驱十分尊重。他经常在分局干部和工作人员中谈起李章达的业绩与贡献。有一次，华南分局统战部副部

① 《华南分局扩大会议记录》，1950年4月11日。

长饶彰风和统战部办公室主任陈景文，两人一起向叶剑英汇报请示工作时，叶剑英语重心长地告诫他们：要谦虚谨慎，戒骄戒躁，与党外人士很好地合作。广东有许多德高望重的民主人士，他们是做好统战工作的重要条件。叶剑英在谈话中，“多次以李章达先生为例，说李章达先生阅历丰富，长期与我党合作，同舟共济，荣辱与共，是我党久经考验的忠实朋友……”①他要求各级党的领导干部，特别是从事统战工作的党的领导干部，要认真做好民主人士方面的工作，真诚地团结他们，充分发挥他们的作用。

叶剑英尊重民主人士的态度与作风，为华南分局的干部树立了榜样。他们按照叶剑英的指示，与各民主党派和无党派人士互相尊重，和谐相处，亲密合作，共同为建设新广东贡献自己的智慧和力量，使新中国成立初期广东省和广州市的统战工作出现了崭新局面。

叶剑英在广东工作期间，与张文、丘哲两人的交情也很深厚。平时，大家同住广州一城，同在省、市政府机关一起共事，工作上互相尊重，关系融洽。在生活方面，叶剑英也很关心他们。每逢有民主人士因病住院或病休在家，叶剑英总是抽空亲自登门拜访探望。

张文是一位忠诚的爱国人士，民主革命的先驱，中国共产党的挚友、诤友。他是梅县丙村镇人，早年肄业于保定军官学校，参加孙中山先生领导的同盟会。大革命时期曾任国民革命军总部参事、广东石井兵工厂厂长。1933年福建事变时，任“中华共和国”人民革命政府参谋团参谋长。失败后在香港参与组织中华民族革命同盟。抗战时期，任第四战区、第七战区司令长官顾问、桂林行营参议等职，从事抗日民主运动，曾支持和掩护中共广东省委创办的刊物《新华南》（半月刊）的出版，并且出面向余汉谋、李汉魂痛陈利弊，要求释放在“博罗事件”中被捕的东江华侨回乡服务团的爱国青年（当中有部分是共产党员）。在张文等人的多方营救下，“博罗队”全体人员终于获救。抗战胜利后，张文在香港担任民革中央常委和民盟广东省支部负责人。1949年出席全国政协第一届全体会议，当选为常委。新中国成立后，历任中南军政委员会委

① 陈景文：《为民为国，奋斗终生——怀念李章达先生》，载《民主先驱李章达》，广东人民出版社1997年版。

员、广东省政协副主席、广东省人民政府委员、广东省人民政府副主席（1953年当选）等职，为中华民族和中国人民的解放事业，为建设新中国、新广东做了很多有益的工作。叶剑英与张文是同乡，早已熟识。在主政华南期间，叶剑英与张文同在广东省人民政府中一起共事，平时对这位比自己大十岁的长辈十分尊重。

有一次，张文先生身体不适卧病在床。叶剑英闻讯，亲往探望，在张文先生的病榻前，叶剑英嘘寒问暖，关怀备至，令张文先生深为感动。他对叶剑英说："大家的工作热火朝天，我则缠绵床榻，还要叶主席来看我，心殊不安！"叶剑英反而劝慰他一番，要他安心养病，早日康复，说只要是人，难免有病，毛主席说既来之则安之，把病治好了，将来才能更好地工作。张文听了叶剑英的话，感动得眼泪禁不住往外流……

叶剑英和张文、丘哲等平时关系融洽，交情甚笃。这从一张照片上有他们三个人的题诗、题词就可以看得出来。1955年1月26日，叶剑英为广州起义英勇奋斗的李运全之玉照题诗："出身劳动，桐质松姿；广州义起，履险如夷。有憎有爱，古侠之遗；愿崇明德，建我邦基。"叶剑英在李运全的玉照上题诗后，谁知张文、丘哲两位先生也在玉照上题了词。张文先生的题词是："运全先生像赞：运全先生同志，容貌恂恂，而广东公社之役，永克万夫，叶公之赞信，不溢美矣！"丘哲先生的题词是："运全先生像赞：劳动出身，明阶级意，粤公社难，出生入死，时叶将军，赞扬不已，从此一生，益彰信誉！"

一张照片，三人题词，这不仅从中可以看到题词者三人的关系非同一般，而且也为后人留下了一段令人感动的美谈佳话。

丘哲，字映芙，广东梅县人，1885年生，1906年加入孙中山领导的同盟会，是一位追随孙中山进行革命活动的资深老同盟会会员。民国成立后，丘哲被派往日本公费留学，1914年进入早稻田大学攻读政治经济学。冬往春来，四年寒窗，于1918年毕业回国。留日期间，适逢袁世凯阴谋称帝，丘哲深表愤慨，联络其他革命志士，主编《民锋》杂志，撰文揭露袁世凯篡权窃国之阴谋，挞伐袁世凯复辟帝制之罪恶，因而遭到与袁世凯勾结的日警扣押。

叶剑英与丘哲先生是同乡，都是梅县人，彼此又是旧交，一直过从甚密。20世纪30年代初期，丘哲曾在上海创办"启智书店"。他的寓所常常座客聚集，其中有不少是中共地下党工作人员。他与这些人员联系密切，并积极配合进行革命活动。当时，叶剑英有一位同学叫温健公（又名温盛光），与丘哲同是梅县松口人，是一位中共地下党员。两人意气相投，情谊甚笃。1931年九一八事变后，温健公因参加上海反帝大同盟的工作，全力以赴投身于抗日宣传活动，被国民党反动派逮捕入狱。丘哲除了常常帮助温健公夫人宋维静将药品和食品等送入牢狱之外，还千方百计设法伸出援手进行施救，经过一番周折，终于使温健公得以获释，重返革命队伍。叶剑英的爱人曾宪植在未与叶剑英结婚之前，曾在上海从事党的地下工作，也常住在丘哲先生的家中，丘哲先生积极配合和掩护，支持曾的革命活动。

在抗日战争时期，叶剑英与丘哲之间更是有了密切的交往。当时，叶剑英与丘哲都在武汉。叶剑英在中共中央长江局（对外称中共代表团）工作，丘哲则在以周恩来为副部长的国民政府军事委员会政治部担任委员，与共产党员温健公住在一起，并曾帮助温健公打入军事委员会政治部第一厅当科长。在此期间，叶剑英经常与丘哲、温健公来往，有时相聚互诉乡谊，有时商讨扩大和巩固抗日民族统一战线的问题。在周恩来、叶剑英的指导和支持下，丘哲与黄炎培等社会民主人士共同组织了“统一社”，创办《前进日报》，拥护民主、团结、抗日，反对专制、投降、分裂。当时周恩来、叶剑英都曾在丘哲的纪念册上题词勉励。周恩来的题词是：“坚持团结，贯彻始终，抗战必胜，建国必成。”叶剑英的题词是：“只有加强民族团结，才能战胜日本帝国主义。”

在武汉期间，还流传着叶剑英帮助温健公摆脱困境的故事……

当时，温健公在武汉，其夫人宋维静却在山西民族革命大学政治处任政治干事。本来，在战争年代，因革命工作需要，夫妇分处两地，这早已习以为常。但这次他们两人是在国共合作条件下的国民党方面的机关和团体中任职，分别受到了康泽、张荫梧等人的作梗和刁难。温想脱身离开武汉，但直接管辖他的康泽不放，让他滞留武汉；温也尝试去电给管辖宋维静的张荫梧，请张出面帮助，“促宋南下”，来汉与他会合，但也遭到张荫梧的借故阻挠。

就在温健公、宋维静夫妇心急如焚，十分苦恼之际，叶剑英闻讯，想了一个办法，让他们终于得以相聚。事情还得从温健公的母亲逝世说起——

1938年4月28日，温健公母亲于家乡梅县车田村不幸逝世。叶剑英借此噩耗，授意温健公：欲要脱身，须借母丧。告以借回粤奔母丧摆脱康泽、张荫梧。温健公听了叶剑英的一席话，茅塞顿开，遂迅即郑重其事地向各地发出了“母丧讣告”。“讣告”曰：

先慈邱大夫人于民国二十七年国历四月二十八日未刻弃养，距生于民国纪元前三十二年农历九月八日巳时，享寿六十。奉严命泪涓于本年国历五月十七日卜葬于岐山之阳。谨此奉闻。

棘人温健公泣告

“讣告”发的范围很广，除了武汉之外，还向四川、河南、广东、陕西、香港、重庆等地散发。在武汉，不仅向总政治部，还向警备司令部、国民党党部、共产党的公开机关、救国会、河北民军武汉办事处等知名人士，只要是认识的都给予发送。这样，就造成了温健公马上就要返粤奔母丧的舆论与气氛，身居远地的宋维静从中终于得知了温健公的近况，而康泽、张荫梧也怕背上“不近人情，阻儿尽孝”之骂名，不得不让温、宋夫妇返粤奔丧。

为了尽快摆脱康泽、张荫梧的控制，温健公与宋维静相约在广州会合。4月30日下午，温离汉赴穗；宋维静也带着未满4岁的孩子匆匆南下。一家三口终于在广州会合后，同回梅县。

1938年8月中旬，叶剑英又命温健公和宋维静返回山西，继续做阎锡山的统战工作。12月26日，温健公在前往山西吉县县城给二战区随营总校学生上课途中，遇日机轰炸。他指挥群众疏散，不幸被弹片击中头部牺牲，时年30岁。

1939年，丘哲前往重庆。在周恩来的直接指导下，丘哲与张澜、沈钧儒、黄炎培、章伯钧、邓初民、史良等商议，组建中国民主政团同盟，被选为负责人之一。他经常出席各种座谈会，开展抗日民族统一战线的活动。1941年“皖南事变”发生，叶剑英在重庆四处奔走，与国民党当局交涉谈判，并负责召集南方局军事组的同志撰写了《新四军皖南部队惨被围歼真相》，揭露国民党反动派围歼新四军的罪恶阴谋。而丘哲也痛感国民党反动派破坏团结抗日、残杀积极抗战的新四军官兵的倒行逆施，曾作诗加以痛斥。诗曰：

胡尘腾沸迷天堑，
拥上征车蜀道行。
鹿马对庭休误指，
干戈同室尚纵横。
登楼惘惘废书叹，
独坐频频把酒倾。
风雨连宵长春水，
梦魂时绕大江声。

他们在重庆一起抗议国民党当局遣兵围歼新四军的罪恶行径。

新中国成立后，叶剑英同丘哲先生同在广州市政府、广东省政府和中南军政委员会中任职。在中南军政委员会，叶剑英是副主席，丘哲是委员；在广东省人民政府中，叶剑英是主席，丘哲是委员；在广州市人民政府中，叶剑英是市长，丘哲是副市长（1952年12月任）。丘哲出生于1885年，叶剑英出生于1897年，丘哲比叶剑英大12岁。在日常生活和工作当中，叶剑英都是尊称丘哲为"丘老"。他们经常一起开会，商讨工作，研究问题，彼此之间更有较多的接触。闲暇之余，叶剑英经常到丘哲先生家中做客，畅叙乡情旧谊。每当叶剑英登门造访，丘哲总是表示出十二分的热情，或沏出一壶好茶，相对而坐，无拘无束，闲聊长谈；或披挂上阵，亲自下厨烹饪几个拿手的客家小菜，置酒招待，其情甚为恳切。对此，叶剑英曾于1950年11月15日写了题为《在广州丘老家宴》这样的一首七言绝句，记述了他们两人的深交之谊。诗曰：

蛇羹鱼弹胜莼鲈，
越秀山前客不孤。
溜到新歌翻旧调，
顿令乡思起乘除。

这首诗描写了作者在广州市越秀山前丘哲住宅中赴家宴的情景。诗中写到了广东的佳肴美食蛇羹、鱼弹（即鱼丸），写到了广州的风景名胜之地越秀山，写到了作者家乡的客家山歌，写到了作者自己的乡思心绪……全诗托物比兴，充满了作者的真情实感，将友情、乡情汇于一词，风土、名胜融于一体，其情感之丰富，写法之巧妙，令人拍手叫绝，赞叹不已！

在此诗的墨迹中，叶剑英还在四句诗文的后面，写上“映芙兄一哂”的字样。这里的“映芙兄一哂”，语气轻松，情感真挚，可见两人的兄弟手足之情非同一般。有人看到叶剑英称丘哲为“映芙兄”，就以为是解放后叶剑英对丘老的尊称，其实，早在抗日战争时期，叶剑英与丘哲两人就已经“称兄道弟”了。

一首七言绝句，寥寥二十八字，就已经将叶剑英与丘哲彼此之间的旧知情谊，表白得清清楚楚，淋漓尽致……

有话说：海纳百川，有容乃大。中国共产党人就有着“海纳百川”的博大胸怀，深谙“有容乃大”的真谛和分量，广交朋友，善待朋友，并肩共事，友好相处。叶剑英就是这样一位共产党的高级领导干部。他在主政华南工作期间，为了做好党的统一战线工作，在日理万机、工作繁重的情况下，还身兼中共中央华南分局统战部部长职务，对密切中国共产党与各民主党派之间的关系，促进党内、党外和人民内部的团结，做了大量卓有成效的工作，从而开创了华南工作的新局面。

叶剑英，堪称为“党的统一战线工作的楷模”。

对于当年叶剑英关心和重视党外人士的实例，我们可以从下列一组统计数字当中得到佐证。新中国成立初期，在叶剑英为主席的广东省人民政府中，党外人士担任委员的就有16人，占委员总数的47%；在叶剑英担任市长的广州市人民政府中，党外人士担任委员的也有11人，占委员总数的37%。当年广东知名民主人士李章达、陈汝棠、陈其尤、张文、丘哲、邓文钊、李朗如、李伯球、李民欣等，都被妥善地安排了相应的职务，使他们发挥所能，各得其所。

十六 『赢得侨胞仰慕情』

叶剑英在青年时代曾经漂洋过海到马来亚去谋生。也正因为他有这段“过番”的经历，体验过背井离乡、寄身异域的切身感受，因而他深谙侨情，深知侨心，对华侨、港澳同胞怀有特殊的感情。广东是著名的侨乡，侨务工作历来是广东的重要工作之一。叶剑英在主政华南期间，就十分重视侨务工作。他根据广东侨乡之特点，在省和地区专署分别设立侨务工作机构，并制订一些照顾华侨的政策，极力维护华侨的权益，被港澳同胞、海外华侨称赞为“赢得侨胞仰慕情”。

浓浓港澳情

1916年，19岁的叶剑英为了摆脱贫困离开家乡，经香港到南洋谋生。当他第一次踏上香港这块土地的时候，亲眼目睹了香港殖民统治者的恶行劣迹，脑子里留下了痛苦的记忆和难忘的印象。他参加革命后，在广州起义前后和土地革命战争、抗日战争时期，也曾多次到香港、澳门，从事秘密的和公开的革命活动，与港澳同胞和爱国人士多有交往，建立了深厚的情谊。

1938年，叶剑英在八路军驻武汉办事处时，就曾热情接待由澳门前往武汉劳军的邹鲁夫人梁定慧。梁女士出生于澳门，曾是北伐军“女子敢死队”队员，当时正率领中山大学战地服务团的青年到澳门等地筹集抗日救亡的药物、经费，备受周恩来、叶剑英的赞扬。同年夏天，叶剑英经广州到港澳治病，与住在那里的地下党员柯麟、柯平兄弟相聚，并曾专门到居住在香港九龙元朗“荫华庐”潘君勉老友家中做客。在叶剑英的启发下，潘君勉积极串连香港商界为抗战前线的将士筹款，并通过叶剑英的关系，将两名侄儿送到八路军参加抗日。

1939年，身为十八集团军参谋长的叶剑英担任中共中央南方局常委，负责军事组和对外联络工作。他通过中共在香港的地下组织和其他关系，与港澳同胞、海外华侨保持联系，进行团结抗战。在叶剑英的指导下，八路军香港办事处凡接收到海外侨胞的捐资赠物，必定复信或致电慰勉捐赠者，而且复信总要签上八路军总司令朱德、参谋长叶剑英的落款，侨胞收此复信，倍感亲切……

广州解放后，时任中共中央华南分局第一书记、广东省人民政府主席兼广州市市长的叶剑英，遵奉中央军委之命，于1950年春天开始紧锣密鼓地筹划解放海南岛之役，正迫切需要解决一些大陆短缺的支前物资，当时从香港运往广东的物资，封锁甚严，限制颇多。叶剑英指示，侧重从澳门进口。时在澳门的柯麟、柯平兄弟迅即找马万祺商议，马万祺慨然应允从中帮忙。他们很快组织南光公司，积极筹办，从澳门运入大批药品、医疗器材和汽油等物资，支援海南岛前线，对于海南岛作战贡献颇大。

同样是在1950年春天，在广东城乡发生了一场严重的春荒。农作物歉收，乡村征粮十分困难，城市粮食供应非常紧张。尤其是广州市的存粮，几乎告罄。这对于一个拥有百万以上人口的大城市来说，后果不堪设想。

国以民为本，民以食为天。此时的叶剑英不得不将解决人民群众的吃饭问题作为第一要务。他除了要求各级政府组织群众生产自救之外，还想尽办法从国外购买部分粮食，以应燃眉之急。

凡经历过1950年春荒的老广州人，都会记得当年叶剑英通过华侨和港澳同胞“千里购米济民”的感人场景——

那时，广东春荒肆虐，灾情严重，粮食奇缺。叶剑英除了要求各级政府组织群众积极拓荒垦种，发展生产外，还想方设法通过各种渠道从国外购买部分粮食。但是，从国外购买粮食非常不容易。新中国刚刚成立，以美帝国主义为首的西方国家实行“禁运、封锁”政策，由官方开展对外贸易限制颇多。然而，西方不亮东方亮，陆路不通走水路，官贸不行改民贸。曾有“过番”经历的叶剑英，想到了华侨并请之帮助。他相信华侨会帮上这个忙。结果，旅泰归侨、后曾任广东省侨联主席的蚁美厚先生，当年就是遵照叶剑英的嘱托，安排其家人在泰国购买了一批大米，运至香港和澳门，然后又通过港澳爱国人士何贤、马万祺以及中共地下党员柯麟、柯平等，转运到了广州……

真可谓春荒无情人有情。华侨和港澳同胞的鼎力支持和帮助，大大缓解了灾荒所带来的困难。华侨和港澳同胞的爱国之举，令叶剑英深为感动，也令广州人民深为感动。

人们常说：血浓于水，这就是一个颇具说服力的例证！

叶剑英是一位重情重义、知恩图报的人。他念念不忘那些帮助和支持过革命事业的人们，也十分感激那些在困难当中伸出过援助之手的人们。

1950年5月，以黄长水为团长、马万祺等人为副团长的“港澳工商界观光团”应邀赴东北观光。当马万祺一行北上途经广州时，叶剑英亲切接见并盛情款待了他们。尽管叶剑英与马万祺是初次见面，但两人交谈甚欢，一见如故。马万祺对叶剑英的爱国爱民之心和儒雅谈吐的风度产生了深刻印象，也为叶剑英坦诚相待、平易近人的亲民作风所感动，事后他情不自禁地欣然命笔，赋诗一首《将赴东北观光首途广州》，表达了他对叶剑英的敬仰之情。

该诗“序”云：“余将赴东北观光，首途广州，蒙叶剑英主席热情款待，亲如家人，作此志感。”其诗曰：

北国观光万里行，
广东首长意真诚。
迎宾馆叙家常话，
赢得侨胞仰慕情。

此首七言绝句，虽然仅有四行二十八字，但字里行间却流露着挚友般的亲切与坦诚。尤其是一句“赢得侨胞仰慕情”，既体现了作者对叶剑英重视港澳同胞、海外华侨工作的肯定和赞赏，同时也表达了广大华侨和港澳同胞对叶剑英的敬慕之情。

对这一次见面的往事，马万祺在时隔36年后仍然历历在目，记忆犹新。他于1987年10月21日在《人民日报》上发表了题为《感怀叶帅同胞情》的纪念文章，深情地回忆道：

1950年5月，祖国首次邀请港澳工商界东北观光团回国观光。全团包括工商、文化、医护等各界人士70余人，由黄长水任团长，我任副团长，访问了广州、武汉、北京、天津、沈阳、旅大、长春、哈尔滨、南京、上海等10多个城市……在广州，第一次见到了叶帅。叶帅过去虽然没有见过我，当我的老朋友方方同志和统战部饶彰风同志把我介绍给他时，他立即想起“南光公司”的事，握着我的手，微笑着说：“记得，记得，你们为祖国解放做了一件好事，党和人民是不会忘记的。”又亲切地问寒问暖，使我感到像回到家里见到亲人一样，又兴奋，又温暖。叶帅身膺重寄，却又平易近人，对海外侨胞和民主人士礼遇有加，诚恳相待。同我们敞开心扉，议论国是，勉励我们既要爱国，又要在当地立足，要团结大多数人，支援祖国建设，语重心长，令人铭记在心……

人生贵相知。叶剑英与马万祺的交往和情意，便成了人们津津乐道的一段美谈佳话。

自此以后，在叶剑英主政华南期间，马万祺曾经多次应邀到广州出席会议，还几次听叶剑英作报告。叶剑英的报告，语言生动，深入浅出，针对性强，很受代表们的欢迎。平时，尽管他的工作繁忙，但仍抽出时间亲切会见港澳同胞，与大家聚首畅叙，或讲形势，或谈建设，或忆往事，或叙乡情，既实在又风趣，款款说来，娓娓动听。他常常是讲今比古，妙语珠玑，时时引起大家爆发出笑声和掌声！港澳同胞听了叶剑英的话语，往往大开眼界，受益良深。他们从中得到了启发和教益，增加了对新中国的了解，增强了对共产党的信心，也激发了他们爱国爱乡的情感。

1951年12月，叶剑英向毛泽东、中共中央和中南局提交报告《华南区一九五二年工作计划纲要》。报告总结了对香港、澳门工作的经验，就加强港澳工作提出了具体的建议：“加强华侨及港澳方面的工作，利用一切机会向华侨及港澳同胞进行爱国主义思想教育。利用各种合法斗争形式，揭露帝国主义和蒋匪残余势力关于战争的宣传及其战争的准备工作。应该注意在华侨及港澳同胞中的中间阶层、中间人物中进行工作，建立阵地。”很显然，在新中国成立之初，主政华南的叶剑英就已经把争取华侨及港澳同胞的工作，列入了华南分局的年度工作计划，并作为工作重点来实施。

叶剑英也极为关心祖国的统一大业。他曾多次与港澳知名爱国人士何贤、霍英东、马万祺、曾宪梓等洽谈，勖勉他们为祖国的经济建设和祖国统一大业多作贡献。20世纪80年代，随着广州经济的飞速发展，国内外旅游者激增，为解决旅游基础设施严重不足的矛盾，霍英东曾与广州市有关部门合作，在广州投资建造白天鹅宾馆，叶剑英对此事十分关心，经常给霍英东以诸多鼓励。1983年2月，白天鹅宾馆正式全面营业。该宾馆建筑面积11万平方米，有客房843间，餐厅30个，成为我国第一家由中国人自己设计、施工和管理的大型现代化酒店，受到叶剑英的称赞和好评。1990年，白天鹅宾馆成为中国内地首批五星级宾馆，也是全国第一家加入“世界一流酒店组织”的宾馆。

霍英东后来曾经回忆说：“叶帅支持我们搞‘白天鹅’，出了许多好主意。他当了人大委员长以后对我们香港实业界一如既往，关心备至。他总是鼓励我为祖国四化建设和统一事业，多做好事。当工作遇到麻烦时，他热情相助，使我终身难忘！”

香港知名人士曾宪梓也说：“我和叶帅虽然是同乡，但我是晚辈。我们梅县人和港澳同胞都很敬仰这位国家领导人，以他为荣。他开导我们团结海外侨胞，支援国家建设，我以我的余生尽力去办，以报答他老人家的恩情。”

叶剑英与澳门知名爱国人士马万祺的关系更加密切。“文化大革命”期间，马万祺的两个儿子正在内地，长子马有建在北京首钢工作，次子马有恒在广州暨南大学读书。在那人妖颠倒、是非混淆的年代，林彪的党羽得知马万祺与叶剑英的关系，曾指使“造反派”拘禁马家的孩子，企图逼供“黑材料”，寻找攻击叶剑英的口实。马家兄弟断然拒绝了。叶剑英闻讯，非常气愤。他虽然也身处逆境，但仍想方设法对马家孩子加以保护。他把马家兄弟俩接到自己的寓所，留在身边，像对待自己的子侄一样，照顾得无微不至。马家甚为感激。更为难得的是，叶剑英与廖承志还热心为马万祺的次子马有恒充当红娘，有意撮合马有恒与荣毅仁女儿荣智婉的婚事，使他们结为“秦晋之好”。叶剑英与廖承志为马、荣两家牵线联姻之事，一时传为佳话。

1969年至1970年间，马万祺肺病发作，时好时坏，痛苦不堪。叶剑英闻悉后，要马万祺将病历从澳门寄来北京，叶请北京友谊医院院长、著名教授钟惠澜和北京著名肺科大夫为之诊断。尔后，叶剑英又特请马万祺来京，请吴桓兴、钟惠澜、吴应凯等名医及北京结核病研究所、首都几家医院的著名专家教授会诊。在医生的精心治疗下，马万祺多年沉疴彻底消除。后来，每念及此，马万祺便感怀不已，十分感激，称叶剑英为“救命恩人”。

1986年10月22日，叶剑英逝世。惊闻噩耗，马万祺悲痛欲绝。他含泪赋七律诗一首，以此为祭。诗曰：

惊闻叶帅驾归天，
痛失元勋意黯然。
赤胆忠心酬党国，
鞠躬尽瘁效先贤。
安邦定国传千载，
厚德真诚载万年。
有幸亲情垂四代，
长江浪盼后推前。

诗中的“有幸亲情垂四代”一句七字，已足见马万祺与叶剑英之间的深厚情谊。

重视侨务工作

叶剑英出生在著名侨乡广东梅县。他的三位伯父都是马来亚华侨，父亲叶钻祥虽然留家守业，但亦曾往返于南洋与梅县雁洋堡之间，为华侨和侨眷充当

"水客"，捎钱送物，传递信息。叶剑英在中学毕业以后，也曾跟随"水客"赴马来亚怡保谋生，有过"过番"的经历，与华侨结下了深厚的渊源。他对华侨在海外的境遇有着深刻的体验和感受，对华侨爱国爱乡之心感触至深，因而他对于华侨这一群体怀有特殊的感情。

早在1941年3月延安召开的华侨救国会第二次大会上，叶剑英就已经称赞华侨爱国爱乡的义举。他说侨胞因在海外，更深感帝国主义压迫的痛苦，故希望祖国独立自由的爱国心尤高，从辛亥革命至今，海外侨胞始终保持着这一光荣传统，积极支持祖国的解放事业。可见，在抗日战争时期，叶剑英就已深知华侨之心，体念华侨之情，备受海外侨胞、归侨和侨眷的敬仰和爱戴。

在广东解放前夕召开的赣州会议上，叶剑英介绍了侨乡广东的华侨情况："华侨除了极少数发财致富之外，绝大多数都是在几重压迫之下过着极端困苦的生活。因此，他们对外族的压迫十分仇视，对祖国的解放十分热望，常常不惜将自己血汗所得的微薄工资投入到祖国的革命中。孙中山搞革命就得到华侨的很大帮助。"

新中国成立以后，叶剑英十分重视侨务工作，十分关心华侨的实际问题，维护华侨的合法权益。1950年10月14日，叶剑英在广州召开的"广东省第一届各界人民代表大会"上，作了题为《关于广东工作几个主要问题的补充报告》的讲话谈到了侨务工作问题："侨务工作是广东的特殊工作之一"，"广东侨居海外的华侨达六百万人"，"在新中国成立这一新的情况下，归国华侨日益增多，已成为一种必然的趋势。因此，当省府成立之初，即注意这一问题，并成立侨委会的专门机构去进行这一工作。半年来，归国华侨都受到侨委会的热情照顾和帮助。今后，我们拟加强这一工作，协助归国侨胞就业就学，并吸收归侨的劳力、财力和技术知识，参加祖国的建设和开发事业。"①

广州解放后不久，广东省人民政府在成立华侨事务委员会的同时，还成立了广东省归国华侨联合会的群众组织，作为华侨与政府联系的桥梁。叶剑英对

① 广东叶剑英研究会、中共广东省委党史研究室编：《叶剑英在广东》，中央文献出版社1996年版，第271页。

侨委会的工作十分重视，不时召开有关会议，听取汇报，制订维护华侨权益的有关政策。1950年8月，他连续主持召开了两次华南分局常委扩大会议，专门讨论华侨问题。在听取了有关部门的汇报之后，叶剑英指出：“华侨要归国随时可以回来，我们表示欢迎，但不公开号召。”“归国的知识青年要好好地教育他们，有劳动力的华侨回来便介绍职业，有资本的要指导他们投资，本着公私兼顾、劳资两利的政策，使他们有利可图，安心经营。”[①]这一指示，为广东的侨务工作指明了正确方向。

海外华侨素来有爱国爱乡的优良传统。新中国成立之初，有许多海外华侨抱着满腔热情回国参加建设，也有一部分华侨是被侨居国政府野蛮“排华”驱赶回来的。据统计，从1950年9月至1951年8月，仅广州一地的归国华侨就达14232人，另有被驱逐出境的7167人。其中许多人回来时已是身无分文，贫病交加，境况可怜。面对着海外成批被逐回国的归侨、难侨，叶剑英深表同情。他多次发表讲话，要求各地政府和有关部门做好归侨、难侨的妥善安置工作。他指出：在帝国主义统治下的南洋等地对华侨采取残暴的压迫政策，在那里谋生已成为困难，我们要安置回来就业的大批华侨。1951年底，叶剑英在向毛主席、党中央及中南局汇报华南分局1952年工作计划中也特别提到：要加强华侨及港澳方面的工作，妥善安置被英帝国主义驱逐回国的难侨。

在被海外侨居国政府野蛮“排华”驱逐回国的归侨、难侨中，有不少是失学的青年华侨学生。当时，身兼南方大学校长的叶剑英，在广州办起了南方大学华侨学院，为归国华侨青年创造学习条件，让他们继续进行学习与培训，并安排工作，使他们得以为祖国建设贡献才智。

1950年4月，印尼巨港的爱国华侨薛两清归国观光。这时广州刚刚解放不久，主政华南的叶剑英正带领人民群众医治战争创伤，开展恢复生产、发展经济的艰辛工作。薛两清抵达广州后，在中共中央华南分局统战部副部长饶彰风的介绍和引荐下，叶剑英接见了薛两清，并请薛一起吃饭。在交谈中，叶剑英

① 《华侨工作会议记录》，1950年8月11日。

得知薛两清曾在支援祖国解放事业中出过力，就热情地介绍新中国成立后祖国的变化，鼓励薛两清到全国各地去走一走，看一看，并希望他能够带领华侨们回国投资，援助祖国的经济建设。对叶剑英的这次会见，薛两清在后来的一篇回忆文章中，曾有这样的记述：

> 1950年4月，我怀着对解放后的祖国的爱慕，一个人回国观光。我来到广州，第一次见到了饶彰风。那时，广东刚刚解放不久，百废待举，许多机构还没有建立起来，还没有什么接待单位。彰风亲自招待我，把我接到统战部的一个房间里住……由于彰风的介绍，叶剑英接见了我，并请我吃饭。叶帅鼓励我说，祖国很需要我这样的爱国华侨回国投资……①

1950年9月，薛两清在国内各地走了几个月，回到了印尼巨港。他牢记叶剑英的嘱咐和鼓励，一方面给巨港的华侨报告新中国成立后的变化情况，一方面联系进步华侨回国，支援祖国的建设。翌年春季，薛两清联系了王源兴、黄洁、李祝朝、施子卿等几位华侨实业家朋友，组织了一个小的华侨代表团，各领着家眷，携带着资金，回到了广州。叶剑英闻讯，甚为高兴，又亲自接待他们，并对他们又是一番鼓励。薛两清这些华侨实业家感受到祖国无微不至的关怀、帮助和支持，更加坚定了回国投资办企业的信心。

1951年2月，在华南分局统战部、广东省商业厅的引导下，薛两清等几位印尼华侨实业家与港澳的一些爱国工商界人士，在广州联合办起了解放后国内第一家公私合营华南企业股份有限公司（简称“华企”），开办各项实业和开展国内外贸易业务。继“华企”之后，同年又成立了公私合营华侨工业建设股份有限公司（简称“华建”）。这些由侨资注入参股的企业，凭借他们在海外摸索、积累的经验和技术，在创业之初就出手不凡，效益甚佳，既为广东的经

① 中共广东省委党史研究委员会等：《回忆饶彰风》，三联书店（香港）有限公司1989年版，第117页。

济建设注入了新的活力，同时也为国家创汇和发展海外贸易做出了贡献。

土地改革期间，鉴于广东是著名侨乡，包括广州郊区在内的农村中，有不少华侨是地主同时又是工商业者，叶剑英提出应当予以慎重对待，适当照顾。他说：“华侨在国内的土地和房屋，大多是靠其本人辛勤所得汇回国内购置而来，与一般封建地主剥削阶级有所区别。对于华侨与农村土地关系之特殊性，应予适当照顾。”当土改过程中出现了侵犯华侨正当权益的问题时，叶剑英力主进行纠正。1951年9月广东省第二届各界人民代表会议召开。会议期间，有代表提出：“海外华侨要求严格纠正农民运动中的某些偏向。守法华侨地主，与恶霸地主、普通地主，要区别对待，要贯彻中央颁布优待华侨条例，适当照顾守法华侨地主。”对于海外侨胞的这一要求，叶剑英在会议的总结报告中给予了明确回答。他认为人民政府“应当诚恳接纳”海外侨胞的上述意见，在工作中迅速改善，“按需要和可能，分别缓急先后，做出满意的答复”。

对于涉侨教育文化事业，叶剑英也倾注了一番心血。“文化大革命”期间，广州著名的华侨学府暨南大学停办，校舍被其他单位占用。粉碎“四人帮”后，海内外舆论纷纷要求暨南大学复办。叶剑英将此事放在心上，会同罗瑞卿做出安排，占用单位很快落实了搬迁事宜，使暨南大学得以在1978年复办。暨南大学复办之时，叶剑英还欣然为该校题写了校名。

“文化大革命”十年，“左”倾思潮肆虐泛滥，侨界受害尤烈。叶剑英竭其所能，为保护华侨及其国内眷属倾心尽力。他严厉谴责一些地方歧视、迫害归侨和侨眷的错误行径，义正词严地指出：对海外关系，要用新的眼光去看，大部分都是穷苦的劳动人民。他还语重心长地叮嘱侨务工作者：海外有几千万侨胞，他们爱国心很强，我们不能伤害华侨感情。国内有些人不了解华侨情况，还有人把海外关系等同复杂关系，把复杂关系等同反动关系，这是非常幼稚的，是不了解历史。抗战时期，大批华侨回来抗日。丢下家小，放弃优裕生活，爱国热情极其可贵，我们应大力宣传。

曾经担任全国人大常委会副委员长兼华侨委员会主任委员的叶飞上将，对叶剑英关心华侨的事例给予了热情的赞扬。他说：“‘文化大革命’期间，在那阴霾满天的岁月，叶剑英同志能如此披肝沥胆直言不讳，为华侨伸张正义，还历史本来面目，实属难能可贵！其仁者之心，佑护之情，如一线光明照身，给侨胞带来了温暖。”“叶剑英同志视侨胞若兄弟，侨胞视叶剑英同志若亲人。”①

叶剑英爱护华侨，关心侨务工作可谓无微不至，堪称为团结海外侨胞的典范。他早自战争年代，晚至桑榆之时，凡半个世纪，坦诚相交，真心相待，鼎力相扶，尽力相助，不愧是海外侨胞的贴心人。

惠侨楼的故事

在广州市区第一军医大学（现南方医科大学）附属南方医院，有一座声名远播的“惠侨楼”，医院内部医务人员亦称之为“惠侨科”。它是一座专门为港澳同胞、海外华侨和国际友人进行健康检查和治疗的现代化综合性病房。这座特殊的病房，自1979年创办以来，先后为来自世界近70个国家和地区的病人，进行过体检和治疗。医务人员以其精湛的医术、优良的服务和高尚的医德，赢得了广泛的赞誉，同时也以其良好的社会效益和丰厚的经济效益，饮誉海内外医疗界。或许有不少人并不大了解，这座闻名遐迩的“惠侨楼”，是在叶剑英元帅的亲切关怀下诞生和发展起来的。

广东，毗邻港澳，华侨众多。每年进出广州的港澳同胞和海外华侨为数不少。他们有的是探亲访友，有的是经商做生意，有的是旅游观光，还有不少是来广州诊病治病的。然而，改革开放之前，在广州这座南国名城里，还没有一家专门为港澳同胞和海外华侨进行医疗保健的机构，令侨胞们甚感诸多不便。

① 叶飞：《叶剑英同志永远活在侨胞的心中》，载《人民日报》1986年11月2日。

第一军医大学自从搬迁到广州以后，时任校长的赵云宏了解到这一情况，心里萌生了这样的想法：军队医科大学能不能办一间侨胞病房呢？如将申请创办侨胞病房的报告呈送上去，上级会不会批准呢？赵校长认为，这是一件大好事，不妨试一试。

他在寻找机会，耐心地期盼着、等待着……

这一天，终于来到了。

1979年的金秋十月，叶剑英元帅从北京南来广州，开展调研和休息，入住南湖宾馆。宾馆距第一军医大学不远。赵云宏校长得悉叶帅来穗，觉得这是一次难逢的机会。他本想要上门拜访叶帅，汇报军医大的办学工作情况。岂料，叶帅住下来后，就让其秘书给赵云宏校长打电话，约赵来他住处坐一坐，聊一聊。赵云宏校长接了电话后，心情十分激动。他想不到德高望重的叶帅主动打电话约他见面叙谈。他如约驱车前往，上门探望老首长叶帅。

赵云宏校长到达叶帅住处时，广东省的领导习仲勋、李坚真等同志已经先期在那里了。叶帅心情甚佳，神采奕奕，谈兴甚浓。他同这些老部下亲切地交谈着，兴致勃勃地谈起了党的十一届三中全会之后国内外的大好形势；谈国内集中精力进行经济建设的新变化、新成就；谈中央将在广东建立深圳、珠海、汕头经济特区的重大决策；还谈了新时期广东与香港、澳门的关系，以及香港、澳门未来的发展前途……

听了叶帅的一番话语，赵云宏校长了解到中央的重大决策和国内外的大好形势，既增长了见识，同时也从中深受启发和教益。他对叶帅说：“中央改革开放的决策，我们军队的同志举双手赞成，我们军医大学也可以改革吧？我们是不是可以办一个华侨病房，直接为港澳同胞和海外华侨服务呢？”

叶帅听了，高兴地说：“好哇，为港澳同胞和海外侨胞服务，这是好事、善事，你们可以搞嘛。”叶帅听了赵校长较为具体的设想之后，又极其深情地说，海外有我们众多的侨胞，早年他们为生活所迫，背井离乡，寄身异域，打拼创业，艰辛备尝。如今，我们祖国强大一些了，你们办起华侨病房，为他们提供医疗方便，也让万千海外游子多了一份祖国母亲的温暖。病房虽小，但情深似海，温馨无限！

赵校长回到学校，迅即向学校党委传达叶帅的指示精神，使大家深受鼓舞。学校党委经过认真的讨论，一致认为叶帅支持学校开办华侨病房，意义重大。它将会成为军队医院改革开放的一个窗口，并由此引发办学思想和办学模式的变化。于是，学校党委决定在附属南方医院装修一座病房，安排20张床位，专门收治港澳同胞和海外华侨。这样，惠侨楼的前身——南方医院华侨病房就这样诞生了。

有人曾这样说过：惠侨楼是改革开放的产物，是叶帅发了“出生证”才得以问世的。的确是这样，叶帅关心港澳同胞和海外侨胞，支持改革开放。他认为这是一件服务港澳同胞和海外侨胞的大好事、大善事，因而表示全力支持。在20世纪70年代末期我国改革开放之初，能够有这样的举措是极为难得的。

此后，随着改革开放的逐步深入和扩大，第一军医大学南方医院惠侨楼也在不断扩张和完善——

1982年，惠侨楼从普通病房迁入具有民族建筑风格的惠侨1号楼，床位也从20张扩大到100张；

1984年，新落成的惠侨2号楼投入使用。地方宽敞了，设备更新了，床位也扩展到200张；

1989年，设施更加先进的惠侨3号楼建成，床位达到400张……

短短的十年间，惠侨楼不仅“硬件”在升级，而且“软件”也在更新，其床位以几何级数在扩张，医疗技术和水平也在不断精益求精，其社会影响不断扩大。它在海外侨胞当中尤其是在东南亚地区的侨胞当中，获得了良好的口碑和信誉。印尼华侨黄先生，身患重病，去过东南亚几个国家的知名医院都未能治好，后来回国到了南方医院惠侨楼诊治，终于将其病治愈。黄先生及其家人都十分感动，赠送惠侨楼价值百万港元的医疗设备，还在惠侨楼前面的花园里立起两根8米高的石柱，上面镌刻着一副对联：上联为“岗接麒麟子孙昌盛”；下联为“园飘梅花百姓康强”。现在这两根石柱，成了南方医院惠侨楼前的一道亮丽风景。

自从南方医院惠侨楼（惠侨科）创办以来，叶帅对惠侨楼的建设和发展十分关心。他曾极其深刻地指出，医疗服务质量是医院的生命。惠侨楼医护人员牢记叶帅的教导和嘱咐，以精湛的医术、高尚的医德和优质的服务，为港澳同胞和海外侨胞病人诊病治病，受到交口称赞。

目前，惠侨楼已成为名副其实的惠及港澳同胞和海外侨胞身心健康的重要基地，更成为海外侨胞心系祖国、情注桑梓的一条纽带。

十七 “松园”情结

故乡土热，家乡水甜。如果说叶剑英在青年时代就有怀乡情结的话，那么，晚年的叶剑英思乡心绪更为强烈。一个人随着年龄的增长，总会回想许多早年的事情，叶剑英也不例外。他在进入80岁高龄之后，思乡、恋乡、爱乡之情就愈为强烈。自1977年11月起，至1986年10月逝世，他南返家乡广东的次数就达9次，而且每次抵达广州，都必入住南湖宾馆（又称“松园宾馆”）四区一号楼。也许有人觉得很奇怪，为什么叶帅到了广州必住“松园”？可是，在叶剑英看来，原因却很简单，因为他对“松园”周围的环境很满意，对这里的管理人员也都很熟悉。他对“松园”已有了解不开的情结。

“松园终不老闲身”

1977年11月11日，年过八旬的叶剑英从北京乘专机南下抵达广州。这次南来，一方面是“冬休”，另一方面是开展一些调研工作。因为自粉碎“四人帮”、结束“文化大革命”一年来，各地都在清除“四人帮”的遗毒，拨乱反正，落实党的各项政策，广东在这方面的工作如何，他要前来亲眼看一看。同时，趁着“冬休”之暇，修改和审定自己将在稍后召开的中央军委全会的报告稿。

叶剑英飞抵广州后，便被安排入住广东省第六招待所（即“松园宾馆”）四区一号楼。该宾馆位于广州市北郊白云山麓的“磨刀坑”水库（后改名为“南湖”）旁边。这“磨刀坑”都是当地民众叫开的地名，虽然名字起得不太雅，但却是一块好地方。用现在时髦的话说，就是生态环保达标的理想宜居之地。周围青山绿水，松林苍翠，绿草如茵，环境幽雅，景色宜人。

据说，在1971年初，中共中央办公厅主任汪东兴奉毛泽东之命，指示广州军区在磨刀坑及其附近的磨刀坑水库南岸，为中央领导人修建供休息之用的别墅群。经过一年半的施工修建，至1972年6月才告竣工，共建造了五组房子，即南湖四组，松园一组。其中南湖一组和松园一组拟专供接待毛泽东之用。但是，房子建成之后，毛泽东并没有在此住过，于是“松园”和“南湖”的房子就成了接待其他中央领导同志的住处。

叶剑英被安排入住“松园”，置身于这“四面青山列翠屏”的苍翠松林之中，眼看着一棵棵苍劲挺拔的松树，叶剑英心旷神怡，感慨良多。他想到“四人帮”及其党羽势力已经被铲除，国家政局已趋于稳定，中央领导机构已恢复健全，特别是一批年富力强的同志已经挑起了领导重担，逐渐接上了班，而自己已经年逾八旬，岁月不饶人，应该是开始考虑准备退出中央领导岗位的时候了。在叶剑英看来，年龄大了，精力不济，应该退位让贤。这是人生规律、自然法则，是正常现象。人老了就应该让位给年轻的同志，以便能够顺利地实现中央领导层的新老交替。但是，老同志退休了不能无所事事，虚度时光，不能放松学习，松懈斗志，而是仍要“老骥伏枥，壮心不已”，继续做自己所能够胜任的工作。因此，他在下榻的松园宾馆，茶余饭后，萌发诗兴，于11月20日以《松园》为题挥毫写下了一首感怀七绝诗。诗曰：

四面青山列翠屏，
松园终不老闲身。
会当再奋十年斗，
归读阴那梅水滨。

诗贵意境。我国的旧体诗词都非常注重创造优美的意境，恰到好处地处理诗词创作中情与景、意与象的关系，或寓情于景、触景生情；或意与象通，浮想联翩，真正做到意象鲜明，情景交融。叶帅的诗作在这方面取得了很高的成就，具有很高的造诣。《松园》一诗起笔就是从青山、松林入篇，从写景开始，由景生情，借景抒情，最后达到情景交融之良好效果。读后耐人寻味，意蕴无穷。

诗的开篇从松园四周的山色落笔，描绘松园地处“四面青山”的环绕之中，山上苍松翠竹、林木繁茂、一片苍绿，十分壮观。开头一句“四面青山列翠屏”，是叶剑英入住松园宾馆后，放眼四望，映入眼帘的是翠绿的青山，成片的松林，宛如一道道翠绿色的屏风，拱列于松园宾馆的四周。这是叶帅对松园宾馆周围环境的印象。叶帅用“四面青山列翠屏”这寥寥七个字，给人们展现了一幅诗意盎然、引人入胜的山景画面。

第二句“松园终不老闲身”，叶帅从眼前郁郁葱葱的松林和遒劲挺拔的松树，联想到了自己往后的晚年生活。自己虽然年事已高，且身处于这样幽雅秀美的环境之中，但不能修身养闲，坐享清福，毫无作为，而应该像松园的一棵棵“不老松”那样，积极奋发向上，永葆青春，继续为党为人民贡献自己的力量，不能过碌碌无为的悠然自在的生活。

第三句“会当再奋十年斗”，是叶剑英激励自己即使到了晚年，也当会继续奋斗，永不停步。这也是当时叶帅真实心境的写照。叶剑英认为，作为久经沙场的老一辈无产阶级革命家，应该以天下为己任，“革命尚未成功，同志仍须努力”。他激励自己要“再奋十年斗”，直至生命的最后一息。

诗的末尾一句“归读阴那梅水滨”。这里的“阴那”和“梅水”，是指叶帅故乡广东梅县境内的阴那山和梅江。俗话说，少小离家老大回。晚年的叶剑英表示，自己退出领导岗位之后，不仅要“少小离家老大回”，而且还要告老还乡，“归读阴那梅水滨”。在叶剑英看来，广州这座历史悠久的名城，是他多年生活、奋斗的地方，即使是退位休息，也不能在这里养老闲居，而是要落叶归根，回到他那魂牵梦绕的梅县故里，回到他生命之“原点”。这是诗人借诗寓情，以诗言志，反映了叶剑英想到退休后回归故乡阴那山下、梅水河畔，过着平淡的田园生活，在那里读书求知，继续为党和人民的事业做出新的贡献。

从上述诗句中，我们可以看到叶剑英元帅退位让贤的心志和生命不息、奋斗不止的革命风范，同时也体现了叶剑英元帅对自己故乡的无限眷恋之情。他在办完自己该办的事情之后，开始考虑退出中央领导岗位，告老还乡，隐退家园，回到故乡阴那山下、梅江河畔继续读书学习，过退休后的生活，颐养天年。中华民族自强不息的精神在这位开国元勋身上得到了充分的展现。

有人说，叶剑英的这首《松园》诗，是他继1977年5月14日写的《八十书怀》之后的又一首自励诗。叶剑英南来广州，入住“松园”，看到满目苍翠的松林，联想到了自己已经进入了晚年，于是观景生情，萌生了“欲效青松不老决不赋闲”之想法，激励自己要像不老松那样，继续遒劲挺拔，傲指蓝天，撑开枝叶，遮挡风雨，为党和人民的事业继续贡献自己的力量。全诗虽然仅是寥寥的四句二十八字，但是从中表现了老一辈无产阶级革命家奋斗到底的革命精神。

据中国人民解放军军事科学院叶剑英传记组的同志介绍，20世纪80年代初期，叶剑英在一次中共中央政治局常委扩大会议上，曾作过这样的讲话，明确表达了自己退休还乡的愿望。这次会议主要是讨论党和国家领导机构的改革问题。有的领导同志提出，下一步要准备设立国家主席，像叶帅这样德高望重的老同志，可以考虑担任国家主席。而叶帅明确表示：“我年纪大了，不打算再担任领导职务了，我多次表示过退出党和国家领导岗位的愿望，希望中央同志能同意我的请求。我退休后，可以回梅县老家休息。我有6个孩子，一个孩子一个月支援我10元钱，就有60元，生活足够了……”

叶帅的这一番话语，尽管多少还带有些幽默感，但其请求退休、告老还乡的愿望是真诚的。从中可以看出他一方面对故土山水的眷恋，对故里有着“落叶归根”的深切情怀；另一方面也表现了一个共产党员“以己之退，促党和人民事业之进”的积极向上、乐观豁达的博大胸怀和不恋名利权位的高尚品格，使人听了之后深感敬佩。

1977年11月这一次南来广州，因即将在广州召开中央军委全体会议，叶剑英先后同邓小平，许世友（时任中共中央政治局委员、广州军区司令员），韦国清（时任中共中央政治局委员、中央军委常委、解放军总政治部主任、广东省委第一书记），苏振华（时任中共中央政治局委员、中央军委常委、海军第一政委、上海市委第一书记），罗瑞卿（时任中央军委常委兼秘书长），梁必业（解放军总政治部副主任）等人谈话。其间，他还多次听取从北京抵达广州的中央军委全体会议文件起草组华楠（时任解放军报社社长）等人的汇报，并就在

1977年11月，叶剑英与邓小平在广州

中央军委全体会议上的报告起草和修改提出了意见。

11月18日下午，叶剑英和邓小平等一起接见了广东省、广州市局级以上干部和广州驻军师级以上干部。

11月25日至29日，叶剑英在广州听取了中共广东省委第一书记韦国清和梅县地区负责人的工作汇报后，作了重要讲话。在讲话中，他重点讲了如何处理好中国与世界，政治工作与经济工作，国家、集体与个人，生产与生活，工业与农业，粮食与副业的关系等问题。

在广州期间，叶剑英还与邓小平一道主持过几次会议，研究为即将召开的中央军委全会起草文件事宜。在研究叶剑英拟在中央军委全会上的主题报告讲稿时，邓小平明确指出："要转到经济建设上来，要以经济建设为中心。今后不能再提'以阶级斗争为纲'这口号了。"叶剑英也说："不能再这样折腾下去，现在如果不搞生产建设，要亡国亡党，搞建设搞生产，广东可以先走一步。"

12月3日，在广州休息、工作23天的叶剑英北返北京。

也许是叶剑英对"松园宾馆"的幽雅环境情有独钟，也许是宾馆热情周到的服务令他眷恋不忘，总之，他与"松园"维系着一种异常的密切关系，萌生着一种解不开的"松园情结"！

此后，叶剑英每次南来广州，都必定入住松园宾馆。

据当年参加接待工作的中共广东省委副秘书长关相生的回忆：

> 自1953年上半年叶帅调往中南、中央工作后，老人家对广东特别关心，经常给予各方面的指示和帮助。前后来广东工作、开会、视察或休息达20余次。前期多在广州军区留园招待所休息。从1977年至1983年5月12日的9次在穗期间，均住在南湖宾馆（后改为"松园宾馆"）四区一号楼。我因时任省委副秘书长，分管接待工作，和叶帅接触的机会比较多。
>
> 1983年11月，我们按惯例做好了迎接叶帅来广州休息的准备。不料，接到北京叶办电话称：叶帅患病，医生不让远行。谁料到1986年

10月22日，叶帅永远离开了我们。这使我们万分悲痛……①

关相生副秘书长的回忆中，有这么一句：叶剑英“从1977年至1983年5月12日的9次在穗期间，均住在南湖宾馆（后改为“松园宾馆”）四区一号楼”。这对于一个党和国家领导人来说是比较罕见的。九次南来广州，每次均住在“松园”，从不间断。可见，“松园”与叶剑英结下了不解之缘。

斗转星移，冬去春来。两年多之后，1980年1月3日至2月20日，叶剑英一行从北京乘专机飞抵广州，也是一方面休息，一方面开展调研工作。这一次又同样入住“松园宾馆”四区一号楼。

同一天，聂荣臻元帅一行20人，也从北京乘专机南来广州，也是被安排在“松园宾馆”三区七号楼住宿。这两位曾经在广州黄埔军校相处共事、在广州起义中并肩战斗过的老战友，同抵广州，旧地重游，且又住宿在同一宾馆，因而难免不了经常聚会，一起活动。

1月6日下午，叶剑英与聂荣臻一起，前往广州珠岛宾馆祝越南社会主义共和国领导人黄文欢74岁生日。黄文欢是中国人民的老朋友。他于1979年7月因受迫害而来中国。来华后，多次发表文章和谈话，颂扬中越两国人民的战斗友谊，为发展中越两国人民的友谊做了许多有益的工作。黄文欢对叶剑英元帅有着特殊的感情。1986年10月，叶剑英逝世后，黄文欢心情悲痛，在《人民日报》上题词悼念：“叶剑英同志千古：威震九州　名扬四海　黄文欢敬挽。”

1月14日，是聂荣臻元帅80岁生日。叶剑英给同住在“松园宾馆”的老战友，送去祝贺其80岁生日的祝辞。叶剑英的祝寿词如下：“绿树多生意，白云无尽时。八十之年，忽然已至，公为始满，剑犹过二，录必武同志句，为荣臻同志寿。”②

关于叶剑英为聂帅80寿辰致祝辞之事，聂帅的女儿聂力将军曾有这样的忆述：

① 关相生：《在叶帅身边见闻》，载《文韬武略，功勋卓著——纪念叶剑英元帅诞辰一百一十周年文集》，中国社会科学出版社2007年版。

② 中国人民解放军军事科学院编：《叶剑英年谱》，中央文献出版社2007年版，第1182页。

……几天后，父母亲来到广州。按阴历算，阴历的十一月二十七日，公历是1980年1月14日。那天，也算是父亲的八十大寿。那天，父亲可能觉得意犹未尽，又写了四句诗："八旬在广州，好似更年轻。行行复行行，长征复长征。"碰巧，叶剑英伯伯当时也在广州。他给父亲题诗祝贺。这让我想起两年前，叶伯伯八十寿辰时，父亲写了一首诗祝贺他。那天我也去看叶伯伯了，在座的人知道后，都要我当场朗诵给大家听。现在，父亲八十大寿，叶伯伯也写诗祝贺他。叶伯伯引用了董必武的两句诗为父亲贺寿……寥寥数语，抒发了真挚的革命感情和兄弟般的友情。叶伯伯题诗祝贺，算是父亲八十大寿的一个高潮吧。①

1月20日，获悉聂荣臻元帅心房扑动已三日，叶剑英和华国锋、邓小平一起批准医生对聂荣臻元帅用电除颤器施行电转复。

2月14日，叶剑英在广州参加当地群众举行的春节联欢晚会后，于2月20日北返北京。

1980年12月1日，叶剑英再次从北京飞抵广州，仍然入住松园宾馆一号楼。这次南来广州，叶剑英一方面休息，一方面参观视察，开展一些调研工作。

12月13日，叶剑英在广州接见"叶剑英传记组"成员，对组织上要为他编写传记深感不安。他对时任军事科学院院长的宋时轮说：没有天生的革命家，自己只是在党的领导下做了一些应该做的事情。他给传记组题写了晏几道的一首《临江仙》词句：

学道深山空自老，
留名千载不干身。
——书赠传记组同志。

① 聂力：《山高水长：回忆父亲聂荣臻》，上海文艺出版社2006年版，第412页。

上述自勉两诗句，既体现了叶剑英谦逊的品德，也展示了他淡泊的襟怀。一个身经百战、德高望重的开国元勋，如此淡泊名利，如此不恋权位，令人敬佩不已。

1981年1月底，在春节即将来临之际，时任中共中央总书记的胡耀邦，想到了在南方广州休息的叶剑英。因叶剑英不在北京，不能在春节期间和首都群众见面，总书记希望叶帅能够写点东西在春节期间的报刊上发表。中共中央办公厅负责同志将胡耀邦总书记的提议转告叶剑英。2月2日，在广州的叶剑英致函中办并转胡耀邦，信中说：“要我今年写点东西发表。苦索枯肠，写成一律，用表心怀，即呈审阅。如基本可以，还请修改。谨致革命敬礼！”随信附上一首洋溢着乐观情调的七言律诗《八一年春节》。其诗曰：

宏观代谢依新陈，
接力华年一代兴。
万里长江流可断，
神州九亿足资源。
作风制度陆续改，
传统优良好继承。
团结全民齐建国，
欢呼大地又回春。

信函与诗从广州“松园”寄出后，在北京的胡耀邦很快就收到。2月4日，胡耀邦将叶剑英的诗稿转送给《人民日报》和新华社负责人。新华社当天全文发表了这首诗。第二天，时值大年初一，首都和全国各地报纸也都在第一版显著位置刊登了这首诗。①

自从粉碎“四人帮”、结束“文化大革命”以后，经过拨乱反正，落实党

---

①　《瞭望》1986年第44期。

的各项政策，调整了各级领导班子，各方面均出现了一派崭新的面貌。就在这大好的形势之下，全国人民正在满怀信心，轻装上阵，团结一致，甩开大步，大搞四个现代化建设。值此新春佳节来临之际，叶剑英抚今追昔，回首往事，瞻望前景，充满喜悦，唱出了这首春回大地、催人奋进的“回春曲”。

诗中的起句“宏观代谢依新陈”，高屋建瓴，气势不凡，以“新陈代谢”盛赞干部队伍中出现的新老合作和交替的可喜景象。透过这一可喜景象，作者高兴地看到了祖国万象更新，人才济济，“接力华年一代兴”，一大批优秀接班人正在崛然兴起，犹如“长江后浪推前浪”地承前启后，后继有人，令人振奋。

颔联和颈联，更是引人深思，令人鼓舞。颔联两句写了神州大地丰盛富足的人力和物力资源，取之不尽，用之不竭；而颈联则列举了近几年中国所发生的新变化，人在变，物在变，时代在变，党的作风在变，各种制度也在变，一切都在朝着好的方向演变。

尾联是说，在一片大好形势之下，全国人民正在团结一致，意气风发，斗志昂扬地建设祖国。祖国人民正在唤回一个崭新的美好的春天。放眼华夏大地，万物复苏，欣欣向荣。经过了拨乱反正，改革创新，祖国各地一派勃勃生机，春光无限，春意盎然。诗中的“欢呼大地又回春”的结句，给人以欢快、愉悦而又酣畅淋漓的感觉，其诗意浓郁，韵味无穷。

叶剑英所作的《八一年春节》一诗，是他一生当中迄今为止公开发表的最后一首诗，可说是《叶剑英诗词集》的终篇之作。而这一终篇之作，就是在广州写成的，就是在广州“松园”写成的。在广州“松园”，叶剑英给自己一生的诗词创作画上了圆满完整的句号。

叶剑英在广州“松园”住宿休息，也将“松园”驻地作为自己办公的场所，如在“松园”批阅文件，修改文稿，接见当地党、政、军领导干部，谈论工作，研究问题等。1981年4月10日上午，叶剑英在“松园”会见中共广东省委第一书记任仲夷和其他有关负责人。他认真听取了任仲夷最近在汕头和梅县广大农村、城镇检查工作的情况后，作了重要讲话。叶剑英对任仲夷在各地看到基层出现的新变化、新气象，非常高兴。他说，现在是1981年4月，今年再搞一年，情况将会更好。他对任仲夷说，你们下去，到各地走走，是对他们的很大支持和推动，同时也可以帮助下面基层解决矛盾和各种问题。铁路、能源，都是先进的东西。孙中山的《建国大纲》对铁路讲了很多，他很重视铁路。现在广东铁路太少，要争取多搞铁路。

叶剑英还说：“我不久前到了中山县的温泉，那里有个温泉宾馆是利用外资建起来的。一年就搞起来了，进度很快。我考虑，温泉那个地方，还可以修点房子，作为开展对台湾工作之用。现在没有合适的地点，台湾、海外来的人不能同内地的人直接见面。对台工作，统一祖国的工作，要做并将其做好。”

当听到任仲夷讲饶平县农村搞包产到户，县委加强领导，作了十条规定，处理得很好时，叶剑英给予了肯定，说这办法好，要加以推广；当听到潮安县凤塘公社在包产到户后，计划生育工作仍然抓得好，人口增长率连年下降，1980年降为千分之九点五时，叶剑英说他们的经验也要推广……

从上述叶剑英与任仲夷的谈话中，我们可以看到叶剑英虽然已经是84岁高龄的人了，但是仍然心系着国家大事、关心着农村基层工作，仍然在各地开展调查研究工作。当时，刚刚结束“文化大革命”、拨乱反正不久，他对地方的能源、交通等基础设施建设，利用外资问题，对台工作，落实农村生产责任制问题和计划生育工作等，都十分重视。对于一些地方工作实践中的好经验、好做法，他都极力给予充分肯定和有力支持，并建议在各地加以推广。叶剑英不但在粉碎“四人帮”、结束“文化大革命”内乱局面中起了决定性作用，而且在历史转折时期对实行改革开放也作出了极其重要的贡献。

叶剑英最后一次入住广州松园宾馆，是在1983年1月11日。这次他从北京南来广州，还是“冬休”和调研。这次是他入住“松园”以来时间最长的一次，也是最后一次，直至同年5月12日才离开返回北京，前后居住了整整四个月的时间。在这四个月的时间当中，叶剑英虽然已是86岁的耄耋之年，但仍坚持工作，做了不少事情。

4月20日，叶剑英在松园宾馆和中央顾问委员会副主任薄一波等谈话。当时，薄一波是受中共中央政治局委托，专程从北京前来汇报第六届全国人大和全国政协人事安排的问题。叶剑英听完汇报后，表示对中央工作甚为欣慰，并对中央的人事安排提出了一些个人意见。

“英雄花照一劳人”

1978年5月3日，从北京南来广州调研休息的叶剑英，在中共广东省委负责人韦国清、习仲勋、吴南生、王宁等的陪同下，兴致勃勃地前往广州华南植物园参观。

华南植物园的前身，为国立中山大学农学院农林植物研究所。该所为我国著名植物分类学家、中国科学院生物学部委员、中山大学教授陈焕镛于1928年所创建。陈焕镛（1890—1971），别字韶钟、文农，广东新会人。1919年毕业于美国哈佛大学，获哈佛大学科学硕士学位。1920年回国后，曾在金陵大学、东南大学、中山大学等校任教，1928年受聘中山大学农学院，亲自创建并主持农学院农林植物研究所。1935年中山大学成立研究院，陈焕镛被聘为农林植物学部主任，翌年被选为中国植物学会会长。解放后，他继续担任中山大学植物研究所所长。1954年在该所的基础上扩建为中国科学院华南植物研究所，并任所长，为发展我国植物分类学作出了重要贡献。在各级人民政府的重视和关怀下，当年的华南植物研究所，已经发展扩建为华南植物园，并对外开放游览观赏，成为广大民众节日余暇赏草观花、识别植物的理想之地。

叶剑英一行漫步在华南植物园，跟随着园中专家和工作人员的指引，认真地听他们对亚热带植物种类和生长习性的介绍。在宽敞明亮的植物棚里，叶剑英还神情专注地仔细观察各种植物，对于有疑问或不明白的地方还向专家请教，其虚心好学、不耻下问的精神，令人钦佩不已。

1978年5月，叶剑英在广州华南植物园留影

春夏之交的广州，正是木棉花盛开的时节。只见华南植物园里的一棵棵木棉树枝头上，挂满了一朵朵鲜红的木棉花。在游园途中，叶剑英还饶有兴趣地在园中一棵傲干奇枝、高耸云天的高大木棉树下留影。

叶剑英站在一棵硕大的木棉树旁，在艳红似火的木棉花映照下，神采奕奕，笑容可掬。随行人员捧着照相机，按下了快门，于是，一张色彩清晰的照片，为叶剑英留下了游览华南植物园的履迹，留下了他游园观草赏花的瞬间。人们凝视这一张照片，只见背景是生机勃勃、如火如荼的英雄花，站在花下的是一位曾经横刀勒马、驰骋沙场的老英雄。有人评论说：“英雄花照老英雄，相互辉映，相得益彰，真是画龙点睛，形象鲜明。”①

事后，叶剑英端详着照片，触景动心，逸兴遄飞，便在这张照片上挥笔题写了《绝句》诗一首。其诗曰：

百年赢得十之八，
老骥仍将万里行。
小憩羊城何所遇，
英雄花照一劳人。

① 杨应彬、杨资元：《军魂伟烈壮诗魂——读〈叶剑英风采〉》，载《乾坤巨手，风范长存——叶剑英元帅诞辰110—112周年纪念文章选辑》，2009年编印。

这首七绝诗，凝聚了作者对英雄城市广州和广州人民的深厚情感，抒发了作者老当益壮、战斗不息的革命心志。该诗发表在《诗刊》1978年8月号上。当时，人们看到了这首诗，无不为叶剑英在自己暮年还渴望着“老骥仍将万里行”的豪迈心志所敬佩，也为他年逾八旬还表示愿做“英雄花照一劳人”的奉献精神所感动。

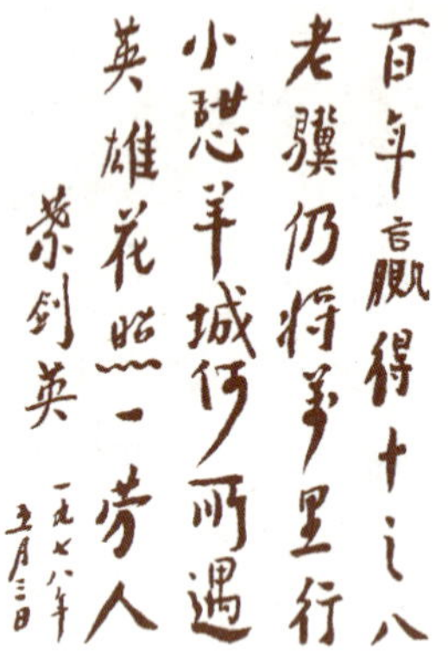

1978年5月3日，叶剑英在广州所作的《绝句》诗

这首诗虽然只有寥寥四句，二十八字，但是它却有一种无形的力量在激励和鞭策着后人。叶剑英写这首诗时，已是81岁高龄的耄耋老人。他虽然年迈体弱，“壮士暮年”，但却志存高远，“壮心不已”。他自比为“老骥”，尽管年岁已高，但仍可以在新的征途中作“万里行”，为党为人民继续发挥作用，奔波效劳。读了“英雄花照一劳人”这句诗，仿佛眼前闪现一位不知疲倦，为党和人民的事业甘于忙碌、乐于奉献的无产阶级革命家的形象。德高望重的无产阶级革命家尚且如此，而作为后人怎能不奋发向上？

叶剑英写此诗是在粉碎“四人帮”、结束“文化大革命”之后的1978年。其时，中国的现代化建设开启了新纪元。叶剑英离京南下，“小憩羊城”，在广州华南植物园中的木棉树下拍了照，身后的木棉树上，红花绽放，一片通红。此情此景，象征着喜庆，意寓着红火。叶剑英想到随着“文化大革命”十年内乱的结束，人民的生活也将会逐渐变得红红火火、美美满满，因而心情高兴，欢愉之情展现脸上。

诗中所提及的“英雄花”，即“木棉花”，亦名“红棉花”。木棉树有不甘居人篱下之气势，在树丛中，它茁壮向上，一定要超越周围的树。红棉树在南国广州遍地种植，其树挺拔高耸，傲然而立。每年春夏间，广州城区街道两旁一排排的木棉树，“干如铜，枝如铁”，枝头上红花绽放，鲜艳似火，甚为壮观。广州市民以英雄姿态形容红棉树，赐以雅号为“英雄树”，其花称为“英雄花”。正缘于此，红棉树也成为英雄城市广州的象征，木棉花也被誉为广州的“市花”。

广州是叶剑英生活、战斗过的地方，对广州有着特殊的感情。叶剑英热爱广州，也酷爱红棉“英雄树”。在他的诗词篇章中多有吟咏，以“红棉树”（木棉树）、“英雄花”（木棉花）入诗的诗作为数不少。除了这一首《绝句》诗中所提到的“小憩羊城何所遇，英雄花照一劳人”之外，还有他写于1921年的《羊石杂咏十绝》中的“飒飒东风扫暮霞，木棉落后更无花”；写于1938年的《羊城怀旧》中的“关心最是公园路，十丈红棉依样红”等。

据清人屈大均撰的《广东新语》称：“故夫望其乡，有乔木森然而直上者，皆木棉也。”“木棉，高十余丈，大数抱，枝柯一一对出……正月发蕾，似辛夷而厚，作深红、金红二色，蕊纯黄六瓣，望之如亿万华灯，烧空尽赤……”①另据介绍，红棉，木棉的别称，以开花红色得名。为木棉科落叶大乔木，又名英雄树。该树树形高大，雄壮魁梧，枝干舒展，花红如血，硕大如杯，盛开时叶片几乎落尽，远观好似一团在枝头尽情燃烧、欢快跳跃的火苗，极有气势。因此，历来被人们视为英雄的象征。

叶剑英在自己的诗作中，常常以“枝木似铁”的木棉树（英雄树）自喻，且又十分喜欢木棉树那“似火如血”的木棉花（英雄花），故有人曾经将叶剑英誉为“永不凋谢的英雄花”。

叶剑英从青年时代起，就远离家人，离乡背井，为革命四处奔波。虽然久别故土，但他对家乡的一山一水、一草一木都十分留恋。他多年工作在广州，生活在广州，战斗在广州，因而对广州的英雄树、英雄花记忆犹新，难以忘怀。他自1927年12月参与领导广州起义失败后，在腥风血雨之中离开广州，先避居香港，后前往上海。1928年12月奉命赴苏联莫斯科留学，在苏联学习了

① （清）屈大均：《广东新语》，中华书局1985年版，第615页。

一年多时间，于1930年秋回国。翌年春，由上海经香港、汕头、大埔、永定等地，然后进入中央苏区，参加建设和保卫中央苏区的伟大斗争。此后，他参加了二万五千里长征、参与和平解决西安事变和抗日战争，并在国统区开展抗日民族统一战线的工作，东奔西走，南征北战，为打败日本侵略者、争取民族解放历经了血火考验……

1938年5月初，叶剑英回到了广州。距1927年广州起义失败离开广州，一晃已时隔了十多年。尽管这一次是叶剑英远离广州十多年后的“百战归来”，心中充满着豪情和喜悦，但久别之后故地重见，仍难免有时过境迁、“人事各西东”之感。时光流转，沧海桑田，周围的一切变化太大了，当年的知己好友在广州分别后不见了，只有傲立于广州街头的红棉树还是那么高大挺拔，其绽放的红棉花还是那么鲜红艳丽。他触景生情，感慨万千，挥毫写下了一首七绝诗《羊城怀旧》。诗曰：

百战归来意气雄，
念年人事各西东。
关心最是公园路，
十丈红棉依样红。

叶剑英在此诗中，也是以红棉树入诗，足见他对广州市的红棉树、红棉花有着特殊的感情。在诗中，他抒发了自己“百战归来”的意气和豪情。他自1927年12月广州起义失败离开广州后，参与指挥了中央苏区的第二、三、四、五次反“围剿”战争，经历了长征艰险的严峻考验，参与指挥红军渡河东征和抗日战争，驰骋疆场，身经百战，在全国抗战爆发的第二个年头（1938年）回到了广州。这“百战归来”的感觉，对于叶剑英来说怎能不豪气满胸？怎能不“意气雄”？可是，归来之后，他眼看到的场景，心中也留下了少许的遗憾：因为他回到广州后发现过去离别分手的知己好友，已经各奔东西，“人事皆非”，难以相聚。尤其是他最为留恋的是当年与好友故旧经常相约聚会的公园，以及一起相伴游逛的小路。诗中末尾一句“十丈红棉依样红”，作者以红棉树来比喻革命的友情，虽然时过境迁，物是人非，但当年所熟悉的场所、道路尚在，所熟悉的红棉树仍然傲指苍穹，红花怒放……

年年岁岁花相似，岁岁年年人不同。虽然树还是当年的树，而人却已不是当年的人。从这一点来说，多少会有些遗憾，但作者心胸宽阔，情感充沛，发挥了丰富的想象力，以红棉树来比喻革命的友情。尽管旧友不见了，但友情常在，就像那鲜红的“英雄花”，光彩照人，永留人间。

有学者曾赏析此诗，并对诗中所提及的“公园路”作过考证。认为诗中的“公园”是指广州市中央公园（即今人民公园），“公园路”是指中央公园旁边的吉祥路、府前路、连新路等。当年，风华正茂的叶剑英就是与其知己旧友相伴相随，漫步于中央公园旁边的吉祥路、府前路、连新路上，因而他“关心最是公园路”，对“公园”“公园路”和周围的“红棉树”特别铭记在心，难以忘怀，印象深刻。

对于《羊城怀旧》诗中的“公园路”的考证，目前并没有异议。倒是对该诗的写作时间，目前则有两种说法：一种意见认为该诗写于1938年；另一种意见则认为该诗写于广州解放后的1950年。究竟该诗成诗的时间为何年？尚待进一步考证。

认为该诗写于1950年的理由是，诗中有“念年人事各西东”一句，“念年”即“廿年”（20年），如该诗写于1938年，离1927年广州起义失败叶剑英离开广州仅有10年，与诗中提法不吻合。而该诗写于1950年则距1927年刚好有20多年，与诗中所提到的“念年”相吻合。

另据广州解放后曾在叶剑英身边工作的人士回忆：1950年4月间，时任广州市市长的叶剑英曾在市政府大楼内，同副市长李章达、朱光、梁广等聚聊，叙旧谈新，抒发感想。他们都曾经亲历过广州起义的那个年代。谈论的话题免不了要回首当年广州起义的情景，大家不约而同地提起广州市中央公园内外发生的一些往事。叶剑英甚至还谈了他所喜爱的中央公园周边的七棵木棉树，引起了他的诗兴大发……

对于此事，解放之初曾在广州市政府机关任职的李祯荪先生，也有过这样的忆述：

新中国成立后广州市第一任市长叶剑英（右二）与副市长朱光（左一）、李章达（左二）、梁广（右一）合影

> 1950年4月，在市府叶剑英市长和李章达、朱光、梁广副市长等的叙旧谈新，我是在现场亲耳聆听到的。他们回忆公园内外的历史，谈公园周边的七株木棉树，说到解放后的第一个春天，这七棵木棉树开得特别火红。叶帅感慨地说：“李先生，关心最是公园路啊！”朱光同志激动地回忆起广州暴动时他在公园里写标语，到大街贴标语的往事，还念了晚清文人梁修的《木棉》诗：“霸图飘瞥笑刘郎，岭海文章万丈光；摧得扶桑斫丹桂，擎天还有大南强。”梁广副市长说：“参加暴动的警卫团的不少战士是工人纠察队员，很勇敢。”……①

触景，总免不了会生情。叶剑英、李章达、朱光、梁广等人都是一群“老广州”，对广州怀有深厚的感情。他们虽然阔别广州多年，但对广州的旧物仍然怀有一番留恋的情意。这也是人之常情。然而，对于《羊城怀旧》诗是写于1938年还是1950年，尚待进一步考证。

① 艾烨：《也谈〈羊城怀旧〉》，载《叶剑英研究》2014年第1期。

游广州花市

叶剑英爱花，尤其对木棉花情有独钟。每次南返花城广州，情调高雅、兴趣广泛的叶剑英总是忙里偷闲，观赏各种花卉，藉以增长见识，陶冶性情。有时在广州冬休调研，适逢春节，他还满怀兴致地游逛广州的花市，在百花斗艳的花街中徜徉、观赏，流连忘返。

叶剑英喜爱木棉花，也关心以木棉（红棉）花为“市花”的花城广州，关心花城广州的花市。1980年是广州市自“文革”后恢复迎春花市的第一年，全市各城区都积极行动起来，布置花街，架设花坛，采集花种，将本城区的花市景点布置得万红千紫，奇花斗艳。海珠区为了增添花市的文化氛围，还发挥该区特有的优势，在花市增辟书画专栏。邀集了容庚、商承祚、麦华三、秦咢生、黄文宽等一批著名书法家，拿出新作参展。此举带旺了海珠区的迎春花市，全市民众纷纷专程前往观赏。1981年2月13日晚，适值是春节前夕，正在广州的叶剑英，也饶有兴趣地游览了广州的迎春花市，并给予了很好的评价。据当年接待和陪伴叶帅游巡羊城花市的中共广东省委副秘书长关相生的回忆：

> 他（叶帅）老人家走路已困难，只能乘坐面包车到广州市西湖路花市一游。当车子徐徐开进花市时，只见十里长廊，灯火辉煌，红男绿女，摩肩接踵，热闹非凡。老人家透过玻璃，目不转睛地欣赏着花市里斑斓多姿的花卉。因车内外的温差，玻璃蒙上了水汽，他不时用手擦擦模糊了的车窗玻璃，力求看得清楚些。这次花市行，是他老人家最后一次观赏广州花市了……[1]

① 关相生：《国家领导人游花市》，载《羊城晚报》2011年1月31日。

广州，这座四季如春的花城，一年一度的迎春花市，吸引着四面八方的来客前来游览。花市繁花似锦，人海如潮。每逢旧历除夕，万花汇集于市。以售供赏，成为花市。在春节来临的前夕，四乡的花农便在广州市区一些指定的街道里，搭建牌楼，摆设花架，将各种各样、千姿百态的花卉挂放其间，让游客购买、观赏。据说，广州的迎春花市，缘于明代或者更早时期。它是中国独有的民俗景观，其芳名亦因而远播海外。

广州人当中曾经流传一句俗语："年廿八，洗邋遢。"广州人过年，除了将自己的房屋从头到尾打扫一遍，干干净净迎新春之外，还有一样必不可少，那就是游花市。在市区设置花市的几条街道中，人海灯山，群芳斗妍，清香袭人。而色彩缤纷的花架上，只见金黄的年桔，硕果累累；娇艳的蝴蝶兰，花团锦簇；可人的桃花，姹紫嫣红……去者必买一束，欣然返家，颇多情趣！哪怕是"仅想赏花而不买花"的人，来到春意盎然的花市，也会沾上新春的喜气。因此，花市常常吸引着爱花的广州人前来游逛，流连忘返。

南国的春天，百花斗艳，令人留恋。每有来广州度岁的人，总是希望逛游迎春花市。党和国家领导人朱德、林伯渠、陈毅等都曾来广州畅游过花市，并写下有关逛游花市的诗篇——

1959年春节，朱德逛游广州花市，并写下了七言绝句诗一首：

百花齐放遍城乡，
灿烂花光红满堂；
更有心花开得好，
一年转变万年香。

同样是在1959年这一年的春节，林伯渠也逛游广州花市，写下了七律诗一首：

迈街相约看花市，

却倚骑楼似画廊。
束立盆栽成队列，
草株木本斗芳芬。
通宵灯火人如织，
一派歌声喜若狂。
正是今年风景美，
千红万紫报春光。

1966年，陈毅南来广州。他游览了广州花市，也写了一首五言绝句：

去年花市好，
不与往年同；
今年花更好，
如见开门红。

从上述党和国家领导人“游广州花市”诗中，不仅可以看到广州花市五彩缤纷的艳丽美景和“歌声喜若狂”的热闹场面，同时还可以看出广州市民对如花似蜜的美好生活的憧憬和向往。

然而，在“文化大革命”期间，花鸟虫鱼被视作封、资、修的“玩物”，花市也被列入“四旧”（旧思想、旧文化、旧风俗、旧习惯）范围而被破除，每逢春节来临，谁也不敢提及，以免惹祸上身，自找麻烦。广州市区和近郊的不少花圃里，花树被掘起，花丛被铲掉，以改种所谓“备战药”穿心莲，一些颇受市民欢迎的花卉，也“零落成泥碾作尘”。历史悠久的广州花市被人为地中断了。

1970年1月下旬，叶剑英因治牙病，从被疏散地湖南湘潭到了广州。在广州期间适逢农历除夕，时在广州的董必武到叶剑英住地看望，两人亲切交谈。董老随后赋诗《羊城农历除夕喜遇叶剑公》，其诗曰：

羊城农历岁云凋，
满目风光兴趣饶。
破旧已无花上市，
迎新将有艺如潮。
曾经绚烂归平淡，
不信怀柔与叫嚣。
备战相逢岂易得，
余生能乐几今宵？

董老诗中的“破旧已无花上市”一句，正是验证了“文革”期间广州花市已经被当做“四旧”而破除了。而且在内乱的环境中，他们都被疏散流放京城之外各地，身处逆境，感慨良多。于是，诗中的“备战相逢岂易得，余生能乐几今宵”两句，流露出当年他们忧虑苦闷的心情。

直至粉碎“四人帮”、结束“文化大革命”之后，沉寂多年的广州花市才逐渐恢复，而且比以前更加多姿多彩。

自从1981年恢复广州迎新花市以后，每年广州花市摆出来的各种花卉都分外艳丽。每当年关将至，在翘首企盼中，广州的花市又将喜迎市民。作为全国闻名、历史悠久的“花城”，广州的年花品种丰富，争奇斗艳，令游人应接不暇，心旷神怡。

广州的花市，不但呈现了古老的岭南春节习俗，更与广州人的生活密切相关。由于迎春花市融合了广州人“讲意头”的传统，从而形成了自己独特的花卉语言。例如：金桔，象征大吉大利；水仙，象征富贵吉祥；桃花，象征大展宏图；还有“一品红”、杜鹃、蝴蝶兰、菊花等，都是寓意吉祥的常见花卉。“一品红”、杜鹃，以色取胜，色彩艳红，与中国人过年大红大绿的热闹劲儿特别般配。年桔，也是广州人喜欢买的品种，在房舍的阳台上或客厅里，摆上盆栽年桔，代表吉祥如意，“大吉大利”。至于蝴蝶兰与水仙，多起点缀作用，在清一色的艳丽色彩中，配上一些清淡的雅致花卉，更能调节视觉，达到平衡的作用。

还有那靓丽的桃花，多为单身未婚男女所青睐。因为买了桃花，有期待带来“桃花运”之意兆。桃花不仅色彩艳丽，姿态婀娜，还有期待给“老单身”“小单身”带来“桃花运”的引人遐想的美妙寓意。那些已进入谈婚论嫁的青年人，多希望能行“桃花运”，因而在游逛花市时必会多买桃花，供于房间，以便给自己的婚姻带来好运……

其实，在广州人当中，追捧桃花的不光是未婚的单身者，其他各阶层的人士也喜欢桃花。因为桃花既可“笑春风”，也可“闹春意”。它寓意“大展宏图，花开富贵”。无论是商贾之家，还是工薪家庭，春节期间都爱在家里陈列一棵桃花树，花开朵朵，满目琼瑶，满屋飘香，既寓意吉祥，又充满喜庆气氛。广州人对桃花十分喜爱，除了喜欢整树盆栽，也喜欢单株。吃了大年团圆饭，逛了花市，买三五枝单株桃花回家，置于玻璃瓶之中，向阳临窗摆放，贴近自然，颇有诗意，也别有一番情趣。

叶剑英虽然是客家人，但他长年在广州生活、工作，既熟悉广州的花市习俗，也喜欢逛游广州花市，因此在1981年春节期间南来广州，就欣然逛游了花市。

十八 桑梓情深

热爱故乡、眷恋故土，是中国传统文化的一个重要内容。许多背井离乡、寄身异域几十载的海外华侨，心中都不会忘记自己的家乡，都会眷恋着自己的故园。在中国历史上，曾为故乡魂牵梦萦的名人雅士也不胜枚举，其牵挂家乡、眷恋故园的名篇佳句比比皆是，屡见不鲜。如唐代诗仙李白有诗云：“谁家玉笛暗飞声，散入春风满洛城。此夜曲中闻折柳，何人不起故园情。”诗圣杜甫亦有“露从今夜白，月是故乡明”的名句。显而易见，故乡在中国人的心目中具有多么重要的位置。叶剑英调离广东到北京工作后，对长期生活、工作和战斗过的广州情有独钟。他经常回来广州走一走、看一看，关心广州的经济建设和社会进步，其浓郁的桑梓情怀，实为难得。

广州的“常客”

叶剑英对广州怀有特殊的感情。他自调离广东到中央任职之后，每次到广州开会、工作或休息，他都顺便浏览广州城区，看看广州有什么新的变化，并且会见广东省、广州市的一些负责同志，了解广州的社会经济建设情况。特别是他到了晚年，桑梓情怀更为强烈，思乡心绪更加浓厚，故他南返广州的次数就更为频繁了，成为广州的常客。

据当年中共广东省委接待部门的统计，叶剑英自1953年离开广东之后，先后来广州工作、开会、休息共有20多次，而且每次来广州在工作之余，都忘不了询问广州的经济建设和市民的生活状况，可谓“情系广州”。现列出其中叶剑英当年南来广州开会、工作的一些记录，从中可以了解到叶剑英当年在广州的主要行踪和有关活动。

1957年冬，时任中国人民解放军训练总监部代部长叶剑英元帅南来广州，入住广州军区招待所。同年12月11日，出席了隆重纪念广州起义30周年的群众集会。

1959年2月8日，中国人民解放军训练总监部代部长叶剑英元帅南来广州休息，住在广州军区招待所。2月17日，与朱德等同志一起，到广州军区礼堂看望了出席中共广东省委第一届第三次代表会议的代表，并在会上作了讲话。

1959年12月19日至23日，时任中共中央军委常委、国防委员会副主席的叶剑英元帅从武汉乘专机抵达广州，看望了在广州的中央领导同志后飞往武汉。当时，叶剑英正在武汉主持召开军师团营战斗条令专业会议。

1961年春，中共中央军委常委、国防委员会副主席叶剑英元帅南来广州，住在广州军区留园7号。2月10日，出席广州军区训练会议并作重要讲话。共讲了四个问题：（一）军队训练工作要领导抓总，首长分工，有主有从有结合；（二）老干部要亲自传经，献身说法；（三）军事训练中若干矛盾的解决；（四）从实战需要来训练军队。3月10日至23日，出席了毛泽东在广州主持召开的“南三区”工作会议和中央工作会议。3月14日，在广州作《赠刘三姐剧团及演员》诗六首（其中赠剧团二首，赠演员四首）。4月上旬，在广州主持召开中央军委条令验收委员会第一次会议，验收《合成军队战斗条令概则》《连以下步兵战斗条令》《空军飞行条令》。4月15日，又在会议上作了重要的会议总结讲话。

1961年12月31日，率领中国军事友好代表团前往河内参加越南人民军建军17周年纪念活动的中共中央军委常委、国防委员会副主席叶剑英元帅，从河内回到广州。在穗期间，叶剑英先后在从化温泉陪同刘少奇、周恩来，分别会见了当时在从化温泉疗养的越南副总理兼国防部长武元甲大将，并与武元甲大将一家合影留念。

1963年1月18日，中共中央军委常委、国防委员会副主席叶剑英元帅出席广州军区参谋工作会议，并在会上作了《大力加强司令部建设，充分发挥司令部作用》的重要报告。

1964年1月3日，中共中央军委常委、国防委员会副主席叶剑英元帅一行5人南来广州休息，并在广州过春节，住广州军区留园5号。1月19日，在广州军区召开的学习和推广郭兴福教学法座谈会上讲话，着重讲对郭兴福教学法的看法以及普及和提高的问题。2月8日，观看广州军区部队推广郭兴福教学法的表演，并召开了座谈会。在座谈会上，叶剑英作了重要指示：“郭兴福教学法，就是解决基层单位基础训练的好方法。”要做好普及与提高的工作，“在普及的基础上提高，在提高的水平上再普及”。

1966年春，时任中共中央军委副主席叶剑英来广州工作、休息，住在广州军区留园招待所。2月1日至4日，在广州出席中央军委第51次常务会议，会议主要讨论了军委组成、干部配备、政治工作、战备、国防工程等问题。2月7日，叶剑英在广州和董必武、贺龙、徐向前、聂荣臻等一起，接见广州军区召开的野战军系统四级干部会议的全体人员；同日，又与总政治部主任肖华在广州听取广州军区副司令员温玉成关于华南地区设防规划的汇报，并就海南岛、湛江、柳州等地设防问题作了重要讲话。2月8日，与贺龙元帅到广州军区总医院看望在“八六海战”中负伤的钢铁战士麦贤得。

1969年10月，时任中共中央书记处书记、中央军委副主席兼秘书长、主持中央军委日常工作的叶剑英，奉命紧急“战备疏散”到了湖南。在湖南期间，叶剑英因患牙病，经向周恩来报告，曾于1970年1月下旬到广州治牙病。2月上旬，适逢农历除夕，在广州的董必武到住地来看望叶剑英。叶剑英同董必武亲切交谈。董必武随后赋诗《羊城农历除夕喜遇叶剑公》，诗曰：“羊城农历岁云凋，满眼风光兴趣饶。破旧已无花上市，迎新将有艺如潮。曾经绚烂归平淡，不信怀柔与叫嚣。备战相逢岂易得，余生能乐几今宵？”从“备战相逢岂易得，余生能乐几今宵”的诗句中，可以感受到董、叶两人当时的心绪和感慨。2月中旬，叶剑英从广州返回湖南住地。

1974年10月2日至6日，中共中央副主席叶剑英从北京乘专机抵达广州，紧接着到海南岛视察后，10月6日从海南岛三亚乘专机飞往广西南宁视察。

1975年7月30日，中共中央副主席叶剑英一行14人从南宁飞广州，并到肇庆、从化温泉等地视察和休息。9月19日，在广州珠岛宾馆接见了广东省、广州市的主要负责同志。

此后，从1977年11月至1986年10月叶剑英逝世，9次来过广州，而且这9次全都入住在广州松园宾馆……

广州，是叶剑英长期生活、工作和战斗过的地方。叶剑英每次来到广州，都有一种特殊的情感，倍感温暖，倍感亲切！这里不仅仅是他的故乡，有一种难以割舍的浓郁乡情在感染着他，而且这里发生的日新月异奇速变化的一切，更促使他对这片热土深表关注，成为其魂牵梦萦的地方……

关心广州的建设

中国共产党人历来以国家、民族大局为重。特别是党的领导人心系人民大众，以民族的解放、国家的富强和人民的幸福为己任，毕生为之倾注心血，殚精竭虑，奋斗不息。他们深爱祖国的每一片土地，深爱全国各族人民。这其中就包括对故乡的热爱和亲情。也许，这当中对自己的故乡会关注得更多一些，联系也会更密切一些，都是情理之中的事。叶剑英就是这样一位既具有中国优秀传统文化美德，又具有共产党人崇高品格和宽广胸怀的党、国家和军队的领导人。

1953年，叶剑英调离广东，先是到武汉担任中共中央中南局代理第一书记、中南军政委员会代主席，后又调往北京中央任职。他虽然离开了广州，不再领导广州和广东的工作，但他对广州、广东始终怀有深厚浓郁的故乡之情，一直非常关心广州的经济建设和城市发展，关心广州市民的民生福祉。特别是在他的晚年，几乎每年都要南返广州走一走，或进行视察，或开展调查研究，或短期休假，亲自了解广州的经济发展情况，并对广州的工作进行切实的指导。即使是在北京没有外出公务活动，每有广东地区的干部群众赴京开会或公干，他也经常抽空接见他们，在相互问候的同时，总是详细地询问广州市经济建设各方面的情况。这当中既体现了叶剑英这位广东解放后首任广州市长对广州的惦念之情，同时也体现了叶剑英老市长对广州那份扯不断的情结，令人感动。

1949年跟随叶剑英南下解放广州，并曾一直在叶剑英身边工作的广州市副市长林西，曾经有过这样的回忆：

> 1953年以后，叶剑英同志虽然离开了广东，但他一直非常关心广东的经济建设和人民生活。他每次见到我，总要问问广州市的城市建设情况。他对广州的园林绿化、城市建设倍加赞赏。有时还特地派人从北京来广州取经，进行实地考察。党的十一届三中全会后，党和国家的工作重点转移到经济建设上来，全国的经济建设呈现出前所未有的新局面。这时，叶剑英同志更加迫切地希望知道广东的建设情况。每当他见到在广东工作的同志，都要问及广东的发展情况。就在他80多岁高龄时，仍不顾年逾古稀，病魔缠身，毅然多次重返广东巡视，深切关怀广东的四化建设……①

广州解放之初，曾经担任广州市副市长的梁广，也经常谈起当年叶剑英市长调离广东之后，仍一直关心广州市广大干部的成长和城市各项建设。他满怀深情地回忆：

> 叶剑英同志到中央工作后，对我们仍然十分关心。他教导我们要搞“五湖四海”，互相学习，紧密团结。1953年，我调到中央第一机械工业部三局当副局长时，叶帅还时常把我叫到他的身边，询问我的日常生活和工作，要求我努力学习业务和技术，注意工作方法，关心群众，做一个内行领导……几年前，叶帅每次回来广东，总是把曾在他身边工作过的同志叫到住地，问长问短，鼓励大家要发挥余热，为

① 林西：《深切怀念叶剑英同志》，载《广州日报》1986年10月29日。

党为人民多做些工作……[1]

粉碎“四人帮”、结束“文化大革命”后，叶剑英几乎每年都风尘仆仆、不辞劳苦来广东视察，对广州经济的不断发展，尤其是改革开放以来取得的令人瞩目的成就感到由衷的欣慰，并对广州的工作予以及时、具体的指导。他不顾年迈体衰，有时还冒着盛夏酷暑，到工厂、农村、学校、部队视察。他同人民群众息息相通，时刻将人民群众的切身利益记挂心中。他走到哪里，都受到工人、农民、学生、解放军指战员的热烈欢迎。

叶剑英谦虚谨慎，平易近人。同志们都愿意接近他，把同他见面交谈，视为是一件乐事。在广州乃至广东的干部中，对叶剑英都是亲切地称呼为“老帅”或“叶老帅”，大家都非常尊敬他，爱戴他，希望他健康长寿。

改革开放以后，叶剑英极为关心祖国的经济建设。他曾多次接见华侨华人实业家和全国人大、政协的港澳台籍代表或委员，号召全球华侨华人及港澳台同胞来大陆投资，以加快祖国四化建设的步伐。他也曾多次与香港著名爱国人士霍英东等洽谈，勖勉他多些与内地密切合作，携资回内地办厂、办实业，为祖国的经济建设多作贡献。对于叶剑英元帅接见畅谈的情景，霍英东一直历历在目，记忆犹新。他回忆说：“改革开放之初，叶帅多次会见我，鼓励我积极大胆地到内地投资，参加支持祖国的建设。他同我谈广东的经济发展，谈国家改革开放的远景，还同我谈体育，谈足球。每次交谈都是兴致勃勃，气氛热烈。其情其景，至今回忆起来，仍觉得十分亲切。”[2]

20世纪80年代初期，随着广州城市的对外开放和经济的飞速发展，国内外到广州的旅游者、经商者激增，广州的旅游基础设施严重不足，旅馆、酒店接待能力跟不上。每年在广州举办的春秋两季“广交会”，外宾蜂拥，客商云集，而当时广州的宾馆、酒店数量不多，而且内部设施都很陈旧，远远不能适

① 梁广：《我所了解的叶剑英同志》，载《萦思录——怀念叶剑英》，人民出版社1987年版。
② 霍英东：《在纪念叶剑英同志诞辰100周年座谈会上的发言》，1997年4月28日。

应形势发展的需要。为了解决这一矛盾，霍英东曾与广州市有关部门合作，准备在广州投资修建白天鹅宾馆，但是遇到了许多困难。因为当时中国内地还没有中外合作建酒店的先例，也没有任何经验可以借鉴，故霍英东拟投资修建的完全对公众开放的高级涉外酒店，一时都难以批复下来。叶剑英闻讯，表示极力支持。他还为促成此事出了很多好主意，经常给霍英东以诸多鼓励，终于使白天鹅宾馆建立起来了。霍英东十分感激叶剑英给予的支持和帮助，对叶剑英的关心和鼓励一直铭记在心。

白天鹅宾馆的建成和对公众开放营业，大大缓解了广州市的对外接待压力，也为广州市政建设树立了一座现代化都市的地标式建筑。更为重要的是，在叶剑英的大力支持和重视之下，白天鹅宾馆的建设，为外资的引进提供了可资借鉴的成功范例。在这一样板范例的带动之下，许多原本驻足观望的港澳同胞和海外侨胞，纷纷紧随其后携资回广州办厂、办实业，有力地促进了广州改革开放事业的迅速发展。

殷切的期望

粉碎“四人帮”、结束“文化大革命”以后，叶剑英南返家乡广东视察、休息、调查研究的次数更加频繁。他在接见广东省、广州市乃至梅州地区的干部群众时，反复强调要根据自然地理环境和社会特点来发展经济，要重点经营珠江三角洲；致力海洋经济的开发；搞好山区开发和治理，做好“山”字大文章。特别是要充分发挥毗邻港澳、华侨众多、墟镇经济发达之优势，扬长避短，趋利避害，发展本地区经济。

1977年11月，叶剑英南来广州开展调查研究。11月18 日，叶剑英在广州接见了广东省、广州市局级以上干部和广州驻军师级以上干部。11月25日至29日，叶剑英听取了中共广东省委和梅州地委负责人的工作汇报。当梅州地委负责人汇报家乡生产和群众生活情况时说，“全区还有三分之一的地方口粮水平每月仍在30斤以下”后，叶剑英心情沉重地插话说：“我们搞了近30年建设，群众连肚子问题都还解决不了，真是愧对乡亲啊！”

听完了省、地两级负责人的汇报后，叶剑英作了重要讲话。他重点讲了如何处理好中国与世界的关系，政治工作与经济工作的关系，国家、集体与个人的关系，生产与生活的关系，工业与农业的关系，粮食与副业的关系等问题。

关于中国与世界的关系，叶剑英指出：我们在中央工作的同志也好，在地方工作的同志也好，既要埋头工作，又要抬头看看世界。中国是世界的一部分，中国的发展，影响全世界。现在，中国与世界的关系更加密切。要时刻想到毛主席说过的“要把中国自己的事情办好”这句话。把中国自己的事情办好的主要标志是实现工业、农业、国防、科技现代化。这项工作还要继续搞，长期搞，搞几十年、百把年、几百年，改变我国的落后面貌，赶上世界先进水平……中国强盛了，帝国主义要对中国发动侵略战争，就要考虑多一些；如果中国虚弱，不强盛，人家就会来打你，他们挑起战争的可能性就会大些。战争不一定马上爆发，但有必然性。中国能不能搞好？这不是无条件的，是有条件的。关键是全党团结，中央团结。

关于政治工作与经济工作的关系，叶剑英指出：政治挂帅，思想领先。搞好经济建设，首先要调动干部和群众的积极性。积极性怎么产生的呢？吃不饱没有积极性，不政治挂帅，吃饱了，也会饱食终日无所用心。干部要把思想工作、政治工作做好，政治统帅经济。不能只埋头生产，不管政治。现在干部多吃多占又有抬头，浮夸、虚报等歪风邪气也有所抬头，不但广东有，梅县地区有，全国都有。要注意教育和批评，刹住这个歪风。纠正干部的歪风，不要看成是小事。这是关系到国家走不走社会主义道路的问题。

至于国家、集体与个人的关系，工业与农业的关系，生产与生活的关系，叶剑英强调，都要处理好。既要抓生产，又要抓生活。要给群众迫切需要的东西，要解决群众生活中的实际问题。

关于农业与副业的关系，叶剑英也要求各级干部认真去抓。他首先感谢梅州地委的同志汇报梅县山区的情况，是“给他上了一课”。他说同志们所汇报的情况，“超出了他的估计”。他原以为山区“没有什么油水”，听了同志们的汇报之后，他认为山区“大有希望”，“山区有煤、有铁、有稀有金属”等资源，只要解决好制约山区经济发展的不利因素，山区就会大有希望。为此，叶剑英要求梅县山区的干部和群众，要向山区进军，靠山吃山，吃山养山。可以开发山地，种茶叶、木茨、茶油、药材，搞副业，要多种经营，按比例发展。

梅县地处山区，交通不便，极大地制约了当地经济发展。有话说：路通财通。叶剑英曾多次向中央有关部门和广东省提出，要在粤东山区修一条铁路，以改善当地交通不便状况，拉动经济发展。叶剑英说，整个南方铁路少，交通运输不便，山区的矿产运不出去，需要的东西也运不进来，应该修一条经梅县到汕头，再到福建龙岩的铁路。因龙岩有铁矿，梅县有煤，汕头缺煤缺电，能源不足，工厂开工不正常，一个星期只开两三天工便停下来了，影响生产。如果把这条贯穿梅县、汕头、龙岩三地的铁路修好，使三地互通有无，取长补短，梅县的煤可运到汕头发电，龙岩的铁矿可运到广州冶炼，那将解决当地的物产销路问题。还有就是将京广线改成双轨，这样，南方的铁路交通运输薄弱的状况就改善了，而铁路交通运输状况的改观，又将极大地促进地方经济的迅速发展。

叶剑英在广州接见家乡的负责人和“父母官”，主要是希望广东省、广州市和梅州地、县委的领导同志，能够开阔思路，多想办法，尽快将地方经济搞上去，提高父老乡亲的生活水平。

为官一任，造福一方。广东省、广州市和梅州地区的地方干部听了叶剑英的讲话，深受鞭策和鼓舞。他们没有辜负叶剑英的殷切期望，正在满怀信心地带领广东人民同心同德，奋力开拓，锐意进取，为改革开放和建设中国特色的社会主义率先站立于时代潮头，积极探索，先行先试，勇闯新路。

广东，这片举世瞩目的热土，又掀起了新一轮如火如荼的建设高潮。广州，作为广东省的省会和中心城市，更是昂首阔步地走在全省经济建设和社会发展的前列。在新的改革大潮中，广州又以新的精神风貌，再创新的业绩，再树新的范例，再铸新的辉煌!

历史掀开了新的一页。如今，南粤大地改革潮涌，风生水起，一派生机。广州这座南国历史文化名城，在走新型城市化发展的道路上已经发生了翻天覆地的变化，“旧貌换新颜”。一个包容发展、均衡发展、创新发展、和谐发展、可持续发展，一个具有自己特色的经济低碳、城市智慧、社会文明、生态优美、城乡一体、生活幸福、宜居宜行的新广州，正在迅速崛起。叶剑英若九泉有知，也当会倍感欣慰。

十九 羊城叙旧

人到了老年，总会恋旧。叶剑英年逾八旬以后，也同样是如此。他经常离开北京，南返广州，一边休息，一边搞些调查研究，期间也会约见一些故旧老友，聚首畅聊，谈形势，论建设，叙旧情，话乡谊。特别是他在担任全国人大常委会委员长以后，几乎是每年都到广州小住，在开展调查研究或休息同时，邀约在广州的一些过去曾经并肩共事过的老部下、老朋友见见面，一起吃顿饭，聚首聊聊天，回忆当年的战斗岁月；或者是就近会见港澳台同胞和海外侨胞的故旧袍泽，同他们叙叙旧情，拉拉家常，了解他们的生活、工作，向他们介绍祖国的发展情况。有时是一些早年同窗好友的后人前来求见，他也亲切会见，深情地回忆当年的旧事，并仔细询问和了解好友后人的生活、工作情况。其情其景，令人感动不已。

与军垦老战士谈心

对于曾经为共同的革命事业奋斗的老战友、老部下，叶剑英心中也经常牵挂。每有机会，他总是将他们找来见见面、叙叙旧，回顾当年的峥嵘岁月，述说并肩奋斗的战友情谊。

1983年5月10日上午，叶剑英在广州南湖宾馆住地，亲切接见了王昌虎、陈文高等广东省农垦总局党组的领导成员。农垦总局局长王昌虎、副局长陈文高对叶帅说："广东省农垦系统60万干部、工人让我们向叶帅问好，祝您健康长寿。"叶剑英高兴地说："我感谢大家的关心，请代我向他们问好。"说毕，他和同志们一一握手，并细心地询问了大家的工作、生活情况，高度赞扬广东农垦战线的同志们为发展祖国橡胶事业所作出的巨大贡献。

陪同会见的中共中央政治局委员王震，向叶剑英介绍广东省农垦总局的一些领导同志时说："这些同志都是解放军胜利解放海南岛之后，响应叶帅创建垦殖橡胶园、建立天然橡胶生产基地的倡议，转到农垦战线工作的。"叶剑英面带笑容地对农垦总局的领导说："你们当年都是师级干部，有的同志还是老红军，都是党的老干部了。过去在战场上为人民立了功，新中国成立后，又在农垦战线干白了头。都有功劳，是功上加功。"当王昌虎、陈文高等同志汇报广东垦区事业特别是橡胶种植业取得巨大成功时，叶剑英满意地说："广东农垦系统取得的重大成绩，为国家为人民立下了大功，为国家橡胶种植业的发展做出了重大贡献，党和人民感谢你们。"

王昌虎局长介绍说："早在1951年就成立了华南垦殖局，叶帅兼任局长，亲自部署开发海南、湛江，发展祖国橡胶事业的蓝图。当时，党中央批准了叶帅的建议，组建了林业工程第一师、第二师，拉开了在海南岛和雷州半岛开荒种胶生产的序幕……”

叶剑英插话说：“那都是在党中央领导下进行的，我只不过牵了个头。”

话匣子一拉开，大家都深情地回顾起当年响应党中央的号召，投身于拓地耕垦、种植橡胶那艰苦创业的情景——

1951年初，中共中央根据中国经济建设和国防建设的需要，做出了在华南地区建立橡胶生产基地，发展新中国橡胶事业的重要决策。中央还决定，由时任中共中央华南分局第一书记叶剑英直接领导此项工作。

同年9月，叶剑英与政务院副总理陈云一起，在广州主持召开了华南垦殖筹建工作会议，研究有关橡胶垦殖具体事宜。11月，按照中共中央的决定，在广州成立了华南垦殖局，叶剑英兼任局长。

发展橡胶事业，其责任之重大，任务之艰巨，可想而知。当时，主政华南的叶剑英正领导广东人民进行土改、整顿社会治安、恢复生产、发展经济等工作，日理万机，政务繁忙，但当他接到党中央交给的垦殖橡胶这一任务后，二话不说，义不容辞地挑起了这副重担。他深知“这是做大生意，决不能等闲视之”，明确表示“这件大事，我当负全责，努力以赴”。

为了筹建一支颇有战斗力的橡胶垦殖大军，叶剑英除了请求党中央抽调一批有专业知识和管理经验的干部、技术人员、大学毕业生、归国华侨老胶工等之外，还抽调一批军队拓荒垦种。1952年初，政务院和中央军委批准了叶剑英的请求，决定抽调由司令员邓克明，政委王昌虎，副政委江学彬、陈文高，参谋长王伟等同志率领2万多名人民解放军指战员，组建了林业工程第一师（驻海南垦区）、林业工程第二师（驻高雷垦区）和独立团（驻广西垦区），作为橡胶垦殖队伍的基础骨干力量。参加这次会见的广东省农垦总局党组成员中，就有当年从军队转到农垦战线的领导同志。他们想起当年在叶剑英局长直接领导下克服困难、艰苦创业的情景，又看到当今农垦战线所取得的巨大成就，心里感到十分宽慰。几十年的耕耘奋斗，终于得到了丰厚的回报。虽然都已经是头发花白的老年人了，但是他们觉得自己的一生没有虚度，他们用自己的智慧和汗水为党和人民交上了一份令人满意的答卷，他们无怨无悔……

根据广东省农垦总局同志的汇报，自从广东解放以来至1983年的30多年中，经过农垦战线全体干部工人的艰苦奋斗，橡胶种植面积已达470万亩，种植区域已从北纬18度扩大到了北纬24度。1982年干胶总产量达到11万吨，到1982年为止，累计已为国家提供干胶100万吨。橡胶种植北移成功，还获得了全国科技发明一等奖。

叶剑英听后，满意地说：你们取得了很大成绩，为国家为人民立下了大功，为祖国橡胶事业的发展作出了巨大贡献。希望大家再接再厉，百尺竿头，更进一步，把农垦事业搞得更好。

亲切的会见，无拘无束的叙谈，使在座的同志都倍感高兴。

1983年5月这次接见之后，转眼又过了3年多，叶剑英元帅在北京溘然长逝。消息传来，当年跟随叶剑英一起拓辟天然橡胶生产基地的老军垦战士们心情十分悲痛。广东省农垦总局副局长、老军垦战士陈文高曾经接受过记者的采访，他深切地缅怀叶剑英同志创建新中国橡胶事业的巨大功绩，深情地追述了当年跟随叶剑英同志投身橡胶垦殖事业的往事——

1951年，毛泽东主席、周恩来总理作出决定，一定要建立橡胶生产基地。同年11月，华南垦殖局在广州成立，叶剑英同志兼任第一任局长。他拉开了规模浩大的垦荒植胶序幕。

叶剑英同志向党中央建议，抽调约两万多名解放军指战员，组建了林业工程第一师、第二师和一个独立团，还从华北、华东调来大批党政干部，作为橡胶垦殖的骨干力量。1952年5月，当部队指战员到达广州时，叶帅接见了我们5名师领导同志，给我们作了长时间的谈话，给我们分配工作。就这样，一支以林业工程部队为骨干，以大批翻身农民为主力，以大专院校师生和归国华侨为科技中坚力量的垦殖大军，掀开了新中国橡胶事业史的一页……

大规模的“橡胶大战”很快拉开了帷幕。叶剑英直接领导的橡胶垦殖队伍分赴海南、高雷和广西地区，安营扎寨，拓荒垦种。这些垦殖战线的拓荒者，以战斗的姿态，克服了重重困难，风餐露宿，披荆斩棘，艰苦创业，终于在短短的两年多时间里，奇迹般地开辟了华南大面积垦殖橡胶的生产基地。叶剑英为我国的橡胶事业作出了卓越贡献，功著南天，永载史册。

1953年叶剑英调离广东到中央任职之后，1956年6月，国家决定成立农垦部，由王震任部长，华南垦殖局归隶农垦部直接领导。这样，王震也与农垦系统结下了不解之缘。

1959年2月，叶剑英南来广东。他到海南热带作物科学研究所视察，看到橡胶垦殖业的巨大发展，不禁感慨万千，并深情地赋诗一首：

四十年前旧橡园，
将来发展看无边。
橡胶好似人中脚，
结合机床共向前。

叶剑英的诗句，虽然仅有短短的四句，寥寥二十八字，但是它既概括了我国橡胶事业的发展历史，又指出了发展橡胶事业的主要意义，并对中国橡胶事业的发展前景寄予殷切的期望，鼓舞人心，催人奋进。

数十载的风雨岁月，弹指一挥间。当年叶剑英描述的“四十年前旧橡园”，早已今非昔比，旧貌变新颜。如今，在中国最大的华南天然橡胶生产基地的园区里，胶林滴翠，胶乳飘香，呈现出一派勃勃生机。叶剑英的“将来发展看无边”的愿景，已经变成了现实。

叶剑英与当年一起投身橡胶垦殖事业的老战友、老部下聚首畅聊，共叙情谊，气氛和谐，心情愉快，受到接见的老军垦战士更是深为感动。

谒见“九州同”

叶剑英是党、国家和军队的重要领导人，是开国元勋之一，在海内外享有崇高的威望，受到许多港澳同胞和海外侨胞的爱戴和敬佩。他们从港澳回内地观光、探亲时，都希望能见到叶剑英。叶剑英虽然年事已高，身体不好，行动不便，但他认为这是统一祖国大业的重要工作，总是有求必应，来者不拒，尽力满足来访者的要求。

特别是粉碎“四人帮”以后，叶剑英在为国家的四个现代化建设殚精竭虑、日夜操劳的同时，也为争取包括台湾在内的祖国统一，实现香港、澳门回归呕心沥血，做了大量卓有成效的工作。进入20世纪80年代，年过八旬的叶剑英仍然非常关注香港、澳门的回归和祖国统一大业问题。他每逢南来广州，都忘不了约见港澳台同胞和海外侨胞，力促祖国统一大业。

1979年5、6月间，叶剑英在广州还会见了港澳知名人士李世安，除了畅叙旧情之外，还勉励他们积极为促进祖国统一大业做贡献。

李世安，广东梅县瑶上镇人，1901年生。他于1921年从梅县东山中学毕业后，同年考入广东高等师范学校（后改为广东大学），在广州读书。其时，叶剑英担任张民达旅的参谋长，住家就在广州小北路。星期天，李世安经常由叶剑英在东山中学读书时的同班同学萧人凤带领着去叶家，从此相交相熟。叶剑英称李世安为“老弟”。李世安在读大学期间，由陈延年、赖玉润（先声）介绍加入中国社会主义青年团（1925年春转为共产党员）。李世安大学毕业后，回梅县东山中学母校担任训育主任兼政治科任教师。第一次东征期间，叶剑英留任梅县县长，两人又多次交往，增进了了解和友谊。第二次东征周恩来率部来梅县时，委任江董琴（共产党员）接任梅县县长，江则委任李世安为梅县教育局局长，李因而也结识了周恩来。

1927年2月，李世安离开梅县到了上海，有一天在商务印书馆见到了周恩来，周带李到当时中央军委驻在法租界的一个秘密机关办公处。上海工人武装起义失败后，周恩来出走武汉。依照组织安排，李世安也离沪赴汉，担任武汉公安局秘书长（局长是江董琴）。此时，叶剑英已经通电反蒋，与蒋分道扬镳，彻底决裂，从江西吉安来到武汉，打电话到广东人开的向阳旅馆李世安的住处，约他见了面。叶剑英向李世安面述了自己的近况，并提出了要加入共产党的请求。李世安说，我可以向组织反映你的情况。李世安随后向周恩来作了汇报。周恩来当即表态：他的底子我知道，是好的，我们应当表示欢迎。[①]就这样，过了一段时间，1927年7月，经周恩来同意，中共中央批准叶剑英为中共正式党员，叶剑英终于实现了从激进民主主义者向共产主义者转变的跨越。李把这个好消息告知叶剑英。于是，李世安便成为叶剑英的入党介绍人。广州广州解放前夕，李世安移居香港。几十年之后，他们两人在广州见面，总免不了回顾昔日之往事。

1980年1月15日，叶剑英在广州会见澳门知名人士何贤、马万祺，并向他们赠送诗集《远望集》。何贤（首届澳门特首何厚铧之父），祖籍广东番禺县（今广州市番禺区），在港澳创就一番大事业，人称“华人澳督”，时任澳门中华总商会会长，是一位对澳门颇有影响的爱国人士。新中国成立之前，他就与叶剑英开始打交道。广州解放时，何贤组织澳门中华总商会和各界进步人士隆重举行庆祝大会。1950年10月1日，澳门各界冲破重重阻力，集会庆祝中华人民共和国成立一周年。何贤向3000名澳门民众发表演讲，振臂一呼，响应者众。他还领衔给毛泽东主席、朱德总司令、周恩来总理发致敬电，表达了拥护新中国、拥护中国共产党领导的共同心声。当时，帝国主义者和国民党特务对何贤的举动极为恼恨。他们使用各种手段对何贤进行威胁利诱，败坏他的声誉，挑拨他与中国共产党的关系，但遭到他的严词驳斥，他不改初衷，不为所

① 《叶剑英传》编写组：《叶剑英传》，当代中国出版社1995年版，第92页。

动。此后他多次受到毛泽东等党和国家领导人的亲切接见。叶剑英更是多次与他交往商谈，赞扬他的拳拳爱国之心，一片赤诚，日月可鉴。

马万祺，同样是澳门大名鼎鼎的传奇人物。这位澳门中华总商会会长、澳门筹委会和基本法起草委员会副主任委员、全国政协副主席，在新中国成立之初的1950年曾参与率领“港澳工商界观光团”回内地参观，在广州受到了时任广东省人民政府主席叶剑英的热情款待。当时，叶剑英一见到他，第一句话就说：“你为祖国做好事，党和人民不会忘记的。”这一句话，说明了叶剑英对马万祺支持、帮助祖国所做的好事，一直铭记在心，已将他当成了推心置腹的朋友。马万祺平时也喜欢吟诗赋词，诗作甚多。这次他们在广州晤面，除了畅叙挚友之间的情谊之外，叶帅还赠送了自己的诗作《远望集》给马万祺，于是免不了会谈论到诗词的话题。但更为重要的是，叶剑英鼓励他们利用自己的影响，团结澳门同胞，为实现祖国统一大业再立新功、再做贡献。

此后，从1980年至1983年，叶剑英除了在北京接见众多的港澳人士之外，在广州接见的港澳人士也越来越频繁：

1980年，叶剑英在广州接见香港裕华国货公司的余庆、李君夫妇；

1981年，叶剑英在广州接见香港嘉属商会会长曾广淼先生；

1983年，叶剑英在广州南湖宾馆接见香港知名人士、嘉属商会永远名誉会长刘锦庆先生；

……

在上述接见中，叶剑英与各位人士进行亲切的交谈，勉励他们运用智慧、经验等，为祖国的改革开放和统一大业做出贡献。

1983年春节，叶剑英在广州度过。这一年的5月，时任全国人大常委会副委员长廖承志在夫人经普椿的陪同下，离开北京南来广州。在广州期间，廖承志前往叶帅驻地松园宾馆向叶剑英委员长汇报了对台工作十二条，共同筹划对台工作的锦囊妙策。两个老人相见时，心情极为高兴，相谈甚欢，有说不完的话题。他们有对往事的回忆，有对当今国内外形势的评论，还有对未来世界局势的展望。但是，谈论更多的还是香港、澳门回归，祖国统一的问题。因为香港回归祖国的时间最近，因而他们甚至像小孩一般拉钩打赌，看谁最有后劲，谁能晚一天登上“奈何桥”，能够看到香港回归祖国的那一天。当时，廖承志曾含着泪花、敞开心扉说道：“如果我有幸能够亲眼看见在香港悬挂了100年的英国国旗降下，升起五星红旗，由我们党来结束鸦片战争以来中华民族的最大耻辱，这该是多么光荣和神圣的事业！”[①] 叶剑英也欣然表示希望马克思不要过早地将他们招去，能给他们看到香港回归祖国这一壮丽图景的机会……

当时，在场的廖承志夫人经普椿听了两位老人的对话，顿时百感交集，只有暗中祈祷上苍满足这两位“苦战一生为大同”的老革命的心愿。两位革命老人对祖国统一大业的执着追求和殷切期盼，令人敬佩，感动不已。

5月9日，是叶剑英的86岁生日（按农历推算）。王震、廖承志、李坚真、任仲夷、马万祺等前来叶剑英入住的松园宾馆祝贺生日。叶剑英深表感谢。他此时仍然牵挂着祖国的统一大业问题，难以释怀。

关怀故旧后人

叶剑英素来重情重义，即使是在他的耄耋之年，仍对少年时期同窗学友的陈年往事，记得十分清楚。每当他南来广州，遇有熟悉的同窗好友或小时同学的后人来访，他都会亲自会见，并与他们亲切交谈，详细了解他们的工作、生活情况，使来访者甚为感动。

凡了解叶剑英与张民达两人关系的人，都会知道叶剑英对故友重情重义的诚挚之心。早在大革命时期，叶剑英担任以张民达为师长的粤军第二师的参谋

① 王俊彦：《廖承志传》，人民出版社2006年版，第667～668页。

长，他与师长张民达关系极好。1925年3月，时任梅县县长的叶剑英，闻悉张民达师长不幸于潮州湘子桥舟覆殉难的消息后，感到十分震惊和悲痛。他立即安排好梅县的政务和军务，火速赶往潮州，处理张民达的善后事宜。作为张民达的部属和朋友，叶剑英可谓是做到了尽情尽义、尽责尽力。

翌年春，叶剑英又提笔直接向国民政府主席汪精卫写了《请褒恤张故师长民达》的呈文，提出了“厚仪饰终典礼，从优褒恤遗属，并将平生性行及战绩，宣付国史之处”的请求。在叶剑英的呈文请求下，国民政府追赠张民达为陆军上将，并给张民达的遗属以褒恤。

新中国成立后，叶剑英继续关心着张民达及其遗属的褒恤事宜。1952年，叶剑英在主政广东时，特请中央人民政府批准，给予张民达以烈士称号，重整烈士的故居和陵墓，并按时给烈士的妻女发抚恤金。“文化大革命”期间，张民达烈士遗属的抚恤金被中断，叶剑英知道后于1977年5月29日又致信给中共广东省委第一书记韦国清和广东省委：“仍应照发并补发这几年的抚恤金。”后来，张民达烈士遗属如愿以偿地拿到了这一笔钱，一直对此十分感激。叶剑英对待故友及其遗属的情义，曾经成为美谈佳话。

1981年4月21日，南来广州休息、调研的叶剑英，在下榻的南湖宾馆会见了梅县温氏宗亲温国强、温盛湘。温国强是叶剑英少年同学温维伦之子；温盛湘则是著名的“广州文总”烈士之一温盛刚的弟弟。在接见交谈中，当谈起早年在梅县丙村三堡学堂和东山中学读书期间的同学时，叶剑英能一一回忆同窗好友中的温氏同学，如温维训、温维伦、温唐芳、温盛光、温才铨、温俊彝等。他们都曾在一起求学，互相切磋学问，彼此十分要好。假日里，叶剑英还经常到车田村找温氏同学一起玩耍、踢球、游泳等，回忆起那无忧无虑的时光，极为高兴。

当叶剑英问起温维伦、温维训的情况，温盛湘告诉他，维伦、维训均已作古时，叶剑英不胜感慨，唏嘘不已。接着，又问：“维伦是否留有画作？维训是否留有诗作？”温国强回答说：“有。”叶剑英听后感到快慰。

此时，叶剑英沉思片刻，随即念念有词，在背诵一首温维训于60多年前写的一首长诗。诗曰：

北风猎猎猛如火，
残叶萧萧阶前堕。
漫漫寒宵且传杯，
醉到酩酊独数我。
中有祖翁亦不弱，
三杯吸进翩翩鹤。
我家祖孙不让人，
霜毫醉后风前落。
最是恼人南岛客，
冷眼偏向樽前白。
特效愚禹撇杜康，
兴来不愧今诗伯。
前有岐山后松柏，
溪水粼粼听潘石。
我今已醉我先歌，
百年悠忽已无多。
不趁少年荷金戈，
鸡鸣策马渡黄河。
忍令岁月日蹉跎，
兔起乌落走如梭。
梅花头日奈若何？

叶剑英默背出当年老同学温维训的这首七言长诗之后，对温国强、温盛湘说：这首诗是维训作的。温盛湘问：录下来好么？在座的叶剑英二儿子叶选宁，立即坐在他旁边记录。当叶剑英背诵到其中一段时，哑然失声，禁不住流下了热泪，稍微停顿了片刻再继续背诵。该诗较长，共有20多句，一个84岁高龄的老人，还能一字不漏、一字不错地记住60多年前老同学写的长诗，足见青少年时代的生活，给叶剑英留下的印象是多么深刻，同时也足见叶帅的记忆力是多么惊人！全诗记录出来后，叶剑英还认真地逐字逐句作了校正。选宁抄正后，他老人家又在维训诗作末尾，一笔一画地认真签上了自己的名字。

这首长诗，气势磅礴，铿锵有声，叶剑英十分欣赏，经常口中吟哦，背诵如流。诗中的“少年荷金戈”“策马渡黄河”两句，更是令人读后热血沸腾、催人奋进，给人深刻的印象。

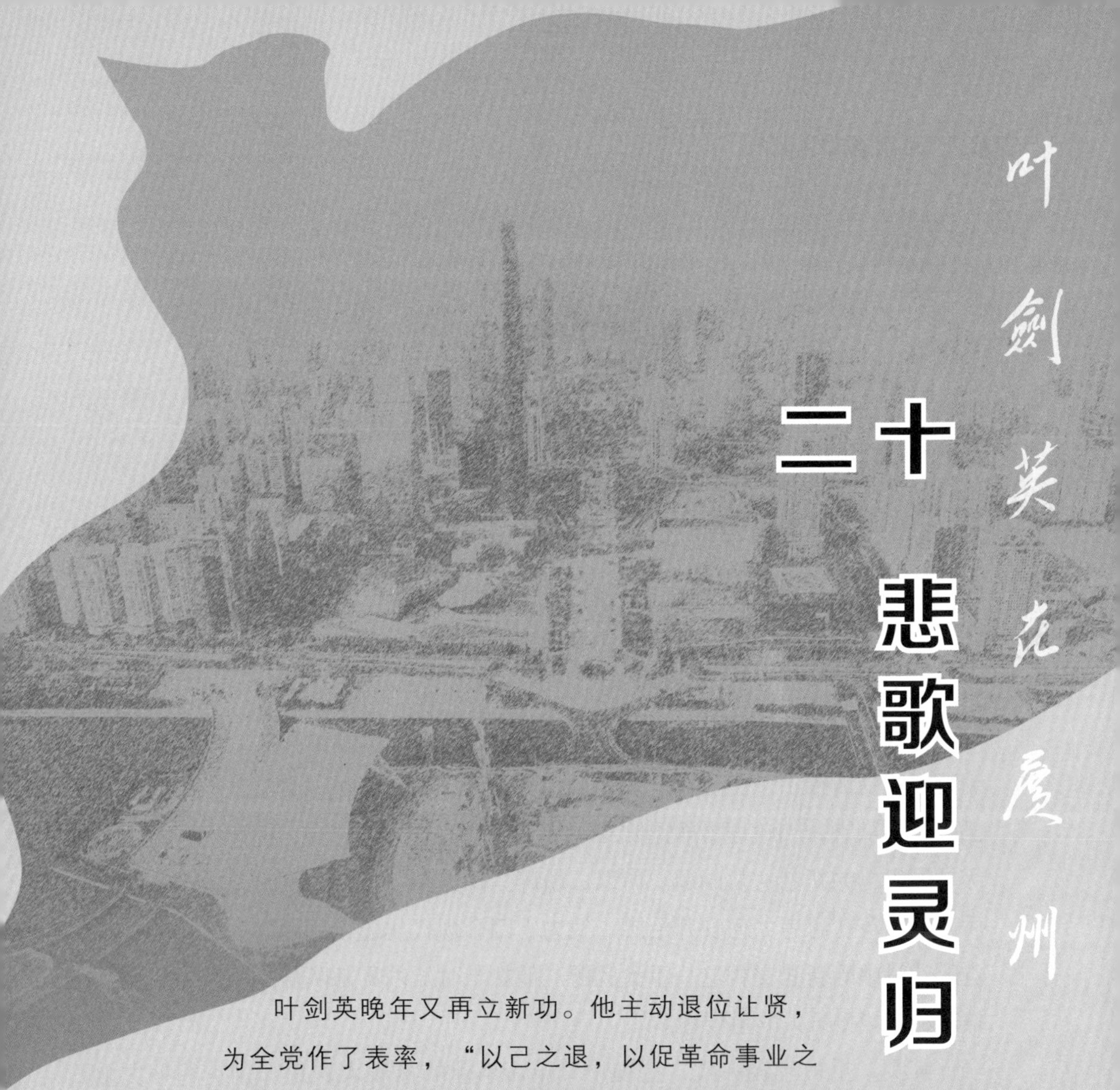

二十 悲歌迎灵归

叶剑英晚年又再立新功。他主动退位让贤，为全党作了表率，“以己之退，以促革命事业之进”。然而，正当全国人民祈望他能够健康长寿，为党和国家继续把关掌舵的时候，他老人家却不幸溘然长逝，永远离开了我们，享年89岁。帅星陨落，举国同悲。叶剑英的遗体在北京火化之后，按照其家属的意见，将他的灵骨从北京移送广州，安放于广州起义烈士陵园里的红花岗。于是，就引出了北京至广州“千里移送灵骨”的感人一幕……

带头引退

冬去春来，岁月匆匆。叶剑英为党和人民的革命事业奉献了近70载春秋。转瞬之间，他已经是年逾八旬的老人了。党和人民对这位德高望重的开国元勋，满心希望他能够留在党中央的领导岗位上，继续领导全党、全军和全国人民为祖国的四化建设多作贡献。

然而，岁月不饶人。叶剑英元帅毕竟是上了岁数的老人了，该脱离政事缠扰，享受清福了。由于年老多病，精力不济，虽然仍可“老骥伏枥”，但却已经力不从心，问政理事颇感困难。由于自身有这样的感受，他想到了党内各级领导机构的新老交替问题。所以，粉碎“四人帮”、结束“文化大革命”之后，叶剑英在思考如何安邦治国、致力于四个现代化建设问题之外，十分重视党的建设中的新老交替这一重大问题。他从当时党内干部队伍的现状，看到了培养和选拔接班人的重要性。

其实，重视年轻一代，重视培养革命事业的接班人，是叶剑英的一贯主张。

早在1956年11月，叶剑英就曾经写过赞扬年轻一代的诗篇。他在《西游杂咏》组诗中，就有这样的诗句：“引得春风度玉关，并非杨柳是青年。英雄一代千秋业，敢说前贤愧后生。”① 在他未及60岁的时候，就已经以历史唯物主义的眼光看到，在无产阶级的千秋大业中，革命的后生将会不断地超过前贤，恰似长江大河，后浪推前浪，滚滚向前，奔腾不息。

“文化大革命”十年内乱期间，一代青年的成长受到了严重挫折，培养革

① 叶剑英：《远望集》，人民文学出版社1979年版，第17页。

命接班人的工作也受到了极大的干扰。有鉴于此，结束“文化大革命”以后，处于党、国家和军队领导岗位上的叶剑英，深有体会和感触。他十分关心青年一代的成长，也极为注意培养和选拔革命接班人的工作。1978年12月，他在中央工作会议上，把培养和造就一大批革命事业的接班人，作为全党、全国“一项十分重要的战略任务”提出来，以引起全党的关注和重视。

1982年3月，叶剑英在同几位中央领导人的一次谈话中，就特别谈到了要重视培养革命接班人的问题。他还列举了三国时期蜀国人才老化、后继乏人的教训。他说：“蜀国那时也有个干部接班的问题。‘蜀中无良将，廖化做先锋’。诸葛亮晚年，不放手选拔、使用年轻的接班人。后来，诸葛亮很急，好不容易发现姜维是个人才，让姜维做了接班人。蜀国人才老化问题，接班问题，很值得我们借鉴。我们自从井冈山以来，五十多年了，多年征战的干部都老了，现在需要大力培养选拔接班人。”叶剑英谈到了这一问题，说明他不仅看到了党的干部队伍中的老化问题，也在积极思考如何解决这一问题的有效办法。

在叶剑英看来，自然规律，不可抗拒。在中国共产党处于执政地位的情况下，各级党组织领导机构中的年老体弱的同志，到了不能坚持正常工作的时候，应该从党的事业着想，主动从领导岗位、工作岗位上退位让贤，让年轻的同志接替工作。只有做好新老交替工作，有进有出，新进老出，才能使党的事业后继有人、长盛不衰、持续发展。

叶剑英还认为，要做到“新的进，老的出”，必须有“敢于吃螃蟹的第一人”，打破旧例，创立新制。因为庙只有那么大，菩萨只能要那么多，“一个萝卜一个坑”，老的不退出来，新的就进不去。而且高层年龄老化的问题迫在眉睫，必须尽快解决，刻不容缓。老同志应该从大处着想，有意识地退让。于是，他决定“从自己做起”，要“以己之退，促党的事业之进”。

叶剑英于1982年开始主动提出要退出中共中央领导岗位。1982年9月6日，中共中央在北京人民大会堂召开中国共产党第十二次全国代表大会。会上，年已85岁高龄的中共中央政治局常委叶剑英发表了重要讲话。他说：“我们的党是一个生机勃勃的党。经过这次大会，将有一批年富力强的同志，走上中央的领导岗位和其他领导岗位。这是党的事业兴旺发达的重要标志。我们老一辈的同志，看到这种情况，由衷地感到喜悦。唐朝诗人李商隐曾经用‘雏凤清于老凤声’的诗句，称赞他的后辈的诗才。意思是说，后来者居上，年轻的会超过年老的。可以说，这是历史发展和社会进步的一个基本规律。”

叶剑英在讲了一大批年轻同志成长接班、党和人民的事业犹如奔腾不息的江河“后浪推前浪”的喜人现象之后，话锋一转，又接着说：

“这次大会以后，将有许多老同志从领导岗位上退下来。这是党的事业发展的需要。这些老同志勤勤恳恳奋斗几十年，他们是革命的功臣。他们的功绩，党和人民是不会忘记的……”

说到这里，叶剑英又联系到了自己。他说：“我今年85岁了，年老多病，做事已力不从心，从党的事业着想，我曾多次要求退出领导岗位。在中央没有决定我退出之前，当尽力而为，‘鞠躬尽瘁，死而后已’。”①

但是，在中国共产党第十二次全国代表大会上，叶剑英仍被选为中共中央委员。在中共十二届一中全会上，又当选为中共中央政治局常委（中共十二大通过的党章规定，党内不设主席、副主席）。尽管这样，叶剑英还是“从党的事业着想”，一直以来退位让贤的决心始终没有改变。

1983年2月，叶剑英写信给五届全国人大常委会，请求不再将他列为六届人大常委会委员长候选人。他在信中说：“为社会主义事业奋斗到底，这是我的夙愿，但毕竟年迈多病，力不从心。值此换届之际，请求这次常委会会议考虑我的实际情况，在六届人大选举中，向各选举单位建议，不再提名选我为全国人民代表大会代表，当然六届人大也就不再将我列为人大常委会委员长候选人。我诚恳地希望这个请求能够得到批准。”这一次，叶剑英的主动请求，终于得到了五届人大常委会的同意。

1985年9月，在中共十二届四中全会召开前夕，叶剑英同其他几位老同志

① 叶剑英：《在中国共产党第十二次全国代表大会上的讲话》，1982年9月6日。

一起，致函全会，请求不再担任中央委员和候补中央委员。全会鉴于叶剑英和这几位老同志的实际身体情况，同意了他们的请求。

自此，叶剑英退出了他在党中央和中央军委的所有领导岗位。

叶剑英的主动引退，不仅仅是他伟大的胸怀，也不仅仅是他对共产主义事业的崇高的历史责任感，更重要的是他以自己的模范行动，为改革领导制度、干部制度带了一个好头，引领出了一个良好的开端，为促进中央领导机构成员的新老交替、促进党的事业的发展做出了楷模。因为在此之前，中国共产党的历史上还没有一个最高层的领导人健在而且功绩显赫、声望正隆的时候，自己要求从象征权力的领导岗位上退下来，叶剑英是第一个。

在叶剑英元帅身边工作、陪伴他老人家走完人生最后17年的秘书张廷栋将军，对叶剑英的这种不恋权位、顾全大局的特别举动，既深为感动，也感慨万端，钦佩不已。他曾经这样评价说："叶剑英是第一个带头退位让贤的老同志，像叶剑英这样的人物，历史上只能有一个。多少代以后，如果有类似的人物，也仅仅是类似而已。"①

真可谓一石激起千层涟漪。叶剑英主动退位让贤的消息，在国内引起了强烈反响。人们在惊愕之余，无不对这位身体力行，为废除干部领导职务终身制做出表率的老帅表示崇高的敬意。叶剑英的引退，显示了他的远见卓识，也展现了他的伟大胸怀。

的确，自古以来，有谁能够放弃手中的权力，甘心情愿地交出高官显位，回到普通平民的地位上来呢?

叶剑英做到了这一点。他赢得了全党同志的交口称赞。

① 张廷栋：《爱书元帅叶剑英》，中央文献出版社2003年版，第303页。

帅星陨落

生老病死的自然规律，任何人都不可逆转。叶剑英到了晚年，身体对疾病的抵抗力减弱，健康状况大不如前。尤其是从1983年以后，身体更是每况愈下，渐趋衰弱。用叶剑英的话来说，就是“身欲奋飞兮病在床”。

据当年对叶剑英进行保健和医疗的医生介绍，从1980年起，叶剑英的身体就已经出现了诸多病情：

> 1980年，叶剑英患巴金森氏病，并常常因此而引起并发症，特别是经常发生肺部感染；
>
> 1982年以后，叶剑英的肺部感染一次比一次加重，并且越来越频繁；
>
> 1983年11月，叶剑英突然患急性高侧壁小兆型心肌梗塞，经医疗组多方抢救治疗，病情一度明显好转；
>
> 1984年4月，叶剑英又发生大脑中动脉血栓形成、肺炎、腹泻等症状；多次出现高烧，呼吸仍见困难，病情加剧。至7月，病情未见明显好转，仍然不断出现高烧、黄疸及腹水，呼吸仍见困难，病情危重……

鉴于叶剑英的严重病情，中共中央曾于1984年7月16日和27日两次发出第二十二、二十三号文件，向全党通报了叶剑英的病情。当时，叶剑英的病情牵动着中央领导层的心，他们都感到十分忧虑。后由于医疗专家的积极抢救和精心治疗，叶剑英的病情有了明显好转。到了10月，叶剑英病情稳定，逐渐转危为安，化险为夷。10月16日，中共中央又发出了第三次病情通报。党内、军内的同志为叶剑英病危而焦虑的心情有所缓解。

当时，党中央对叶剑英疾病的治疗极为关注。中共中央、全国人大、国务院、全国政协、中央军委和三总部的领导同志，经常打电话问候或到病房看望他，并听取医疗组的汇报，给专家、教授、医疗人员提出希望和要求。党内外、军内外特别是军事科学院的许多老同志，也经常到病房看望叶剑英。叶剑英的子女和亲属也都对病情深表关注和焦虑，他们经常抽出时间到病房探望和守护。老人家病情加重的时候，更是陪伴身边，昼夜不离，细心呵护。他们十分感激专家和医护人员，大力支持医疗组的工作。医疗组的同志们对此也很受感动，医疗组医学专家邓家栋说：

> 对中央首长疾病的治疗，关键是首长本人如何对待医疗组提出的治疗意见，如果首长本人和他的家属另有主张，你有再好的治疗办法也不行。我们这个治疗组很幸运，叶帅配合得很好。对于他的病，我们医疗组先诊断，然后讨论治疗方案。方案确定后，我们便向他报告，只要把道理讲清楚，他就同意，就接受。他相信科学，信任医护人员。因此，我们的工作一直比较顺利。我非常感激叶帅……[①]

由于叶剑英的病情时好时坏、反反复复，他不得不在军事科学院二号院寓所内卧床了两年半的时间。尽管叶剑英年迈体弱、病情危殆，但是专家、教授和全体医护人员以高度的责任感，对叶剑英的疾病进行细心观察，精心治疗，悉心护理，想方设法战胜病魔。

然而，人到垂暮之年，其虚弱的体质时时刻刻都令人担忧。从1986年10月13日开始，叶剑英的病情出现了明显恶化的迹象。他处于昏迷状态，体温升至39摄氏度多，呼吸变得急速，心律、血压均不正常。医疗组的专家、教授和医

① 《叶剑英传》编写组：《叶剑英传》，当代中国出版社1995年版，第706页。

务人员虽然采取了各种措施进行抢救，但效果甚微，病情未能得到有效控制和缓解。10月21日夜里，叶剑英的病情进一步恶化。医疗组竭尽全力进行紧张的抢救，但不幸的是，这一次却未能抢救过来。至10月22日凌晨，监视叶剑英病情的心电图机显示器上的波峰骤然消失……

一颗伟大的心脏停止了跳动！

一颗璀璨耀眼的帅星陨落了！

叶剑英在其人生旅途上，走完了89年的人生之路！

噩耗传出，举国同悲。从祖国的东海之滨到西北边陲，从内蒙古草原到海南岛的五指山下，一封封唁电、唁函，从四面八方飞向北京。在叶剑英的故乡广东梅县，在广州、北京以及全国许多地区，组织了各种形式的悼念活动，有的设灵堂吊唁，有的举行座谈会，缅怀叶剑英元帅的丰功伟绩。

1986年10月29日，中共中央在北京人民大会堂隆重举行叶剑英追悼大会。党和国家领导人同首都各界人士5000余人，怀着无比沉痛的心情，参加了追悼大会，并向叶剑英的遗体告别。

邓小平等党和国家领导人向叶剑英的亲属表示慰问

中共中央政治局常委、中央顾问委员会主任、中央军委主席邓小平主持追悼大会。中共中央政治局常委、总书记胡耀邦致悼词。悼词回顾了叶剑英一生为中国人民的解放事业和社会主义建设事业建立的丰功伟绩，特别是在革命转折关头所作出的重大贡献，赞扬了他的崇高品德和优良作风。

广州，是叶剑英长期生活、工作和战斗过的地方。广东、广州人民对叶剑英元帅怀有深厚的感情，对叶剑英元帅的逝世倍感悲痛。10月29日，就在中共中央隆重举行叶剑英追悼会的同一天，广州地区党、政、军机关干部和各界群众共5000多人，怀着沉痛的心情来到设在广东省人民政府礼堂的吊唁大厅，深切悼念叶剑英同志。

广东省、广州市的负责同志都纷纷发出唁电、唁函，并撰写文章，在《光明日报》《南方日报》《羊城晚报》《广州日报》等报刊上发表，缅怀叶剑英的光辉业绩和崇高风范。

叶剑英常住的广州南湖宾馆的服务员，也讲述了叶剑英在羊城期间“春天的故事”，并将当年叶剑英与她们的合影照片刊载在《广州日报》上。

新中国成立以后首届广州市劳动模范陈宜平，也深情地回忆起当年叶剑英市长奖励他们“每人一个月津贴”的情景……

参加过二万五千里长征的女老红军李坚真大姐，与叶剑英同是客家老乡，她早在1931年闽粤赣边区时期就与叶剑英同志相识，解放初期又在叶剑英直接领导下工作，经常亲聆其教诲，对叶帅的不幸逝世十分悲痛。她于1986年10月25日也就是在叶剑英逝世的第四天，在《南方日报》上发表了《回忆在叶帅直接领导下工作》一文。文章除了回顾在叶剑英直接领导下工作的情景之外，还写了几首客家山歌敬献给敬爱的叶剑英元帅：

（一）

公求真理作先驱，
亮节高风是我师；
跃马横戈革命路，
历尽艰险志不移。

（二）

英雄慧眼识奸计，
力挽狂澜飞单骑；
千钧一发乾坤转，
北上红军心更齐。

（三）

三星陨落神州险，
绝续存亡挺身担；
紧握戎机除四害，
为民为国保江山。

（四）

岭南梅老阴那山①，
傲斗严寒意志坚；
铁骨红心三尺剑，
功昭日月照人间。

新中国成立初期，曾经在叶剑英直接领导下工作过的老同志刘田夫、杨应彬，也于1986年11月2日在《光明日报》上发表长诗一首，敬挽叶剑英元帅。其中有这样的诗句：

……
耿耿元戎百战经，
拳拳胸怀子弟兵。
多年心血成大效，
神州筑起铁长城。
空前浩劫罹祸殃，
肝胆自红心自伤。
一旦战机握在手，

① 阴那山是粤东名山，位于叶剑英元帅家乡梅县雁洋镇。

钢鞭粉碎“四人帮”。
大哉伟矣老元戎，
危难时刻见英雄。
……

全党、全国人民的唁电、唁函，都表达了对叶剑英元帅的深切怀念，千言万语汇成一句话：

敬爱的叶老帅，一路走好！

灵骨移送广州

叶剑英的遗体在北京火化后，其灵骨将安放于何处？这是一个必须立即作出抉择的问题。按照常规，像叶剑英这样德高望重的党、国家和军队重要领导人，逝世之后的灵骨必定安放在北京八宝山革命公墓。可是，依其家属的意见却不是这样。他们要将叶剑英的灵骨从北京移送广州，安放在广州起义烈士陵园的红花岗上，与当年广州起义的死难烈士们安葬在一起。

这也许是叶剑英生前的遗愿。广州是他长期生活、工作和战斗过的地方，承载着他的革命情结，一往情深，难解难分。他曾经在这里追随孙中山革命，救国济民；他曾经在这里参与领导震惊中外的广州起义，建立了中国第一个城市苏维埃政权；他曾经是新广州第一任市长，在这里领导广州人民建设广州这座美丽的城市。尤其是广州起义烈士陵园红花岗上，当年与他一同浴血奋战的许多广州起义战友，就长眠于此。这更是叶剑英魂牵梦萦的地方。如今，他也驾鹤西去，与世长辞，但他要魂归故里，要与当年的死难战友安葬在一起，与之相伴相守……

这是一种独特的选择。尽管有些意外，但也合情合理。

1986年10月31日上午，叶剑英灵骨移送广州的安排正式开始。在中共中央顾问委员会副主任王震、中共中央书记处书记王兆国和中央有关部门负责人杨德中、萧洪达、李希庚以及叶剑英元帅的子女、亲属，治丧办公室有关人员和叶剑英同志生前身边工作人员的护送下，从北京西郊首都机场登上叶剑英生前乘坐过的专机，移送往广州。

当天前往首都机场送灵的有：中共中央政治局委员、中央军委常务副主席杨尚昆，中共中央政治局委员、书记处书记胡启立，中共中央政治局委员、书记处书记、人民解放军总政治部主任余秋里，中共中央政治局委员、书记处书记、国务院副总理田纪云，中共中央政治局委员、书记处书记、国务院副总理李鹏，中共中央顾问委员会常委李德生，全国人大常委会副委员长彭冲、荣毅仁，中央军委副秘书长洪学智，全国政协副主席杨成武等以及有关部门的负责同志。

这一天，首都机场下了半旗。覆盖着中国共产党党旗的叶剑英同志的灵骨盒和遗像，在人民解放军礼兵护送下，由叶剑英同志的亲属叶选平、叶选宁、叶选廉等捧到机场。这时，军乐队奏起了哀乐。排列在飞机舷梯两旁的党、政、军领导同志和各界人士，怀着沉痛的心情，向叶剑英元帅的灵骨行礼致敬，并目送护灵人员登上了飞机。

飞机迅速起飞。经过了两个小时的空中飞行，上午11时许，移送叶剑英灵骨的专机顺利地降落在广州白云机场。当叶剑英元帅的灵骨在王震、王兆国等同志和叶剑英的子女们护送下飞机时，军乐队奏起了哀乐，迎灵队伍肃立默哀。

叶选平手捧着叶剑英的灵骨盒，在四名中国人民解放军礼兵的护送下，走在护送队伍的前面，缓步穿过迎灵的队伍，然后登上披挂黑纱和花球的灵车。

紧接着，载着叶剑英灵骨和护灵人员的灵车，由五辆摩托车和一辆警车引路，从白云机场缓缓驶入广州市区……

叶剑英魂归故里，灵车一路走来，广州人民自觉地围拢于沿途街道两旁，为叶帅送挽。

灵车到达农讲所旧址纪念馆门口

灵车向位于广州市中心的广州农民运动讲习所旧址纪念馆缓缓行驶，沿途的机关单位、学校、工厂、商店等均下半旗，群众肃立街道两旁，目送灵车经过，向这位伟大的无产阶级革命家、政治家、军事家致哀。

最后，灵车在迎灵车队的护送下，缓缓地开抵位于广州市中山四路的广州农民运动讲习所旧址纪念馆的大门前停下。叶选平手捧叶剑英的灵骨盒下车，在王震、王兆国等中央领导同志的陪同下，缓步走进农讲所旧址纪念馆。

叶选平手捧灵骨盒进入农讲所旧址纪念馆

这时，广州农民运动讲习所旧址纪念馆内，迎接叶剑英灵骨的人群早已恭立以待。他们是在广州的全国政协副主席茅以升、王恩茂，广东省、广州市和广州军区、广东省军区、各军兵种、军事院校负责人和在广州的中顾委委员林若、尤太忠、张仲先、任仲夷、刘田夫、李坚真、许士杰等，梅州地区负责人以及广州农讲所旧址纪念馆工作人员，还有在广州的中央委员、中央候补委员、中纪委委员、全国人大常委会委员；广州地区的老红军、老干部；广东省高级人民法院、广东省人民检察院负责人；省市各民主党派、人民团体负责人；在广州的叶剑英元帅的亲属、身边工作人员，广州地区的工人、农民、解放军战士、武警战士、机关工作人员代表、离退休干部、青年学生及省市科技教育、文艺、体育、卫生、新闻出版、宗教等各界人士代表，少数民族、华侨、侨眷、台湾同胞、港澳同胞和来自叶剑英故乡梅县地区的代表共1000多人。

农讲所旧址大院内，气氛凝重，庄严肃穆。

当护灵人群从农讲所的棂星门进入时，护灵队伍穿过泮桥，踏上两旁摆满了青翠松柏的院内青石板路，直至暂时停放叶剑英灵骨的大成殿。军乐队奏起了哀乐，大成殿正门上方挂着白底黑字的巨幅横额“伟大的无产阶级革命家政治家军事家叶剑英同志永垂不朽”。

从北京千里迢迢南徙，叶剑英的灵骨终于移送到了广州。

二十一 广州的吊唁

广州迎来了叶帅的灵骨，但是，安放灵骨的墓园却一时难以修建好，需要一段时间。为此，在墓园尚未修建好之前，暂将叶剑英的灵骨存放在广州农讲所旧址纪念馆，先供民众前来吊唁。在吊唁期间，广州民众情意真挚，场面感人，真可谓“亿万军民齐哀悼，云山珠水共缅怀”。

农讲所里置“灵堂”

叶剑英的灵骨南徙广州，安葬在广州起义烈士陵园，与叶剑英当年参加广州起义牺牲的战友们安葬在一起。但是，墓地的选址、墓碑的设计、墓园的施工，直到最后的灵骨落土为安，并非短时间就能完成的。因此，根据中共中央和中共广东省委的决定，并征得叶剑英家属的同意，在广州起义烈士陵园内的叶剑英纪念墓碑建好之前，暂将南徙的叶剑英灵骨存放在广州农讲所旧址纪念馆。广州农讲所旧址纪念馆地处市区中心，交通便利，离广州起义烈士陵园也很近，且内部环境幽静，殿堂宽敞，在灵骨存放之前可以先在该馆内设置灵堂，供人民群众前来吊唁。等到墓碑建好后，再移入墓地安葬。

广州农讲所旧址，原为明代番禺县的孔庙，亦称“番禺学宫”，始建于1370年。这座红墙黄瓦富有特色的古建筑，见证了南国名城广州的风雨沧桑。20世纪20年代的中国，列强肆虐，军阀争斗，主权丧失，战乱繁仍。帝国主义恃仗其武力，在中国“豆剖瓜分”，恣行妄为。而中国的反动军阀，一方面结欢列强，一方面则抢占地盘，互争雄长，交战不休，致使中国陷入了四分五裂、连年混战的泥淖。

然而，长夜毕竟有尽头！面对着国家积贫积弱的严酷现实，中国的仁人志士奋袂而起，要为彻底改变这种现状而斗争。1923年6月，中国共产党在广州召开了第三次全国代表大会，决定和孙中山领导的国民党携手合作，建立起反帝反封建的革命统一战线。那时候，以广州为中心的国民革命势如珠江波涛汹涌澎湃。风生水起的工农运动正以摧枯拉朽之势、雷霆万钧之力，冲击着一切封建束缚的罗网，荡涤着旧世界的污泥浊水……

为了适应革命形势发展的需要，培养农民运动骨干，从1924年7月开始，国共两党联合创办了“广州农民运动讲习所”，由中共早期农民运动杰出领袖彭湃担任第一任负责人（主任）。初时的农讲所，规模不大，招收的学员仅限于广东一隅。继第一期之后，又举办至第五期，一共培养了530多名学员。

1926年，随着全国农民运动的蓬勃发展，时在广州从事革命活动的毛泽东，在番禺学宫主办了第六届全国农民运动讲习所，并亲任所长，为革命培养了300多名农民运动骨干，对中国革命作出了重大贡献。为此，人们将这座古建筑誉为“孕育着千百颗红色火种的革命熔炉”。正因为有着这么一段显赫辉煌的历史，这座番禺学宫声名远播，凡到广州公干或旅游观光的人，都会慕名前来此地参观、瞻仰。

新中国成立以后，为了纪念毛泽东同志主办农民运动讲习所的历史功勋，广州市各界人民代表会议和人民政府于1952年12月决定修复曾遭破坏的农讲所旧址。1953年3月，成立了以叶剑英为主任的23人“修建农民运动讲习所旧址筹备委员会”，对农讲所旧址进行了大规模的修缮。

修复后的广州农讲所旧址，基本上按照1926年的原貌复原，在当年办学的课堂里摆满了桌子、凳子和讲台等，在当年的学员宿舍里摆置了碌架床、被褥、步枪、大刀等，并举办了《广州农民运动讲习所陈列》作为长期展览，以供广大民众参观。

1961年，国务院公布广州农民运动讲习所旧址为全国重点文物保护单位，是全国爱国主义教育基地。当年进入农讲所受训的学员上课的课堂是在番禺学宫的大成殿。大成殿也是整座番禺学宫古建筑群中最宏伟的一幢建筑。它建在一米多高的石台基上，四周绕以石栏杆，殿前有月台，室内面积有300多平方米。殿堂宽敞，位置适中，是设置临时灵堂的理想之地。

对于广州农讲所旧址纪念馆来说，接受叶剑英元帅灵骨暂时安放的任务，担子不轻，既光荣而又艰巨。纪念馆领导对此极为重视，立即向全馆员工作了传达和动员。全馆工作人员都认识到，这是上级领导基于高度信任而赋予的一项严肃而光荣的任务，必须全力以赴将其完成好。全馆工作人员怀着对叶剑英元帅的敬仰和爱戴，立即行动起来，按照上级的指示要求，将原在课堂布展的复原陈列全部撤走，腾空场地，改置吊唁叶剑英元帅的临时灵堂。在中共广东省委办公厅的主持下，经过省委办公厅的同志和农讲所工作人员的共同努力，在短时间内，吊唁叶剑英元帅的临时灵堂，就在农讲所纪念馆旧址的大成殿内布置完毕。

灵堂大厅布置得庄严肃穆。大厅中央悬挂着叶剑英元帅的巨幅遗像，遗像的上方是黑底白字的横额，上面写着“沉痛悼念叶剑英同志”，遗像的下方安放着叶剑英元帅的灵骨盒。灵骨盒上覆盖着中国共产党党旗。周围是鲜花、常青树和松柏，地面铺设着绿色的地毯。四名威武的人民解放军战士持枪肃立，守卫在两旁。叶剑英的亲属敬献的花圈摆在灵骨盒前，灵堂四周摆满了中央、广东省、广州市党政军领导机关和各民主党派、人民团体等敬献的花圈。

叶剑英元帅于1986年10月22日1时16分在北京逝世之后，第二天（10月23日），《广州日报》就报道了这一消息。10月29日，广州地区党、政、军机关干部和各界群众共5000多人，怀着沉痛的心情，到设在广东省人民政府礼堂的吊唁大厅，深切悼念叶剑英同志。这次在农讲所设置灵堂，是叶剑英灵骨移到广州之后，准备将叶剑英灵骨临时存放于此而设的。

10月31日12时10分，叶剑英灵骨临时停放仪式开始。在一片哀乐声中，仪式由中共广东省委书记林若主持。参加叶剑英灵骨停放仪式的全体同志在哀乐声中，依次进入灵堂，向叶剑英遗像默哀、行三鞠躬礼。随后，中央及广东省、广州市、广州军区的领导同志向叶剑英的家属叶选平等表示亲切的慰问。

叶剑英灵骨临时停放仪式结束后，各界民众的集体吊唁活动也随即开始。根据上级指示，农讲所旧址灵堂开放一周，以供人民群众前来吊唁。农讲所工作人员也胸前佩戴白花，列队参加灵堂守灵和吊唁活动。

花城泪雨齐悼念

灵堂设置后，迅即向社会开放一周，让社会各界民众前来吊唁，向敬爱的叶帅寄予深切的哀悼。在叶剑英灵骨暂时停放期间，前来吊唁的国内民众和海外人士纷至沓来，络绎不绝。

在前来吊唁的人群中，有工人、农民、军人、学生、机关干部、宗教人士、外国友人等。既有耄耋之年的老者，也有年仅三四岁的儿童。不少伤残人士还坐着轮椅前来吊唁。由于吊唁人数众多，队伍排到农讲所西门外广场，人们自觉、安静、守秩序地听从工作人员的安排，由农讲所工作人员分批带领进入灵堂大厅，井然有序地进行吊唁。

群众悼念叶剑英现场

在灵堂对外开放的一周时间里，农讲所旧址纪念馆的大门，每天从早上8时至下午6时都敞开着。各界民众成群结队，一批紧接着一批，相继前来。他们怀着沉痛的心情，缓步进入灵堂，在叶剑英元帅的灵前鞠躬致哀。

广州地区各工厂的工人、郊区农民、驻穗部队指战员、党政机关和人民团体的干部、大中小学生和宗教界人士相继来了。他们面向叶剑英元帅的遗像，向这位德高望重的老一辈革命家致以深切的哀悼。

外地的民众也不顾舟车劳顿，风尘仆仆地赶来了。11月2日，一位70多岁的老太太，携带着自己的小孙女，赶了200多公里的路程，专门从粤东的丰顺县来到广州，在叶剑英的灵前吊唁。11月3日，三水县农民黄毅成，一早就乘车赶到农讲所旧址纪念馆，将一束自家栽种的鲜花献在叶帅的遗像前，对叶帅的逝世深表哀悼。

黄埔军校同学会的老校友来了。120多名年逾古稀的老校友，一起专程来到叶剑英元帅遗像前，向这位参与筹建黄埔军校并担任军校教授部副主任的老师鞠躬致哀，深表悼念。

香港、澳门、台湾同胞和海外侨胞也都纷纷赶来了。香港著名爱国人士霍英东等人专程前来农讲所旧址灵堂吊唁和守灵。香港通达国际贸易公司经理邓日强，于11月4日早晨7点钟就赶至农讲所旧址灵堂，在叶剑英元帅的遗像前恸声痛哭。其情其景，令人动容，催人泪下。台湾同胞汪千里怀着对叶剑英元帅的敬仰之情，赶来农讲所旧址灵堂，向叶剑英元帅遗像敬献了花圈。年已83岁高龄的旅日台胞吴永泰，在吊唁叶剑英元帅时激动地说，叶帅关怀台胞，为祖国统一大业作出了伟大贡献，台湾台胞将永远怀念他。泰国、印尼的许多华侨也纷纷前来参加吊唁活动。

霍英东等在农讲所悼念叶剑英

许多外国友人也不约而同地赶来了。朝鲜、加拿大、法国、日本、尼泊尔、苏丹等国家的一些团体的代表，先后前来参加吊唁活动。正在广州访问的美国伊利诺伊州澳嘉斯大学的78名学生，正在农讲所旧址纪念馆参观，也毕恭毕敬地加入了吊唁叶剑英元帅的队伍之中……

在开放吊唁期间，农讲所旧址纪念馆工作人员表现出了高度的责任心和良好的服务精神。全馆40多位干部职工，在人手少任务重的情况下，团结一致，全力以赴，密切配合，积极工作。他们每天从早上7时30分开始工作，直至晚上6时30分才能休息，一天工作11个小时。到开放吊唁活动的最后两天，负责组织群众进场的同志声音已经嘶哑，负责登记入场的同志也两手发软，负责带队入场的同志腰酸腿痛，做司仪的同志平均每人鞠了1000多个躬……尽管大家都忙得不可开交，但当他们看到前来吊唁的人群离去的时候，都为能够圆满完成这项艰巨而光荣的任务而深感责任重大。前来灵堂悼念叶剑英元帅的许多单位和各界群众，都交口称赞农讲所旧址纪念馆的工作人员，工作责任心强，服务态度好，将组织悼念工作做得井井有条。

云山哭泣齐哀悼，珠水悲歌共缅怀。转眼之间，一个星期过去了。原定的开放吊唁时限到期了。11月6日，公开的大型吊唁活动暂告结束。据统计，从10月31日中午，至11月6日下午6时止，短短的七天时间里，前来农讲所旧址纪念馆灵堂吊唁的各界民众超过14万人。其中有华侨和港澳同胞近300人，外国友人100多人。

七天14万多人前来吊唁，平均每天2万多。尽管工作量比较大，但参加吊唁服务工作的同志都感到义不容辞，责无旁贷，都认为是自己应该做的事情。因为叶帅为党和人民的事业贡献了毕生的精力，而我们作为后辈辛劳这么短短几天，又算得了什么呢？

灵骨暂存农讲所

公开的大型吊唁活动告一段落之后，鉴于叶剑英灵骨安葬的碑址尚未修建好，根据中共广东省委的指示，决定在广州农讲所旧址纪念馆内设置一个小灵堂，作为叶剑英灵骨的暂时存放之处，等到广州起义烈士陵园碑址修建竣工后，再移至碑址安葬。经过商议，小灵堂选定在农讲所旧址纪念馆的接待室。

11月6日下午6时，当最后一批前来吊唁的人群离去之后，工作人员就按照上级指示和要求，做好小灵堂的布置工作。当天晚上，中共中央顾问委员会副主任王震等亲自来到农讲所，指挥将叶剑英灵骨从农讲所的大成殿灵堂，转移到接待室的小灵堂存放。叶剑英元帅的灵骨盒，仍然是由叶剑英的大儿子叶选平双手捧着移至新址。

叶剑英灵骨从农讲所大成殿转移到接待小灵堂室暂放

移址工作很快完成。紧接着，当务之急是如何做好小灵堂和灵骨盒的保卫管理工作问题。因为筹建叶剑英纪念碑需要将近一年的时间，这就意味着叶剑英的灵骨也将存放在农讲所旧址纪念馆接待室近一年的时间。

一年，360多天，不算长，但也不算短。保卫工作却是一件十分严肃而又责任重大的事情，千万不能出任何问题。为此，经王震批示，由广州军区保卫部、警卫连和农讲所工作人员共同负责保卫叶剑英灵骨的安全。

根据中央军委和广州军区领导的指示，由广州军区保卫部派出一名干部和军区警卫营抽调一名干部、8名战士组成一个警卫班，于1986年11月8日来到农讲所旧址纪念馆，正式接受警卫叶剑英元帅灵骨的任务。他们一天24小时全天候执勤，实行保卫工作。为了保证安全，中共广东省委还作了指示。在叶剑英灵骨暂时存放农讲所期间，需要前来吊唁者，需经省委治丧领导小组批准。在这段时间内，陆续又接待了万余名前来吊唁的各界人士。

军区警卫班接到保卫工作任务后，迅即开展了如下工作：调查社情动态，制订警卫方案；进行警卫职责训练，保持常备不懈；接待吊唁人员，做到热情、周到；开展共建活动，密切军民关系。

农讲所旧址地处广州闹市中心，人流密集、环境复杂。前面是繁华热闹的中山四路，左面是人口聚集的居民区，右面和后面是广州图书馆。而农讲所旧址纪念馆又照常对外开放，游人进进出出，络绎不绝。警卫班的同志就是在这样的环境中担负着艰巨的警卫任务。他们全面掌握驻地社情动态和人员流动规律，在保密的前提下，与派出所的同志一起，针对警卫现场的环境、任务，制订了警卫方案，切实做好防盗、防火、防爆等工作。他们精心部署，周密安排，多次组织对预定方案进行演练，提高紧急应变能力，做到一丝不苟，万无一失。1986年12月24日，农讲所旧址纪念馆接待室小灵堂左侧夹道出口，突然冒出火烟，哨兵发现后立即按预定方案发出信号，全体人员闻风而动，迅速出击，很快就将火扑灭。一场突发的小事件，虽然有惊无险，但它却检验了警卫人员的快速反应能力。

在中共广东省委、广东省人民政府的关怀和省委警卫处、农讲所旧址纪念馆等单位的大力支持下，警卫战士怀着对叶剑英元帅的深厚感情，认真履行职责，保证了叶剑英元帅灵骨的安全。

对于叶剑英灵骨的安全保卫工作，农讲所旧址纪念馆的工作人员也给予了大力配合和协助。在平时，工作人员除积极协助广州军区警卫班做好安全保卫工作之外，还严格遵守有关规定，为警卫班的同志提供工作、生活上的诸多方便，解除了他们的后顾之忧。在警卫班同志进驻纪念馆的一年时间里，工作人员与警卫班同志关系非常融洽，做到生活上互相关心，工作上通力协作。他们都有一个共同的心愿：那就是尽职尽责，共同完成叶剑英元帅灵骨安全保卫这一光荣的任务。

冬去春来，岁月易逝。转瞬之间，一年的时间很快过去了。从1986年10月31日至1987年10月22日，在这长达一年的保卫、接待任务中，叶剑英元帅灵骨的存放、吊唁任务完成得十分出色，为广州起义烈士陵园叶剑英元帅灵骨安葬墓地的修建争取了时间。对此，中共广东省委、广东省人民政府和广州军区领导十分满意，对农讲所旧址纪念馆和广州军区警卫班的同志工作认真负责的精神，一再赞扬。在任务结束的当天，中共广东省委办公厅还宴请了全馆同志和解放军警卫班的战士。

这次执行警卫任务，对于警卫班的同志来说，非同寻常，值得铭记。这是对他们工作的认可和肯定。在他们年轻的人生履迹当中，增添了一段能够引以为荣的经历……

叶剑英元帅灵骨暂时寄放广州农讲所旧址的事情，至此圆满结束。每当亲历其事的人谈及此事时，总会想起当年“云山哭泣齐吊唁，珠水悲歌共缅怀”的感人情景，想起当年那执行警卫任务的不同寻常的日日夜夜……

二十二　红花伴英魂

叶剑英一生戎马倥偬，南征北战，其足迹遍及祖国的山山水水。然而，在其人生旅程的最后归宿，不是在那显赫气派的京城，不是在那受人敬仰的八宝山革命公墓，而是情系故园，落叶归根，回到了他深爱的家乡广东，与当年在广州起义中并肩战斗光荣牺牲的战友们相伴在一起，以一个普通革命者的身份，静静地长眠在广州起义烈士陵园内的红花岗上……

碑址选定红花岗

按照惯例，作为德高望重的开国元勋，叶剑英人生的最后归宿应该是在那令人仰慕的京城，应该是在那著名的八宝山革命公墓。然而，他老人家却选择了南国名城广州，选择了广州起义烈士陵园的红花岗。也许是他长期在广州生活、工作和战斗过，对广州有着特殊的感情；也许他有着眷恋乡土的情结，希望百年之后能够落叶归根……不管怎么说，有一点则是可以肯定的，那就是因为在广州市区的红花岗上，长眠着叶剑英当年一起参加广州起义而光荣牺牲的战友。如今，他随之而去，也要安葬在这里，与昔日的战友们相聚在一起，长年相伴，永远相守。

人们可曾记得，1927年的秋天，中华大地上红色暴动、武装起义高潮迭起。中国共产党领导的人民武装正在向叛变革命的国民党反动派展开英勇的反击。这一年的7月，时任国民革命军第四军参谋长的叶剑英，刚刚加入中国共产党不久，正遵奉党组织的指示，在国民党军队中开展秘密工作。9月底，他跟随国民革命军第四军回到了广州，并与中共广东省委取得了联系，接受党的指示，秘密进行广州起义前的准备工作。

当时，中共广东省委原拟定在1927年12月12日举行武装暴动，后因中共在广州市区的一个秘密联络点被敌人破获，查出了一批枪支弹药，武装暴动的迹象为敌人所察觉。于是，为防备和镇压共产党人和工农群众发起暴动，敌人急调军队回防广州，并加紧部署镇压革命武装暴动的军事行动。就在此关键时刻，中共广东省委当机立断，将武装暴动的时间适当提前，改为12月11日举事。

12月11日凌晨3时30分，叶剑英曾经兼任团长的第四军军官教导团首先打响了武装暴动的第一枪，广州起义爆发。叶剑英担任工农红军副总指挥，参与领导了这场震惊中外的工农兵联合举义的大暴动。广州起义的这一重大军事行动，为中国共产党创建红色政权和人民军队立下了不可磨灭的功勋，在中国革命史上谱写了光辉的篇章。

广州起义的枪声，驱散了珠江两岸的阴霾，迎来了羊城的一线曙光。起义军迅速占领了广州的大部分城区，并成立了被称为“东方巴黎公社”的广州苏维埃政府，建立了工农民主政权，为挽救中国革命进行了一次伟大的探索和尝试。然而，起义军的势力毕竟还是太薄弱了，在反动势力的疯狂反扑之下，起义军虽然坚持街垒，英勇拼杀，浴血奋战，但终因寡不敌众，实力悬殊，起义军遭受严重损失，起义失败了。

国民党反动军队重占广州之后，对共产党人和革命群众大肆捕杀。据记载，广州起义之役，殉难的起义军民共达5700多人。广州街头，尸骸遍地，血流成渠，整个广州笼罩在一片腥风血雨之中。当年的红花岗，就是反动派屠杀革命者的主要刑场。据参加广州起义的老人们的回忆，当年在红花岗被集体枪杀以及在城内被杀害后运到这里埋葬的革命者遗体就有数千人，其中就包括了叶剑英当年的革命战友。

广州起义中惨遭杀害的革命者遗骸，都被埋葬在广州市区东门外的黄庄岗、红花岗、和尚岗三个小山岗上。在当年反动势力施行的白色恐怖之中，叶剑英也不得不撤离广州到了香港。但是，作为一位幸存者，叶剑英对广州起义死难烈士心感悲痛，时时刻刻都在惦记着那些被埋葬在红花岗上的战友们。

红花岗的草地上，溅洒着烈士们的斑斑血迹；红花岗的松林中，掩埋着烈士们的侠骨尸首。

青松不老，烈士永生！

新中国成立之初，叶剑英驻居广州、主政华南期间，每当路过红花岗这一片墓地，他都有一种特殊的感觉。当年曾经与他并肩战斗过的战友们，为了党和人民的革命事业，与反动派进行了生死搏斗。他们没有看到胜利的曙光就壮烈牺牲了，长眠于红花岗上。作为革命的幸存者，叶剑英每想至此，心中既感到悲痛，也感到难以释怀。然而，先烈们的历史功绩人民是不会忘记的。为了让后来人永远铭记当年英烈的业绩，广州市人民政府决定在红花岗建立烈士陵园，以供市民瞻仰。1954年5月28日，成立了修建广州起义烈士陵园委员会，由叶剑英担任主任，陶铸、古大存、何伟、梁必业、朱光任副主任，陈志方为秘书长，委员有冯白驹、黎明、区梦觉等。

1954年7月1日，广州起义烈士陵园举行奠基典礼，并破土动工。这时，叶剑英已调离广州，前往北京中央机关任职，担任中央人民政府军事委员会副主席，分管军队方面的工作，没有出席这次烈士陵园的奠基典礼活动。但是，他一直都在关心着这一项目的建设情况。

经过了三年多时间的建设，广州起义烈士陵园纪念性主体工程终于竣工。1957年12月11日，也就是广州起义30周年纪念日的这一天，中共广东省委举行了“广州起义烈士陵园”揭幕典礼。时任最高人民法院院长董必武等来穗，同广州市民30万人出席了这一揭幕纪念仪式。年逾古稀的董老还亲手向陵园中的烈士墓敬献了花圈，并赋诗一首，对广州起义的历史功绩作了恰切的评价。诗曰：

广州起义继南昌，
旗帜鲜明见主张。
只有人民救中国，
更无道路是康庄。
将成即毁原尝试，
虽败犹荣应赞扬。
岗上红花开满地，
卅年前事永难忘。

“将成即毁原尝试，虽败犹荣应赞扬。”在敌强我弱的军事态势之下，广州起义虽然失败了，但是，它是中国城市工农兵武装夺取政权的一次可贵的尝试，它与南昌起义、秋收起义联系在一起，成为中国共产党独立领导革命战争和创造人民军队的伟大开端，其历史功绩不可低估。

建成后的广州起义烈士陵园的范围，包括黄庄岗、红花岗、和尚岗三个小山岗。作为主体建筑物的烈士墓和纪念碑，分别建于红花岗与和尚岗上。纪念碑高耸云天，气势恢弘。烈士墓的墓冢是半球形的大土丘，坟头墓草萋萋，生机勃勃。据当年墓园设计者说：墓包用土丘，寓意烈士甘作催开百花的黄土。土丘上遍植长于原野的铁线草，象征着烈士们那种“野火烧不尽，春风吹又生”的倔强性格。陵园里，松柏苍翠，绿草如茵。陵园的正门耸立着一座灰白色的大牌坊，上面镌刻着周恩来题写的“广州起义烈士陵园”八个红色大字。进入大门口，便是一条长达160多米的宽敞陵墓大道，高大挺拔的银桦、状如蟠龙的龙柏、形似宝塔的南洋杉，分列在墓道的两旁，整个园区显得整洁典雅，庄严肃穆。

此后，广州起义烈士陵园又经过了多次整修，面貌更是焕然一新。现在的广州起义烈士陵园，前来参观瞻仰的人络绎不绝。每当人们入内游览，必受烈士精神所感染，爱国之心油然而生，浩然之气会在心中凝聚激荡。

广州起义烈士陵园正门

叶剑英元帅在北京逝世之后，遗体经过了火化，中共中央批准将其灵骨移送广州安葬。这对广州市乃至广东省人民来说都是一件大事。中共广东省委和中共广州市委对此极为重视，立即组织人力，着手选择墓址、设计墓碑、镌刻雕像、修建墓园等事宜。当时，中共广东省委将这一任务，交给了广州市副市长石安海，由他具体负责操办这件事。

对于迎接叶剑英灵骨回广州安葬一事，广州市民也满怀期待。绝大多数人都认为广州起义烈士陵园是最理想的安葬地点。因为叶剑英当年参与领导了广州起义，而且当年广州起义的死难烈士们大都安葬在陵园内。倘若叶剑英灵骨选择在广州起义烈士陵园内安葬，既体现了叶剑英元帅与广州所结下的不解之缘，同时也方便广州市民群众就近瞻仰，寄托哀思。

石安海副市长接到省委交给的任务后，迅即组织广州市园林局的有关人员，前往广州起义烈士陵园实地察看地形，选择碑址。

经过初步实地察看，在广州起义烈士陵园中的红花岗上选中了一块地方。这个地方刚好与广州起义烈士墓、烈士纪念碑构成一个三角形，且又位于陵园区正南偏西的一处二级平台上，旁边又有一个可以供游人歇脚的休息亭，是一块修建叶剑英灵骨安葬碑址的理想之处。

1986年10月31日，负责护送叶剑英灵骨来穗的中共中央书记处书记王兆国，在石安海副市长的陪同下前往广州起义烈士陵园，实地察看了被选中的碑址。石安海副市长还向他汇报了初步选择这一碑址的理由：（1）在广州起义烈士陵园内选定碑址，既不需要重新划地，又不影响陵园的总体布局；（2）该地是一块相对独立的地方，又处于松林地带，林木苍翠，松涛和鸣，能给碑地增添庄严气氛；（3）这里空地较大，地形平坦，在这里建碑、立像比较合适。石安海副市长还建议，碑地的规模可控制在300平方米左右。王兆国对石安海的有关汇报，基本上认可。一起护送叶剑英灵骨来穗的中央顾问委员会副主任王震，也亲自到陵园实地察看过，认可石安海副市长选定的这一地点。叶剑英元帅的家属也都实地看过，表示赞同。

1987年6月19日，中共广东省委致电中共中央办公厅，汇报了关于建造叶剑英同志纪念碑的情况："碑址选在广州起义烈士陵园内红花岗山坡上，位于广州起义烈士纪念碑和烈士合葬墓南面，朝向正南偏西，占地面积约200平方米，四周种树绿化。"

至此，叶剑英灵骨在广州安葬地点的选址工作暂告一段落。

建造纪念碑和雕像

选址既定，接着就是拟定设计和建造方案。广州市园林设计院和广州市设计院的专家们开动脑筋，反复商讨，集思广益，拟出了十几个建造方案。经过认真的比较、筛选，初步选定了几个倾向性的方案，由石安海副市长带到北京向中央汇报。

1986年11月25日下午，在北京中南海勤政殿的小会议室内，有关叶剑英元帅纪念碑和雕像设计方案的汇报正在进行。出席汇报会的有关领导同志有：中共中央书记处书记王兆国、中共中央办公厅主任温家宝、国务院办公厅副秘书长张文寿、全国人大代表大会常务委员会秘书长王汉斌、中共中央宣传部副部长李彦、中国人民解放军总政治部副主任周克玉、中央军委办公厅副主任李希庚等。石安海副市长将有关叶帅纪念碑和雕像的设计方案作了简要的汇报之后，会议围绕着设计方案进行了讨论。最后，会议原则上通过了采用墓、碑、像合一的方案，这样可以使整个建造物既小而精，又简洁，有新意。雕像可以镌刻半身浮雕像，碑上可以刻上叶帅的生平碑文，用以教育后人。

11月29日下午，石安海又专程向中共中央政治局委员、中央军委常务副主席杨尚昆作了专题汇报。杨尚昆仔细地听取了石安海的汇报，讲了五点意见：

（1）不要搞墓。人死了，火化了，就不要再搞墓。赞成墓、碑、像合一的方案。

（2）要简单、朴素、庄严、大方。

（3）面积不宜太大，有200平方米左右就可以了。最多也不能超过300平方米。

（4）要把绿化搞好，除种红棉外，还可以多种别的花和树。

（5）最后请广东省委研究决定。

石安海向杨尚昆汇报后，由中央军委办公厅副主任李希庚综合中央11月25日会议和杨尚昆的意见，呈报中共中央办公厅，中共中央办公厅又把意见转报给胡启立。

11月30日上午，石安海又专门向中央顾问委员会副主任王震作了汇报，在场的有叶帅的二儿子叶选宁。王震谈了六点意见：

（1）倾向方案一。

（2）要有一个平台供人们举行仪式之用，平台不要都铺砌。

（3）要有一个简单的生平介绍。

（4）像的石料要选好，塑像所表现的年代可在70年代中期选择。

（5）建造的时间不要抢在清明节，一周年时能搞好就不错了。要追求艺术的高质量，不要匆匆忙忙地搞，一年不行也可以再长一点。

（6）最后审查权放在广东省委，由省委定就行了。①

从北京回到广东后，石安海于12月1日赶写了一份《关于叶剑英元帅陵墓建设问题向中央有关领导及有关部门汇报情况的报告》给中共广东省委，汇报了北京之行的有关情况。

12月24日，中共广东省委召开常委会议，听取了石安海北京之行的情况汇报。常委会议决定：

> 叶剑英同志纪念碑的建设按中央领导同志的意见办，不要造墓，可采用墓、碑、像合一的方案（即原设计第一方案），要简朴、庄严。
>
> 纪念碑初步拟最迟于一九八七年十二月十一日广州起义六十周年纪念日前建成，但要保证质量，不要赶时间。此事委托石安海、陈开枝等同志及省委、省府两个办公厅负责组织设计、施工。此一方案，

① 石安海：《关于叶剑英元帅陵墓建设问题向中央有关领导及有关部门汇报情况的报告》，1986年12月1日。

由省委办公厅报送中央备案。[①]

会后，中共广东省委成立了建造叶剑英元帅纪念碑工作小组，具体经办由石安海负责。从设计、选材、施工，到碑、像的制作，都力求高质量地完成。

——设计。碑址的整体设计，由广州设计院和广州市园林建筑设计院共同负责。据当年参与此项工作的广州市园林局副局长温志明的回忆：叶剑英灵骨安葬地点的总平面设计和创意，由广州设计院的工程师伍乐园负责，广州市园林局属下的园林建筑设计院副总工程师孟杏元配合（负责园林、绿化的布置）。

——选材。据石安海副市长回忆：在选用叶帅雕像的石材时，曾经有过这样的考虑：一是想选一块好的花岗岩石，而且是广东本地出产的。因为叶帅生于广东，长于广东。二是不想兴师动众，不想扰民，不想造成很大的影响。三是考虑运输问题，因岩石太大，装卸、运输困难，以就近取材为佳。经过多方寻找，工作小组在广州市柯木塱村找到一块青灰色天然花岗岩石，用以作叶帅雕像的石材。另外，还从国外进口了一块深红色的石块，作为镌刻碑文之用。

——雕像创作。叶帅的雕像由广州美术学院雕塑家郑瑾创作。郑瑾将小样制作出来后，经石安海和叶帅的家属看后，感到满意，就进行实样制作。

——骨灰盒制作。叶剑英骨灰安葬的盒子，由广州市海珠区一个街道工厂制作，骨灰盒为铜质。工人们怀着对叶帅深厚的感情，一丝不苟，精心制作，灵骨盒的图案简洁，工艺精湛，叶帅的家属看了之后，甚感满意。

——碑文的书写。叶剑英灵骨安葬纪念碑还镌刻有介绍叶帅生平的碑文。中共中央书记处会议决定叶帅纪念碑碑文的字体采用隶书。碑文由叶剑英传记编写组草拟，经由中共中央批准，由书法家王遐举书写。碑文的内容是：

叶剑英同志是中国人民解放军的缔造者，中华人民共和国的开

---

① 中共广东省委办公厅：《省委常委会议决定事项通知》【1986】29号，1986年12月31日。

国元勋之一，我们党、国家和军队的卓越领导人。他由一个正直的民主主义者转变成彻底的共产主义者，在漫长的充满艰难险阻的革命道路上，无私无畏，表现了非凡的革命胆略，为中国人民的解放事业和社会主义建设事业奉献了毕生精力，建立了丰功伟绩。他盛德若愚，雄才经纶，谦虚谨慎，风范长存，“矢志共产宏图业，为花欣作落泥红”，概括了他光辉的一生。

伟大的无产阶级革命家、政治家、军事家叶剑英同志永垂不朽！

中国共产党中央委员会

自碑址破土动工之后，一切工作都在有条不紊地进行。经过将近一年时间的施工建造，至1987年10月中旬，叶剑英灵骨安葬碑地基本竣工。整个碑地分为叶剑英雕像、叶剑英纪念碑（碑文石）和小平台。叶剑英雕像由一整块花岗岩石雕成，按20世纪70年代中期的形象塑造。因叶剑英元帅是共和国的开国元勋之一，故雕像穿元帅礼服，露出勋章，不戴帽子，不戴眼镜。雕像高4.6米，雕像面部向左，面露微笑，形象既和蔼可亲，又大义凛然，一身正气，亲切地注视着前来向他致敬的人群。雕像下面是邓小平题写的“叶剑英”三个镀金大字，但没有落款。这是中央用保密件寄来广东的，中央要求不见报，不署名。

在叶剑英雕像的前面，是重约2吨、刻有叶剑英生平的碑文石。为便于前来吊祭的人们诵读碑文，此石略高出地面三四十厘米，前低后高，稍为斜卧着置放，人们驻足叶剑英雕像前，就会清晰地读到碑文石上的文字。

叶剑英元帅像碑

耸立的纪念碑、雕像之下还有一块小平台，大约300平方米。平台设立台阶，台阶南面是一块已整修装饰过的园林绿化小草坪，地面没有铺砌，只是铺上草皮，约可容纳2500人进行祭拜活动。

整个叶剑英元帅的纪念碑、雕像、平台建筑和园林绿化等工程，于1987年10月中旬全部竣工。坐落在广州起义烈士陵园内西南侧红花岗上，纪念碑四周苍松翠柏环绕，鲜花掩映，庄严肃穆。

人们在期盼等待之中，终于迎来了叶剑英同志纪念碑、雕像、平台建筑和园林绿化等工程的竣工落成，也迎来了叶剑英元帅灵骨正式安放之日的到来。

灵骨安放仪式

随着叶剑英灵骨安葬墓地修建的临近竣工，灵骨安放的筹备工作也在紧张地进行着。为了严肃、隆重、顺利地举办好叶剑英同志灵骨安放仪式这一活动，叶剑英同志灵骨安放仪式筹备组于1987年10月10日上报了《关于叶剑英同志灵骨安放仪式组织工作方案》。该方案详细地列出了参加仪式人员名单，参加仪式的各级各部门负责人名单，以及具体的仪式程序安排。有关部门对此项工作极为重视，组织工作做得十分周到，可谓是精心筹备，周密安排，连各批人员怎样去烈士陵园也作了具体的布置。该方案上报中央后，中央批复同意这一方案。

转瞬之间，叶剑英元帅逝世一周年纪念日到来了。1987年10月22日这一天，也就是叶剑英元帅离开我们一周年的日子，叶剑英同志灵骨安放仪式在广州起义烈士陵园举行。

灵骨安放仪式举行之前，首先要从广州农讲所旧址纪念馆小灵堂中将叶剑英灵骨起移出来。根据事先安排，前来参加灵骨安放仪式的中央领导同志在烈士陵园红花岗等候，由叶帅的家属、中央办公厅、中央军委办公厅、广东省委等同志从农讲所旧址纪念馆护送灵骨到烈士陵园。在农讲所旧址纪念馆小灵堂起移灵骨时，搞一个简短的移灵仪式。

上午8时20分，前往起移灵骨的有关领导和叶帅家属在农讲所小灵堂前肃立，向叶帅的遗像三鞠躬之后，时任中共广东省委副书记、广州市委书记谢非宣布：叶剑英同志灵骨移灵仪式现在开始。这时，农讲所旧址纪念馆负责人从正前方上前，双手把叶剑英的灵骨盒捧下来，覆盖好党旗，然后庄重地转身缓步走到叶帅大儿子叶选平面前。叶选平双手接过灵骨盒，农讲所旧址纪念馆负责人站回原来位置。

谢非宣布：移灵仪式结束。

叶选平双手捧着灵骨盒，向后转身，在四名礼兵的护送下，神情凝重地缓步走出小灵堂。其他参加小灵堂移灵仪式的领导和叶帅的家属，紧跟在礼兵的后面，一起走出农讲所正门后，按事先安排好的顺序，依次乘坐汽车，前往广州起义烈士陵园。

8时45分，搭载叶剑英灵骨的灵车抵达广州起义烈士陵园正门。车子停下来之后，叶剑英元帅的灵骨盒仍由家属代表叶选平捧着，缓缓步入烈士陵园，12名礼兵两边列队护送。中共中央办公厅、中央军委办公厅、广东省、广州军区的领导和叶帅的家属及工作人员紧随而入。8时50分，护灵队伍到达叶剑英纪念碑前的草坪。

王震和中共中央、广东省、广州军区、广州市的负责人以及广州地区各界代表2000多人参加叶剑英像碑揭幕仪式

此时，广州起义烈士陵园红花岗的草坪上，青灰色天然花岗岩石雕凿而成的叶剑英浮雕胸像巍然耸立，雕像前面的深红色的小卧碑亮洁如镜。纪念碑两旁的平台上，摆放着中共中央、中央顾问委员会、全国人大常委会、国务院、中央军委、全国政协、中央纪律检查委员会，以及中共广东省委、广东省顾问委员会、省人大常委会、省政府、省政协、省纪委，广州军区暨驻穗陆海空部队、省军区、各军事院校全体指战员，新华社香港分社、澳门分社，中共广州市委、市顾问委员会、市人大常委会、市政府、市政协、市纪委，广东省农垦总局，叶剑英的故乡梅县地区、梅县市、雁洋镇敬献的花圈。叶帅亲属敬献的花圈，摆放在纪念碑前正中间。

参加叶剑英同志灵骨安放仪式的有：

党和国家领导人杨尚昆、王震等；

中共中央有关部门负责人以及广东省、广州市、广州军区党政军负责人；

各军兵种、军事院校、广东省军区副军级以上负责人；

广东省武警总队、广州军分区主要负责人；

老红军、老同志、老干部；

广东省、广州市各民主党派副主委以上负责人；

广东省直部委办厅局、广州市部委办（局）主要领导及干部代表；

新华社香港分社、澳门分社负责人；

各大专院校主要负责人；

梅县地区、梅县市的领导和雁洋镇的代表；

叶帅的亲属及身边工作人员；

叶剑英纪念碑的创作、设计、施工单位的代表；

青少年代表；

在广州的中共中央委员、中央顾问委员会委员、全国人大常委会委员、全国政协常务委员、海南建省筹备组负责人杨德中、尤太忠、任仲夷、刘田夫、李坚真、王全国、范希贤、谢非、王宁、郭荣昌、梁灵光、罗天、吴南生、许士杰、周鼎；

港澳知名人士霍英东、马万祺等。

陈云、彭真、聂荣臻也分别委派他们的子女陈元、傅锐、聂力专程来穗，参加了安放仪式。

参加仪式的还有：全省各市、地委书记以及广东省高级人民法院、广东省人民检察院的负责人，叶剑英元帅生前的医护人员代表等共2000多人。

参加仪式的人员身穿素装（部队同志穿军装，叶帅的亲属佩戴黑纱），都怀着十分崇敬的心情，参加灵骨安放仪式和叶剑英逝世一周年纪念活动。

他们都是一大早从四面八方赶来，专程送敬爱的叶帅一程。

上午9时，叶剑英同志灵骨安放仪式在庄严的《国际歌》声中开始。中共广东省委书记林若主持了仪式；

中央顾问委员会副主任王震等为叶剑英元帅纪念碑揭幕；

中共中央政治局委员、中央军委常务副主席杨尚昆，宣读中国共产党中央委员会为叶剑英同志纪念碑撰写的碑文；

1987年10月22日，叶剑英像碑在广州红花岗揭幕。杨尚昆代表党中央、国务院、全国人大常委会、中央军委在揭幕仪式上宣读碑文

叶选平双手捧着叶剑英的灵骨盒，在中共中央办公厅、中央军委办公厅、广东省和广州军区及广州市部分负责同志，叶帅的主要家属成员和曾在叶帅身边工作人员护送下，缓步走向纪念碑前，将灵骨盒通过预留的孔洞安放在卧碑地下……

随着预留孔洞的砌封，在场护灵的人们心里都在默默地祈愿：

敬爱的叶老帅，您为党、国家和军队殚精竭虑，呕心沥血，日夜操劳了一辈子。现在，您可以安息了。

主持人林若宣布叶剑英同志灵骨安放仪式结束后，参加仪式的各级领导和群众代表列队绕场缓缓而行，在灵骨安放处三鞠躬，然后依依不舍地离去……

1987年10月22日，南粤人民永远记住了这个不寻常的日子。因为这一天南粤人民见证了叶剑英元帅灵骨南徙的一幕。广州地区的报纸《南方日报》《羊城晚报》和《广州日报》均对这件大事进行了报道。《羊城晚报》以“红花岗上立丰碑，红棉翠柏伴英魂”为题，报道了为党为人民奋斗60多年的叶剑英，“落叶归根”，“魂归故里”，回到了当年他和张太雷等同志领导下参加广州起义而英勇牺牲的战友们身边，同他们静静地长眠在一起。与他们为伴的还有青松、翠柏、绿草、红花……

1987年10月23日，《广州日报》以“矢志共产宏图业，为花欣作落泥红——叶剑英同志灵骨安放仪式在穗举行”为题，报道了广州地区军民2000多人怀着崇敬的心情，在广州起义烈士陵园内新落成的叶剑英同志纪念碑前，隆重举行开国元勋叶帅的灵骨安放、入土为安仪式的实况。

广州市民手捧着报纸，深情地阅看着叶剑英元帅灵骨安放仪式的消息。他们满怀着崇敬的心情，追忆当年叶剑英老市长为接管广州、治理广州而殚精竭虑、呕心沥血、日夜操劳的情景，缅怀着当年叶剑英老市长为建设新广州、造福广州人民所建立的丰功伟绩。他们在心中默念着：

叶老帅，广州人民永远怀念您！

结束语：无尽的思念

斯人虽去，风范长存。

历史不会忘记叶剑英元帅，人民永远怀念叶剑英元帅！叶剑英的一生，是同中国人民的解放事业紧紧联系在一起的，是同社会主义建设与改革事业紧紧联系在一起的，是同国防和军队现代化建设事业紧紧联系在一起的。叶剑英的革命精神、高尚品格和崇高风范，在中华儿女的心中留下了永恒的记忆。其英名与业绩，光耀千秋，永垂史册！

自从广州起义烈士陵园红花岗上耸立起叶剑英元帅的像碑以后，这里便成了人们瞻仰的景点。前来参观瞻仰的人群纷至沓来，络绎不绝。

每天，在广州起义烈士陵园内晨练的市民们，总喜欢从叶剑英的像碑前经过，也总忘不了向敬爱的叶老帅问一声："早上好！"

每天，前来广州起义烈士陵园参观游览的外地游客，也总免不了来到叶剑英元帅的像碑前，诵读碑文，驻足默哀，缅怀吊祭。

每天，聚首广州起义烈士陵园哼唱粤剧的离退休老人，也喜欢在叶剑英像碑旁的凉亭里，弹唱粤曲。他们知道叶老帅生前也喜欢听粤曲，特地在像碑旁弹唱，让叶老帅也听听他们清唱的粤剧曲子。

每天……

还有每年的清明节、广州起义纪念日，前来广州起义烈士陵园和叶剑英墓碑扫墓的人群就更多了。叶剑英元帅的老部下、老同志，工人、农民、机关干部、青年学生、部队军人，以及叶帅的亲属、故朋好友，都相继来向广州起义死难烈士和叶剑英元帅吊祭，缅怀叶帅和烈士们的光辉业绩。

在叶剑英元帅诞辰、逝世的重要纪念日，广东叶剑英研究会等民间社会团体，每年都在广州举行纪念会，或叶剑英思想与实践的研讨会、座谈会等，学习叶剑英元帅的革命精神，宣传叶剑英元帅的崇高风范，研究叶剑英元帅的光辉思想，缅怀叶剑英元帅的伟大业绩。

云山悲泣，珠水呜咽。广州人民虽然万分悲痛地送走了叶老帅，但是，广州人民也将永远以各种方式追思叶老帅的光辉一生，以各种方式寄托对叶老帅的无尽思念……

叶剑英在广州活动大事记

1897年4月28日　（清光绪二十三年三月廿七日）出生于广东省梅县雁洋堡下虎形村的一个小商人家庭。

1917年夏　考入云南陆军讲武学校第十二期炮科学习。在学期间，往返云南昆明至广东梅县之间，途经广州，经常在广州小住和活动。

1919年12月　以优异的成绩从云南陆军讲武学校毕业，被云南督军公署授予陆军炮兵少尉军衔。

1920年初　离开云南，先回到广东省城广州，在广州一面寻找谋生之职业，一面寻求革命出路。因孙中山领导的“援闽”粤军已到了福建，一时在广州未能找到合适的工作，只好回到家乡梅县雁洋堡。不久，前往福建漳州，投入孙中山领导的“援闽”粤军，先任总司令部见习参谋，后任支队见习教官。

8月　跟随“援闽”粤军从福建回师广东，参与“驱桂”作战，桂军被逐后随粤军回到广州。

1921年春　返回梅县故里奔父丧，治丧后返回广州，在粤军工兵营任职。在广州军旅生活之余，写了《羊石杂咏》等一批诗作。

1922年4月　跟随孙中山出巡广西桂林后回到广州，任海军陆战队营长。

6月16日　陈炯明叛军围攻广州总统府和孙中山在观音山的住所粤秀楼。危急之中，积极策应援救孙中山安全脱险，并护送孙中山登上宝璧舰，后改乘永翔舰、永丰舰。此后，在孙中山的直接指挥下，参加了江防舰队在广州白鹅潭江面上与陈炯明叛军进行激战。

1924年1月　国共两党实现首次合作。在苏联和中国共产党的帮助下，孙中山决定创办陆军军官学校，因该校校址位于广州市黄埔，故统称“黄埔军校”。参与黄埔军校的筹建工作，军校开办后担任教授部副主任。在黄埔军校执教期间，广泛接触身边的苏联顾问和军校教职员中的共产党员，并受他们的思想影响，第一次正式向中共组织提出加入中国共产党的请求。尽管此次入党请求未被批准，但他没有灰心气馁，仍然一如既往，坚定信念，执着追求，继续接受党组织的考验。

担任黄埔军校教授部副主任的叶剑英

10月　以粤军第二师参谋长身份，参与指挥平定广州商团的叛乱。

1925年　相继参加第一次东征、平定杨（希闵）刘（震寰）叛乱、第二次东征诸役，为保卫广州革命政府而辗转征战。

1926年7月　担任国民革命军第一军总预备队指挥部参谋长，跟随国民革命军离开广州，参加北伐作战。

1927年9月底，　以第四军参谋长的身份，偕同军长黄琪翔带领所部跟随张发奎的国民革命军第二方面军回到广州。在广州，与中共广东省委军委负责人黄锦辉取得联系，接受党的指示，秘密进行广州起义前的准备工作。

12月11日　广州起义爆发，被任命为工农红军指挥部副总指挥，参与指挥工农兵起义部队向广州城内的反动武装和据点展开攻击。经过一番激战，起义军占领了广州大部分城区，并成立了广州苏维埃政府。后在反动派的疯狂反扑下，起义失败，避居香港。

1928年12月　被派赴苏联学习。

1938年5月　因前往香港治病，途经广州，应邀到广州国立中山大学、广雅中学（当时广雅中学为避日机轰炸迁往顺德碧江）演讲，并接受进步记者的采访，指导中共广东省委和八路军驻广州办事处的工作，并为中共广东省委刊物《抗战大学》“红五月专刊”题词“民族解放的血花”。

1949年8月中旬　奉中共中央和毛泽东之命，离开担任8个月市长的北平，以中共中央华南分局第一书记的身份，启程南下，于9月3日抵达江西省赣州，为进军华南、解放广州做必要的准备。

9月28日　与第二野战军第四兵团司令员兼政委陈赓联名下达《广州外围作战命令》，人民解放军攻粤部队迅即向华南地区进军。

10月14日　广州解放。

10月21日　率领中共中央华南分局机关进驻广州。同日，广州市军事管制委员会宣告成立，任主任，主持广州城市接管工作。

10月24日　新的中共广州市委成立，任市委书记；28日，广州市人民政府成立，任广州市市长。在任期间，从城市接管工作入手，剿匪肃特，整顿治安，建立和巩固新生的革命政权，恢复生产，发展经济，使历尽沧桑的古城广州，逐渐焕发出生机与活力。

11月6日　广东省人民政府正式成立，任主席。

11月27日至12月1日　主持召开广州市第一届各界人民代表会议，并致开幕词和闭幕词。

1950年1月26日　和赖传珠、洪学智到广州黄埔修船厂检查工作，勉励该厂多造船，修好船，争取为解放海南岛多作贡献。

2月1日上午　在广州主持召开广东军区和十五兵团军以上干部会议，研究解放海南岛渡海作战问题。会议制定了“积极偷渡，分批小渡与最后登陆相结合”的战役指导方针。会后，一面掌握战局的发展，一面全力领导支前工作，有力地保证了解放海南岛作战。

2月1日下午　参加南方大学开学典礼，以校长的身份在大会上发表重要讲话，并题词：“大家同心协力，为办好南方大学而奋斗，培养干部，扩大影响。”

5月13日　为《广州市政》第五期“公安专号”题词：“匪特不投诚，坚决消灭他。”

7月23日　致电政务院总理周恩来，请求委派许崇清、冯乃超出任广州中山大学正、副校长。

11月7日　参加广州市海珠桥修复落成通车典礼，并致贺词。

1951年5月1日　华南军区成立，任司令员。

11月　按照中共中央决定，在广州成立华南垦殖局，兼任局长。

12月26日　在广州主持召开华南垦殖局工作人员大会，在会上作《大力发展橡胶事业》的动员报告。

1952年2月4日　在广东省和广州市党政军科级以上党员干部会议上，作《将反贪污、反浪费、反官僚主义运动提高一步》的报告。

6月　任中南军区副司令员、代司令员。

1953年5月　调任中共中央中南局代第一书记、中南军政委员会代主席。后又调往北京任职。

1957年12月11日　以中国人民解放军训练总监部代部长的身份南来广州，出席隆重纪念广州起义30周年群众集会。

1959年2月8日　从北京南来广州休息，住在广州军区招待所。

2月17日　与朱德等同志一起，到广州军区礼堂看望了出席中共广东省委第一届第三次代表会议的代表，并在会上作了讲话。

12月19～23日　从武汉乘专机抵达广州（时任中共中央军委常委、国防委员会副主席，正在武汉主持召开军师团营战斗条令专业会议），看望了在广州的中央领导同志后飞往武汉。

1961年春　南来广州，住在广州军区留园7号。

2月10日　出席广州军区训练会议并作重要讲话。

3月10日至23日　出席毛泽东在广州主持召开的“南三区”工作会议和中央工作会议。3月14日，在广州作《赠刘三姐剧团及演员》诗六首（其中赠剧团二首，赠演员四首）。

4月上旬　在广州主持召开中央军委条令验收委员会第一次会议，验收《合成军队战斗条令概则》《连以下步兵战斗条令》《空军飞行条令》。

4月15日　又在会上作了重要总结讲话。

12月31日　率领中国军事友好代表团前往河内参加越南人民军建军17周年

纪念活动后，从河内回到广州。在穗期间，先后在从化温泉陪同刘少奇、周恩来，分别会见了当时在从化温泉疗养的越南副总理兼国防部长武元甲大将，并与武元甲大将一家合影留念。

1963年1月18日　从北京南来广州出席广州军区参谋工作会议，并在会上作了《大力加强司令部建设，充分发挥司令部的作用》的重要报告。

1964年1月3日　从北京南来广州休息，并在广州过春节，住广州军区留园5号。

1月19日　在广州军区召开的学习和推广郭兴福教学法座谈会上讲话，着重讲对郭兴福教学法的看法以及普及和提高的问题。

2月8日　观看广州军区部队推广郭兴福教学法的表演，并召开了座谈会。在座谈会上，叶剑英作了重要指示。他说："郭兴福教学法，就是解决基层单位基础训练的好方法。"要做好普及与提高的工作，"在普及的基础上提高，在提高的水平上再普及"。

1966年春　从北京南来广州工作、休息，住在广州军区留园招待所。

2月1日至4日　在广州出席中央军委第51次常务会议，会议主要讨论了军委组成、干部配备、政治工作、战备、国防工程等问题。

2月7日　叶剑英在广州和董必武、贺龙、徐向前、聂荣臻等一起，接见广州军区召开的野战军系统四级干部会议的全体人员；同日，又与总政治部主任肖华在广州听取广州军区副司令员温玉成关于华南地区设防规划的汇报，并就海南岛、湛江、柳州等地设防问题作了重要讲话。

2月8日　与贺龙元帅到广州军区总医院看望在"八六"海战中负伤的钢铁战士麦贤得。

1970年1月下旬　因治牙痛，从被疏散地湖南湘潭到广州治病。在广州期间，适逢农历除夕，时在广州的董必武前来看望，两人亲切交谈。董必武随后赋《羊城农历除夕喜遇叶剑公》诗一首。

2月中旬　从广州返回湖南住地。

1974年10月2～6日　从北京乘专机抵达广州，紧接着到海南岛视察后，于

10月6日从海南岛三亚乘专机飞往广西南宁视察。

1975年7月30日　从广西飞抵广州，并到肇庆、从化温泉等地视察和休息。

9月19日　在广州珠岛宾馆接见了广东省、广州市的主要负责同志。

1977年11月11日　从北京乘专机抵达广州，入住“松园”宾馆，一面“冬休”，一面开展调研工作。

11月18日　和邓小平等一起接见了广东省、广州市局级以上干部和广州驻军师级以上干部。

11月20日　在广州松园宾馆作七绝诗一首《松园》：“四面青山列翠屏，松园终不老闲身。会当再奋十年斗，归读阴那梅水滨。”

11月25～29日　在广州听取中共广东省委第一书记韦国清和中共梅州地委负责人的工作汇报。当梅州地委负责人汇报梅州的生产和群众的生活情况时说“全区当时还有三分之一的地方口粮水平每月仍在30斤以下”后，沉重地插话说：“我们搞了近30年建设了，群众连肚子问题都解决不了，真是愧对乡亲啊！”

12月3日　离开广州北返北京。

1978年4月11日　从北京南来广州调研和休息。

5月1日　在广州军区司令员许世友陪同下，同广州群众一起欢度五一国际劳动节。

5月3日　在中共广东省委负责人韦国清、习仲勋、吴南生、王宁等陪同下，参观了广州华南植物园，并在华南植物园里的木棉树下留影。随后，作《绝句》诗一首。诗曰：“百年赢得十之八，老骥仍将万里行。小憩羊城何所遇，英雄花照一劳人。”

5月8日　离开广州飞回北京。

1979年1月2日　从上海乘专机到广州休息。

1月15日　从广州乘专机到海南岛视察。

1月25日　从海南岛北返北京。

4月29日　从武汉乘专机抵达广州休息。

5月1日　在广州同群众一起庆祝五一国际劳动节。

6月1日　在广州接见参加广东三级干部会议的地、市、县委书记，并同省、地委书记进行座谈。

6月5日　从广州飞返北京。

11月6日　从上海乘专机到广州进行调查研究和休息。

11月9日　在广州为纪念香港招商局起义三十周年题词："继续发扬爱国主义精神，为统一祖国，实现社会主义的四个现代化而奋斗！"

12月18日　北返北京。

1980年1月3日　从北京乘专机抵达广州，入住松园宾馆。

1月6日下午　和同住在"松园"宾馆的聂荣臻元帅一起，前往广州珠岛宾馆会见了越南社会主义共和国领导人黄文欢，并祝他的74岁生日。

1月14日　是聂荣臻元帅的80岁生日。当天，给老战友聂帅送去生日祝辞："绿树多生意，白云无尽时。八十之年，忽然已至，公为始满，剑犹过二。录必武同志句，为荣臻同志寿。"

2月14日　在广州参加当地群众举行的春节联欢晚会。

2月20日　返回北京。

4月11日　南来广东省深圳、珠海、广州、梅县等地视察、参观。

4月29日　和李先念等在广州参加庆祝五一国际劳动节联欢晚会。

5月13日　在中共广东省委第一书记习仲勋陪同下，到梅县地区视察。

5月17日　从兴宁机场飞返北京。

12月1日　再次从北京飞抵广州，入住松园宾馆一号楼。

12月13日　在松园宾馆住地接见军事科学院"叶剑英传记组"的成员，并题写了晏几道的《临江仙》词句"学道深山空自老，留名千秋不干身"赠给传记组的同志。

1981年2月2日　在广州致函中共中央办公厅并转胡耀邦。信中说："要我今年写点东西发表。苦索枯肠，写成一律，用表心怀，即呈审阅。如基本可以，还请修改。谨致革命敬礼！"随后，附上一首新作的洋溢着乐观情调的七言律诗《八一年春节》。诗曰："宏观代谢依新陈，接力华年一代兴。万里长江流可断，神州九亿足资源。作风制度陆续改，传统优良好继承。团结全民齐建国，欢呼大地又回春。"

2月4日　和彭真在广州同军民一起联欢，欢度春节。

2月13日晚　适值春节前夕，在有关人员的陪同下，乘面包车欣然游览了广州市越秀区在西湖路举办的迎春花市。

4月10日　在松园宾馆接见中共广东省委第一书记任仲夷和其他有关负责人，听取任仲夷近期在汕头、梅县广大乡镇检查工作的情况汇报后，作了重要讲话。

4月21日　在南湖宾馆会见故知后人温国强、温盛湘，并与他们进行亲切交谈，详细了解他们的工作、生活情况。

4月26日　离开广州返回北京。

1983年1月11日　从北京南来广州休养，入住松园宾馆。这是居穗时间最长、而且也是生前最后一次入住松园宾馆。

2月11日　在广州接见新华社记者和《南方日报》记者，就纪念毛泽东发出"拥军优属""拥政爱民"四十周年发表谈话。

2月12日　在广州和杨尚昆、廖承志及广州部队负责人等共度春节，并向大家表示亲切问候。

4月20日　在松园宾馆住处和中央顾问委员会副主任薄一波等谈话。当时，薄是受中共中央政治局之委托，专程从北京前来广州汇报第六届全国人大和全国政协人事安排的问题。

5月10日　在广州南湖宾馆接见了广东省农垦总局党组成员，细心地询问大家的工作、生活情况，高度赞扬广东农垦战线的同志为发展祖国橡胶事业所作出的巨大贡献。5月12日，离开广州返回北京。

1986年10月22日　因病在北京逝世。

10月31日　灵骨由北京移送广州。

1987年10月22日　中共中央在广州起义烈士陵园红花岗隆重举行叶剑英灵

骨安放仪式。党和国家主要领导人出席安放仪式。从此，与当年广州起义牺牲的战友们相伴，共眠于红花岗。

参考书目

《叶剑英传》编写组：《叶剑英传》，当代中国出版社1995年3月版。

《叶剑英在广东》，中央文献出版社1996年3月版。

《元帅交往实录系列》，四川人民出版社1993年版。

范硕：《叶帅诗词探胜》，广东人民出版社1997年版。

《丰功垂青史，风范励后人——纪念叶剑英诞辰一百周年文集》，中共党史出版社出版。

《广东文史资料》，第37辑，广东人民出版社出版。

《包惠僧回忆录》，人民出版社1983年6月版。

《孙中山选集》，人民出版社1981年10月版。

《叶剑英选集》，人民出版社1996年3月版。

《萦思录——怀念叶剑英》，人民出版社1987年版。

《广州接管史录》，广东经济出版社2009年10月版。

《广州文史资料》，第49辑，广东人民出版社出版。

《莫雄回忆录》，广东人民出版社1991年10月版。

《叶剑英在广东的实践与理论》，广东高等教育出版社1997年3月版。

《回忆饶彰风》，三联书店（香港）有限公司1996年版。

《民主先驱李章达》，广东人民出版社出版。

《文韬武略，功勋卓著——纪念叶剑英元帅诞辰一百一十周年文集》，中国社会科学出版社出版。

《叶剑英年谱》，中央文献出版社2007年4月版。

聂力：《山高水长：回忆父亲聂荣臻》，上海文艺出版社2006年10月版。

清·屈大均：《广东新语》，中华书局1985年4月版。

王俊彦：《廖承志传》，人民出版社出版。

张廷栋：《爱书元帅叶剑英》，中央文献出版社2003年1月版。

叶剑英：《远望集》，人民文学出版社1979年8月版。

《帅星永远闪耀——叶剑英纪念与研究述略》，广东人民出版社2013年10月版。

后　记

叶剑英研究，是笔者长期关注并在研的主要课题之一。尽管自己已经参与编纂了《叶剑英在广东》的资料汇编，曾担任《叶剑英主政华南》电视片的总撰稿人，也撰写了一些叶剑英在广东的研究文章，但当我接到《叶剑英在广州》这本书的写作任务时，心里仍感到压力颇大。值得庆幸的是，在各方的支持和帮助之下，终于使本书的写作任务得以顺利完成。

本书名为“叶剑英在广州”，顾名思义，可知书中所记述的主要是叶剑英在广州的革命实践活动及其光辉业绩。

叶剑英在广州的革命活动，是他整个革命生涯中的重要组成部分。笔者在接触和查阅叶剑英有关资料的过程中，很快就发现到广州深载着叶剑英的革命情结，与叶剑英结下了不解之缘，因而早就萌生了将叶剑英在广州生活、战斗和工作过的这一段不平凡的风雨岁月记录下来的想法，但因各种原因一直未能如愿。这一次承蒙中共广州市委党史研究室将本书列入了“广州党史丛书”，公开出版，在这里特地表示感谢。

本书因限于篇幅，所记内容仅是“择其要者”，难以详细展开，可能有挂一漏万，望读者能够见谅。读者如能从这一小书中进一步了解到叶剑英的崇高品德和伟大精神，并从中受到启迪和教益，那笔者就已感到十分欣慰了。

本书能够公开顺利出版，还要感谢中共广州市委党史研究室的李汉强主任、陈穗雄副主任、廖惠霞处长，感谢人民出版社和广州出版社的领导和编辑同志，他们给本书提出了许多宝贵的修改意见，并付出了大量的劳动。由于笔者水平所限，本书如有错漏之处，诚望读者指教。

叶文益

2016年1月于广州东山寒舍